AF452567

CODE

DES

ORFÈVRES, BIJOUTIERS, HORLOGERS

ET AUTRES MARCHANDS D'OR ET D'ARGENT.

IMPRIMERIE DE MAULDE ET RENOU, RUE BAILLEUL, 9 ET 11.

CODE

DES

ORFÈVRES, BIJOUTIERS, HORLOGERS

ET AUTRES MARCHANDS

D'OR ET D'ARGENT

PAR

JULES FONTAINNE,

AVOCAT A LA COUR ROYALE DE PARIS.

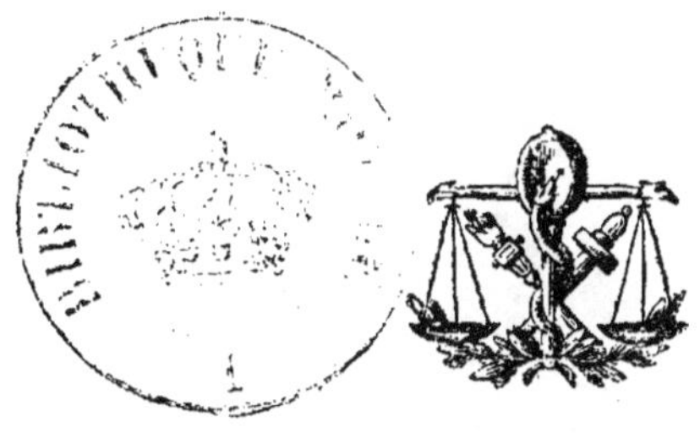

PARIS

CHEZ M. JULES, ÉDITEUR,

RUE MAZARINE N° 9.

1845

PRÉFACE.

En étudiant les monuments de la jurisprudence, nous avons eu souvent occasion de regretter qu'aucun jurisconsulte n'eût fait un traité spécial sur les matières d'or et d'argent. Nous avons cru voir là une lacune, et nous avons essayé de la combler dans les limites de nos faibles facultés, sans autre mobile que le désir d'être utile aux orfèvres et aux avocats. Les orfèvres et marchands d'or et d'argent, obligés par leur état d'observer les lois et les ordonnances qui les régissent, apprendront dans notre livre à connaître leurs droits et leurs devoirs, et à éviter des contraventions dont l'ignorance est l'unique cause, et dont la répression néanmoins peut entraîner leur ruine. Les avocats chargés de défendre en justice les droits et les intérêts des orfèvres, y trouveront le texte de la loi, ses motifs, la solution de la plupart des questions que peut soulever chaque disposition; en un mot, tout ce que la législation et la jurisprudence fournissent de documents propres à les guider dans les cas difficiles où ils se trouveront. La réunion de ces documents, auparavant épars dans un grand nombre de volumes, abrégera d'autant leurs recherches et leurs études. — Ce n'est pas tout; nous avons fait précéder notre commentaire d'un historique, et nous avons indiqué sous chaque article de la loi de brumaire les modifications que les orfèvres proposent d'y apporter, de sorte que ce petit livre est l'exposé le plus complet possible de la matière. Le législateur, s'il se décidait enfin à donner à l'industrie des orfèvres la loi qu'il lui a si souvent et toujours si vainement promise, ne saurait puiser à une source plus abondante. — Bien que notre travail facilite le sien, nous n'oserions penser cependant qu'il doive accélérer l'œuvre de réformation si impatiemment attendue par tous ceux que régit la loi du 19 brumaire an 6 ; ce résultat serait trop au dessus de nos espérances. Plus modeste dans nos vues, nous nous tiendrions pour satisfait s'il nous était donné de voir cet écrit favorablement accueilli par les orfèvres, et surtout par nos honorables confrères auxquels nous sommes tout dévoués.

Quoi qu'il en doive être, nous prions MM. Baroche et Paillottet de recevoir le tribut de notre reconnaissance pour les bons conseils et les marques de bienveillance qu'ils nous ont prodigués à l'occasion de cette faible publication.

CODE

DES

ORFÈVRES, BIJOUTIERS, HORLOGERS

ET AUTRES MARCHANDS D'OR ET D'ARGENT.

ORIGINE DE L'ORFÉVRERIE. — SES PROGRÈS.

L'éclat de l'or et de l'argent attira de tout temps les regards de l'homme : le peu de peine que nécessite le traitement des minerais qui fournissent ces métaux précieux l'encouragea à les extraire du sein de la terre : et la facilité du travail auquel se pliaient si docilement les produits obtenus, lui permit de pousser en peu de temps l'art métallurgique jusqu'à sa perfection. Dès le siècle d'Homère, cette industrie n'avait plus guère de secrets pour ceux qui l'exerçaient : l'or et l'argent se combinaient en toutes proportions avec le cuivre, le fer, l'acier et les autres métaux vils ; ils prenaient dans les mains de l'artiste toute sorte de formes ; et ils empruntaient un nouveau prix à la gravure, à la ciselure et au dessin. Le grand poète nous décrit de véritables chefs-d'œuvre en ce genre. (*Iliad.*, liv. 2 et 33. — *Odys.*, liv. 4.)

Primitivement, les grandes occupations des peuples étant la guerre et la religion, les Asiatiques au sein desquels naquit l'art de travailler les métaux, durent l'employer à forger des armures pour les combats, et pour les temples, des vases, des ornements, des statues. C'était surtout à reproduire l'image de la Divinité, que cet art épuisait tous ses efforts et toutes ses ressources. Mais bientôt il tendit vers un but plus humain. L'opulence et le luxe qui en est la suite, donnèrent naissance à ce que nous nommons l'orfévrerie. Les vases et les ustensiles d'or et d'argent, antérieurement réservés pour les sacrifices et pour l'ornement des temples, enrichirent les palais des rois, puis les maisons des particuliers. Et ce n'était pas seulement chez les peuples chantés par Homère, que l'on remarquait cette profusion des métaux les plus précieux ; la minéralogie moïsiaque nous montre également les Hébreux en possession de nombreux ouvrages d'or et d'argent, qu'ils transformaient avec une habileté remarquable. Or, ce peuple, on le sait, avait emprunté et les matières et la manière de les façonner aux Égyptiens, chez lesquels par conséquent, les objets d'orfévrerie devaient être plus communs encore. (V. *l'Exode.*)

Ce fut également des Égyptiens que les Grecs apprirent l'art de travailler l'or et l'argent pour le transmettre aux Romains. — Transporté par ces derniers à Constantinople, lors du déplacement de l'empire, cet art s'y perpétua sous les empereurs chrétiens. Il eut sans doute à souffrir des invasions des barbares, mais il reparut plus brillant lors de la Renaissance. Depuis, avec le concours des sciences et des autres arts, il a fait des progrès que n'auraient pu même soupçonner les anciens. La mécanique et la chimie, appliquées aux métaux sous le nom de *docimasie* et de *métallurgie,* lui ont permis de leur donner plus de pureté et de malléabilité. Le dessin, la sculpture et l'architecture l'ont initié au secret de la perspective, de la beauté des formes et de la justesse des proportions. Enfin, la gravure et la ciselure l'ont mis à même de reproduire tout ce qui est visible dans la nature ou possède une forme dans l'imagination de l'homme. Formée à l'étude de ces connaissances relevées, l'orfévrerie française ne laisse aujourd'hui rien à désirer au point de vue de l'art. Si les productions savantes, sorties des mains des Ballin, des Germain, des Roettiers au dix-huitième siècle avaient, comme le dit d'Alembert, embelli leur patrie, orné les cours étrangères, consacré la réputation de l'orfévrerie de Paris, et décidé sa supériorité sur toutes les orfévreries de l'univers : les œuvres des Odiot, des Fauconnier, de notre temps, n'ont pu qu'ajouter à l'éclat et à la brillante réputation de cette branche de notre industrie. Le précieux héritage qu'avaient légué à nos orfèvres les grands artistes du siècle passé, n'a pas dépéri entre les mains de leurs dignes émules. Nous nous complaisons d'autant plus à payer à l'orfévrerie ce juste tribu d'éloges, que le souvenir des hommes qui l'ont illustrée et des chefs-d'œuvre qu'elle a enfantés, doit nécessairement prêter de l'intérêt à la législation sous laquelle les uns et les autres se sont produits.

DROIT ANCIEN. — HISTORIQUE.

Puisque l'orfévrerie était florissante chez les anciens, comme on vient de le dire, les ouvriers qui exerçaient si habilement cette industrie, devaient être soumis à une législation spéciale, ayant pour objet de prévenir les fraudes. Cependant nous n'avons de l'antiquité d'autres lois relatives aux matières d'or et d'argent, que celles qui réglaient l'usage de ces métaux précieux dans des vues somptuaires.

Chez les Grecs, Lycurgue, le premier, fit des lois somptuaires : il défendit l'usage de la monnaie d'or et d'argent.

Chez les Romains, la première loi somptuaire fut rendue sur la proposition du tribun Orchius. Elle défendait à toutes les femmes, sans distinction de condition, de porter des ornements d'or qui excédassent le poids d'une demi-once. Le luxe qu'avait pour objet d'étouffer la loi Orchia, triompha aisément d'elle; les mœurs la débordèrent bientôt, et elle fut abolie.

Lorsque dans la suite, Rome se fut enrichie des dépouilles de l'univers entier, on vit fréquemment sous César et tous les empereurs, se succéder des dispositions dictées par le même esprit : toutes furent frappées de la même impuissance.

Notre ancienne législation, procédant du droit romain, dut aussi avoir pour objet la répression du luxe ; mais ce ne fut plus là qu'un des motifs de la loi, et même le moins important. En examinant attentivement les textes, on se convaincra en effet, qu'elle se proposait tout à la fois : 1° de prévenir les fraudes sur le titre des métaux précieux ; 2° de réprimer le luxe ; 3° d'entretenir l'abondance et le cours de l'argent monnayé ; 4° d'imposer un droit sur les matières précieuses.

Il ne serait pas sans intérêt, dans la prévision d'une réforme apportée à la loi de brumaire, de rechercher jusqu'à quel point ces éléments divers pourraient entrer dans l'économie de la loi nouvelle, c'est pourquoi il convient reprendre avec plus de détail chaque proposition en particulier.

1° L'ancienne législation avait pour objet de prévenir les fraudes. — C'est ce qui en faisait la moralité. — La facilité qu'offrait à la mauvaise foi l'alliage des métaux vils avec l'or et l'argent, la valeur des ouvrages si grande sous un petit volume, l'importance qu'il y a pour les acheteurs de semblables ouvrages de retrouver au besoin la plus grande partie de cette valeur, la sécurité qu'il faut sous ce rapport assurer au public, ne permettaient pas d'abandonner à elle-même l'industrie des orfèvres. La nécessité de l'assujettir à des dispositions particulières, pour assurer le titre des ouvrages, a été reconnue par tous les rois depuis saint Louis, en 1260, jusqu'à Louis XVI, en 1789. Le législateur de l'an 6, n'hésita pas d'avantage à placer les orfèvres et marchands d'or et d'argent sous une législation exceptionnelle, malgré la liberté de l'industrie et des procédés de fabrication proclamée dès 1790; et les orfèvres eux-mêmes, quand ils demandent aujourd'hui l'abrogation de la loi de l'an 6, sont unanimes à reconnaître qu'une loi spéciale doit les régir.

2° La législation ancienne avait pour objet de réprimer le luxe.

Philippe-le-Bel, le premier en France, défendit aux bourgeois, en 1294, de porter fourrure, or ni pierres précieuses.

Louis XII, défendit les ouvrages d'orfévrerie au dessus de trois marcs (1506).

François Ier, Henri II et leurs successeurs, portèrent des prohibitions analogues qui s'étendirent jusqu'à la dorure. (V. *Édits de 1485, 1547.*)

Enfin, Louis XV renouvela la défense de fabriquer aucun ouvrage d'or excédant le poids d'une once, et de fabriquer pareillement aucune vaisselle d'argent plate sans sa permission par écrit. Il en donnait pour motif que grand nombre de ses sujets se ruinaient par la consommation prodigieuse d'or et d'argent qu'ils faisaient en vaisselle de toute espèce, sans distinction d'état ni de condition. (V. *Déclar. de févr. 1720.*) L'effet de cette prohibition ne se fit pas attendre : des brocanteurs et colporteurs étrangers introduisirent frauduleusement dans le royaume, une grande quantité de tabatières, étuis et autres bijoux d'or la plupart à bas titre, ce qui causa un double préjudice aux régnicoles dont les uns furent trompés et les autres frustrés du profit de fabrication, souvent supérieur à la valeur de la matière, et dont le prix avait passé à l'étranger. Ces considérations firent rapporter la susdite défense (en **1721**).

Aujourd'hui, la loi ne réglemente plus la dépense et le luxe des particuliers; les lois somptuaires sont passées de mode.

3° L'ancienne législation avait pour objet d'entretenir l'abondance des matières monnayées.

Les ordonnances ayant pour but d'arrêter la consommation des matières d'or et d'argent, ne manquaient jamais d'alléguer la nécessité de conserver ces matières pour alimenter la fabrication des monnaies. Pour ne citer que deux exemples, l'édit de 1631 porte que le luxe des ouvrages d'orfévrerie « a fait que les monnaies de notre royaume cessent, l'or et l'argent demeurant sans commerce » ; et le préambule de la déclaration de 1687 : « Considérant qu'il n'y a rien de si important pour le bien de nos sujets et de notre état, que de conserver l'abondance de l'or et de l'argent dans le commerce et d'empêcher la consommation excessive qui s'en fait en ouvrages d'argenterie superflus, etc.

On ne saurait nier, en effet, l'influence qu'a le prix de l'or ouvré sur la valeur de l'or monnayé et réciproquement. Le gouvernement fabrique-t-il plus de monnaie d'or que n'en exigent les besoins de la circulation, l'or monnaie vaut moins que l'or lingot, l'or propre à la fabrication des bijoux est plus demandé que l'or destiné à servir d'instrument d'échange. Les fabricants ont alors intérêt à convertir les pièces d'or en ouvrages d'orfévrerie, jusqu'à ce que devenues plus rares, leur valeur remonte plus haut qu'un lingot du même poids. Au contraire, les pièces d'or sont-elles rares sur le marché, leur valeur excède bientôt celle du lingot : moins d'or monnayé suffit pour se procurer plus d'or en lingot, d'où il suit que le gouvernement qui fabrique la monnaie, peut réaliser des bénéfices jusqu'à ce que les pièces d'or soient assez abondantes pour que la différence entre le prix du lingot et celui de la monnaie en poids égal, soit à peu près comblée. Mais que conclure de là ? C'est que le gouvernement doit tenir la main à ce que l'or en lingots ou en bijoux et l'or monnayé, soient toujours abondants et respectivement dans de justes proportions ; et nullement, comme on l'avait fait autrefois, que la loi doive, en vue de prévenir la rareté des espèces, entraver l'industrie des orfèvres et contrarier le goût des particuliers.

4° Enfin, l'ancienne législation avait pour objet de prélever un droit sur les matières précieuses.

Cet impôt fut établi en 1579, sous la dénomination de *droit de remède*. Ce nom lui venait de ce qu'il était destiné à rendre à l'or et à l'argent dont les objets d'orfévrerie étaient composés, le prix que leur ôtait l'alliage ou *remède*. La décla-

ration d'octobre 1631, qui en fixe le montant à
trois sols pour chacune once d'orfévrerie et autres ouvrages, s'exprimait à cet égard en ces termes : « Le feu roi Henri III, que Dieu absolve.
reconnaissant que les ouvrages d'or et d'argent
qui se faisaient, tant en notre bonne ville de Paris qu'aux autres villes de notre royaume, *n'é-
taient chargés d'aucuns droits*, et l'argent qui s'y
employait, à beaucoup meilleur prix que celui
qu'on fabrique ès monnaies, à cause des droits
qui se prennent sur icelles, aurait, par son édit
du mois de septembre 1579, ordonné l'imposition d'un droit de remède sur les ouvrages d'orfévrerie pour en égaler en quelque façon la valeur. Mais l'exécution ne s'en étant pas suivie, et
ledit droit n'ayant été levé, la différence du prix
a augmenté le luxe qui se voit à présent ès meubles et vaisselle d'or et d'argent de nos sujets ; et
a fait que les monnaies de notre royaume cessent, l'or et l'argent demeurant sans commerce,
à quoi étant nécessaire de pourvoir, nous avons
jugé que le remède le plus convenable était d'imposer et établir un droit sur l'or et l'argent qui
s'emploient ès dits meubles, d'autant que ladite
imposition regardant seulement les riches et ceux
qui se plaisent au luxe, nos autres sujets qui n'u-

sent point de vaisselle d'or et d'argent ne recevront aucune surcharge, mais perdront le désir d'entrer en telles dépenses ; outre que nous pourrons tirer annuellement dudit droit quelque somme de deniers, etc. »

Ce droit qui s'appela tantôt droit de *seigneuriage*, à l'instar de celui qu'on prenait à la fabrication des monnaies, tantôt droit de marque et de contrôle, fut aboli en avril 1791, avec tous les impôts indirects. Mais rétabli, provisoirement, la même année, et définitivement en l'an 6, sous le titre de *droit de garantie*, il fut maintenu par la loi du 28 avril 1816. En cas de réformation de la loi du 19 brumaire, on devrait le conserver pour les raisons que nous déduirons sous l'art. 31 de cette loi.

En résumé, la conclusion à tirer de l'examen de chacune des propositions précédentes, auquel nous venons de nous livrer, c'est que des quatre besoins qu'avait cherché à satisfaire le législateur d'autrefois, deux subsistent encore dont il faudrait tenir compte aujourd'hui comme en l'an 6.

L'esprit dans lequel a été rédigé l'ancienne législation une fois indiqué et apprécié, le moment est venu de jeter un coup d'œil sur l'ensemble de ses dispositions.

Aux termes des ordonnances, l'art et le commerce ou état d'orfévrerie-joaillerie était juré en la ville de Paris; c'est-à-dire qu'il ne pouvait y être exercé que par des maîtres et marchands ayant serment en justice à cet effet, et formant un corps de communauté policé, et successivement administré par des chefs élus d'entre eux, sous le titre de Maistres et de Gardes. (V. *Statuts et priviléges*, par Pierre Leroy, p. 1.)

Ce corps avait des priviléges, parmi lesquels on remarquait le droit d'avoir un sceau propre, dans la Maison commune, pour constater les résultats de ses assemblées et les autres actes de son administration : le droit de remontrance; enfin, l'exemption de toutes maîtrises créées pour joyeux avénement à la couronne et autres solennités princières. (V. *Ord. d'avril 1562.—Ar. du conseil, 1585. — Lettres-patentes du 29 octobre 1725*, etc.)

Cette exemption avait trait à la limitation du nombre des orfèvres dont nous devons indiquer l'origine et le motif. Primitivement, chacun était libre de se faire orfèvre : les statuts rédigés en 1260, sur les anciennes coutumes non écrites du corps des orfèvres de Paris, le disaient formellement en ces termes : Art. 1er. « Il est à Paris orfèvre qui veult, et qui faire le sceit, pour (vu) qu'il euvre aus uz et aus coustumes du mestier, qui tiex sont. » Mais au seizième siècle, on pensa que l'importance des matières d'or et d'argent conviant à des malversations très préjudiciables au bien public, il était du bon ordre que la fabrication et le commerce des ouvrages d'orfévrerie ne fussent confiés qu'à certains particuliers instruits des règles et éprouvés, et dont le petit nombre permit une surveillance active. En conséquence, le nombre des orfèvres de Paris fut réduit et limité à trois cents ; de sorte que nul ne put dès lors arriver à la maîtrise qu'à mesure qu'une place devenait vacante. — (V. *Édit de mars 1534, — Réglement du 30 déc. 1679.*) — La même raison fit que chacun des maîtres et marchands orfèvres n'eut qu'un apprenti, sans pouvoir en prendre un second avant l'expiration du temps fixé pour l'apprentissage du premier. — (*Arrêt de la cour des monnaies du 9 déc. 1581.*) — L'âge auquel on pouvait entrer en apprentissage, celui auquel on pouvait en sortir, la durée de ce temps d'épreuve, furent également déterminés. — Un second noviciat était exigé des ouvriers, qui ne sortaient de la condition d'apprentis que pour passer à l'état de compagnons, et continuer, sous cette dénomination, à travailler pendant trois ans chez le même maître. Si au bout de ce temps, ils demandaient la maîtrise, on s'assurait de leur moralité, puis de leur capacité au moyen d'un premier examen théorique que leur faisaient subir les Gardes en charge. En cas de succès, on les enfermait dans une pièce de la Maison commune, appelée *la chambre du chef-d'œuvre*, où ils devaient faire, en présence des Gardes, un ouvrage dont ceux-ci indiquaient le sujet. Leur admission dépendait de l'habileté avec laquelle ils avaient réalisé ce chef-d'œuvre.

Les fils de maîtres et marchands orfèvres parvenaient à la maîtrise en conséquence de leur chef-d'œuvre seulement, sans avoir à passer par l'état d'apprenti ou de compagnon.

Quand les Gardes avaient déclaré l'aspirant digne d'entrer dans la communauté, tout n'était pas fini. Il lui fallait subir à la Cour des Monnaies un nouvel examen sur les devoirs de l'état de l'orfévrerie, à la suite duquel se faisait la cérémonie de la réception. C'était dans cette cérémonie que la Cour des Monnaies remettait entre les mains du récipiendaire le poinçon de maître qui seul lui donnait le droit de fabriquer.

Des Titres. — Les titres auxquels il était permis aux orfèvres de travailler, ont varié suivant les époques et la dimension des ouvrages.

L'argent ne pouvait être fabriqué qu'à un seul titre. Les anciennes coutumes rédigées en 1260, art. 3, s'exprimaient à cet égard en ces termes : « Nul orfèvre n'œuvre à Paris, d'argent qui ne soit aussi bon qu'*estellins,* ou meilleur. Ce titre qui représentait 11 deniers de fin, fut, en 1275, élevé par Philippe-le-Hardi à 11 deniers 12 grains de loi (958 millièmes environ), avec un remède ou tolérance de 2 grains (7 millièmes).

Les mêmes coutumes ordonnent de fabriquer l'or *à la touche de Paris,* c'est-à-dire à 19 karats un quint, ce qui fut observé jusqu'au jour où Henri II exigea 22 karats, à un quart de karat de remède (916 millièmes, 2/3 — 10 millièmes de tolérance).

Depuis, il fut en outre établi deux autres titres. La déclaration du 23 janvier 1721 fixa à 20 karats (843 m. 3/4), au remède de 1/4 de karat (10 m.), le titre des menus ouvrages d'or qu'elle désigne ; et les lettres patentes du 4 avril 1789, permirent la fabrication de la menue bijouterie à 18 karats (750 m.). Il y avait conséquemment trois titres pour l'or.

Des Essais. — Pour assurer l'exactitude des titres, des essais étaient nécessaires. Les Gardes, c'est-à-dire les orfèvres élus par leurs confrères au nombre de huit, pour remplir cette charge, y procédaient en la Maison commune. Leurs fonctions ne durant qu'une année, tous les orfèvres pouvaient être appelés alternativement à contrôler les ouvrages les uns des autres (1). — Les gros ouvrages étaient essayés à la coupelle ; les menus ouvrages au touchau. — Les ouvrages trouvés hors des remèdes étaient rompus; les ouvrages jugés au titre étaient contre-marqués.

Des poinçons. — La pensée d'insculper après essai, un signe convenu sur chaque pièce qui sort des mains du fabricant, pour certifier le titre légalement exigé, appartient également à l'ancien législateur. Pour la réaliser, il avait créé plusieurs espèces de poinçons : poinçon du maître, poinçon commun, poinçon de la régie.

Le poinçon de maître est le plus ancien de tous. Il est antérieur à l'ordonnance de 1355, puisqu'elle en suppose l'existence. — L'ordonnance de 1506 qui en réglait la forme, introdui-

______

(1) Cependant on ne voit pas que ce mode de vérification réciproque ait jamais soulevé aucune plainte.

sit l'usage de mettre à côté de la devise propre à l'orfèvre, les initiales de son nom. — La déclaration du 23 janvier 1721, exigea la première l'application de ce poinçon sur les menus ouvrages. — Quant à la mesure de l'insculpation, elle remonte à 1378.

Tous les ouvrages d'orfévrerie-joaillerie devaient être marqués du poinçon du maître avant de recevoir l'empreinte du poinçon commun.

Poinçon commun ou de contre-marque (1). — En 1275, Philippe-le-Hardi ayant ordonné de fabriquer à un titre plus élevé, exigea que chaque ville où il se trouvait des orfèvres formant corps de communauté, eût désormais son seing propre ou *poinçon commun* pour marquer, après l'essai, les ouvrages de chacun d'eux. — Le poinçon de chaque ville devait être bien distinct de celui de toutes les autres.

Il était le seul qui garantît la sincérité du titre.

(1) Ce mot de contre-marque a changé entièrement de signification. Ici, le poinçon de contre-marque n'est pas autre chose que le poinçon commun. Dans le nouveau droit, au contraire, le poinçon de contre-marque est un poinçon spécial qui consiste dans une série de signes empreints sur les enclumes, de sorte que quand l'employé frappe pour poinçonner, ces signes se gravent sur la pièce, juste au dessous de l'empreinte du poinçon ; c'est l'empreinte de ces signes que l'on appelle maintenant la contre-marque. (V. art. 8)

Poinçons de la régie des aides. — Au nombre de deux, on les nommait l'un le poinçon de charge, l'autre le poinçon de décharge. Le fermier appliquait le premier sur les ouvrages en cours de fabrication, le second sur les ouvrages achevés après l'acquittement du droit.

Du droit de marque et du droit d'essai. — Nous avons eu occasion de dire déjà qu'il existait sur les ouvrages d'or et d'argent un droit de marque, en outre du droit d'essai établi par Louis XVI en faveur des Gardes, comme indemnité du temps qu'ils employaient au préjudice de leur commerce personnel.

Des devoirs et obligations des maîtres. — Les obligations imposées aux orfèvres dans le but de les empêcher de se soustraire à la vigilance des gardes ou du fermier du droit de marque, consistaient :

A indiquer leur domicile au bureau de la Maison commune ;

A établir leur boutique sur la rue ;

A ne travailler que dans leur boutique et aux heures prescrites ;

A marquer du poinçon de maître tous les ouvrages sortis de leurs ateliers ;

A les envoyer au bureau de la Maison commune pour y être frappés du poinçon commun ou de contre-marque ;

A distinguer, en cette occasion, les ouvrages de différentes fontes ;

A ne pas achever les ouvrages avant l'apposition du poinçon de contre-marque ;

A n'avoir en leur possession que des marchandises dument marquées ;

A ne pas fabriquer d'ouvrages composés de parties de différents métaux ;

A ne mettre en œuvre pierres fausses avec fines ;

A n'employer ni trop de soudure, ni trop d'émaux ;

A ne fabriquer ouvrages prohibés ;

A enregistrer les achats et ventes ;

A n'acheter que de personnes connues ;

A afficher un tableau dans leur boutique.

A remettre au bureau de la Maison commune, le poinçon de maître, dès qu'ils cessaient de tenir boutique ouverte.

Surveillance. — Pour assurer l'exécution de ces dispositions, les ordonnances avaient établi des pénalités et une surveillance. Quant aux pénalités, nous nous contenterons de dire qu'elles étaient pour la plupart extrêmement sévères, et que la peine de mort était prodiguée en cette matière. Quant à la surveillance, il nous faut entrer dans plus de détails. — Il y avait deux sortes de surveillance, l'une exercée par les commis du fermier, l'autre par les Gardes de l'orfévrerie. Les commis du fermier pour aller en visite chez les orfèvres, devaient, entre autres formalités, se faire assister par un officier de l'élection. Leur mission toute fiscale, se bornait à examiner si le nombre des ouvrages en cours de fabrication, était conforme aux déclarations préalables des assujettis, et si les ouvrages tant commencés qu'achevés, étaient revêtus, les premiers du poinçon de charge, les seconds du poinçon de décharge.

Les Gardes, revêtus de l'ascendant que donne l'élection, se transportaient au contraire, sans formalité, chez leurs confrères, aussi souvent qu'ils le jugeaient à propos, pour visiter leurs ouvrages et marchandises. Là, sans dresser aucun procès-verbal de leurs prises, ils emportaient des pièces ou garnisons d'ouvrages pour s'assurer de la fidélité du titre. Si ces prises ou *gages* étaient trouvés de bon aloi, on les rendait; sinon, on les saisissait. Il n'était dressé de procès-verbal que dans ce dernier cas, parce que, dit Pierre Leroy, le faiblage (du titre) ne peut se découvrir à l'œil, et que d'ailleurs de vingt prises qui se feront en une visite, il ne s'en trouve souvent pas une seule qui soit répréhensible et dans le cas d'être saisie. (*Statuts et priviléges, p. 193.*)

Tel était l'état de la législation sur l'orfévrerie quand l'abolition des jurandes, le 12 février 1791, et l'abolition des impôts indirects en avril de la même année, vinrent affranchir les fabricants de la surveillance des Gardes et de celle des fermiers. On ne saurait s'imaginer le nombre d'abus que fit éclore dans l'exercice de cette industrie, cette malencontreuse émancipation. L'Assemblée constituante devina, il est vrai, dès le principe, l'intensité du mal; elle comprit que l'intérèt de l'orfévrerie et de la joaillerie exigeait une exception à la liberté du commerce et des procédés de fabrication, et qu'il fallait, sans perdre de temps, poser des règles de nature, en assurant l'exactitude et la fidélité des vendeurs, à inspirer aux acheteurs la confiance sur laquelle repose la prospérité de cette branche d'industrie: elle essaya même de rendre provisoirement la vie aux anciens réglements; mais il était trop tard, le coup avait porté. La Maison commune à laquelle toute autorité en justice avait été retirée, n'avait plus la force morale nécessaire pour arrêter la fraude; et l'industrie eût péri victime de ses propres débordements, si la loi du 19 brumaire an 6 n'avait été rendue.

Cette loi adopta les bases essentielles de l'ancienne législation. — Elle devait comme celle-ci, fixer le titre des matières qu'elle garantit au public, déterminer le mode de cette garantie et l'assurer : 1° par l'application de poinçons; 2° par des essais ; 3° par une surveillance exacte et presque aussi indispensable que sur la fabrication et l'émission des monnaies : sur tous ces points, et hormis ce qui concerne le personnel chargé des essais et de la surveillance, elle ne fut guère que la reproduction des anciennes dispositions. Un simple examen suffira pour s'en convaincre.

Relativement aux titres, elle borna ses innovations à l'addition d'un second titre pour l'argent. Les trois titres établis pour les ouvrages d'or furent maintenus, sans qu'on prit d'autre soin que de les exprimer en nombres ronds.

Les tolérances furent diminuées, sous prétexte que la métallurgie ayant fait des progrès rapides, il était convenable de les restreindre, en leur laissant néanmoins assez d'étendue pour ne pas demander une précision trop difficile à obtenir.

Les poinçons de fabricant et celui du titre ou poinçon de contre-marque furent conservés : le poinçon de la régie fut remplacé par le poinçon de garantie; de sorte que l'on eût comme autrefois trois espèces de poinçons principaux. Il y eut de plus des poinçons secondaires.

On ne s'occupa du droit de garantie ou de marque que pour l'augmenter.

Les obligations des marchands et fabricants restèrent les mêmes ou à peu près : seulement elles furent étendues aux fabricants et marchands de doublé et de plaqué, dont l'industrie était encore inconnue sous l'ancien régime.

Les seules modifications importantes, furent celles que nécessitèrent l'adoucissement des peines et l'abolition définitive de la Maison commune. C'est à ces dernières seulement qu'il faut nous attacher.

Suppression des Gardes et de la Maison commune. — Nous venons de dire que sous l'ancien régime les orfèvres formaient une corporation; que cette corporation avait des droits et des pri-

viléges, et que la défense de ces droits et priviléges était confiée à quelques uns d'entre eux,
choisis par la voie de l'élection, au nombre de
trois primitivement et de huit dans la suite. Mais
ce n'était là que l'accessoire des fonctions de ces
élus ou Gardes : ce qui en faisait la partie principale, c'était la surveillance du Corps lui-même.

A eux seuls était dévolu le droit d'essayer et
de contre-marquer tous les ouvrages d'orfévrerie
qui devaient être, dans ce but, présentés au bureau de la Maison commune. A eux seuls aussi
il appartenait d'inspecter les ateliers de ceux de
leurs confrères présumés en défaut ; on peut donc
dire que la garde du titre reposait sur eux tout
entière.

Quand toute autorité leur eut été déniée par
suite de l'abolition des jurandes et de la suppression de la Maison commune, cette garde cessa
de leur être confiée. On considéra comme une
nécessité du nouvel état de choses, la substitution de l'action administrative à la double action
par eux exercée jusque là : et la loi de brumaire
remplaça conséquemment la Maison commune
par des bureaux de garantie, et les Gardes par
des employés placés sous la direction de l'administration des monnaies. — Le législateur n'a-

t-il pas en cela exagéré les conséquences de l'abolition de la Maison commune? En d'autres termes, n'aurait-il pas pu avec avantage pour l'industrie et pour le public, former, comme le demandent aujourd'hui les orfèvres, un comité de garantie composé de fabricants et de marchands, concurremment avec des agents de l'administration?

La solution de cette question n'est subordonnée à aucune considération politique, car la formation de ce comité mi-partie ne suppose pas le rétablissement de la corporation des orfèvres, et dans tous les cas le système des corporations n'est pas incompatible avec la libre concurence; c'est donc dans un autre ordre d'idées qu'il nous la faut chercher. Pour la trouver, deux choses sont à examiner: la première, si les orfèvres ont intérêt à la surveillance et à la répression des fraudes, pour prétendre y concourir: la seconde, si, à l'époque où ils procédaient eux-mêmes à l'essai des ouvrages d'or et d'argent et à la garde du titre, ils ont rempli ce double devoir à la satisfaction publique.

L'intérêt des orfèvres à ce que les lois sur le titre soient rigoureusement exécutées n'est pas moins évident que l'intérêt du public; car les malversations pratiquées dans leur commerce amènent en résultat, la perte de la réputation des marchands qui revendent les bijoux sans soupçonner l'infériorité du titre ; et la ruine des fabricants honnêtes, en concurrence avec le délinquant qui , pour s'approprier plus promptement le bénéfice de la fraude, en sacrifie une partie, et les met ainsi dans la nécessité de subir une diminution de la main-d'œuvre ou de renoncer à leur commerce. L'intervention des orfèvres dans la police de leur corps serait donc juste et motivée. Reste à rechercher si, sous l'ancienne législation, alors qu'elle était admise, elle avait de bons résultats.

Que la police ait été bien observée par les maîtres et les Gardes de l'orfévrerie, on n'en saurait douter, car si les rois les louent en mainte circonstance, d'avoir fidèlement conservé le titre des matières, les législateurs républicains ne sont pas non plus envers eux avares d'éloges. Pour n'en citer qu'un seul, Loysel, dans son rapport au Conseil des Anciens, disait : « Avant la révolution l'orfévrerie formait une des branches les plus importantes de l'industrie nationale ; la probité des orfèvres français, la variété et l'élégance des formes, *la sûreté du titre* des ouvrages fabriqués, attiraient dans nos ateliers la plus grande partie des métaux bruts d'or et d'argent pour y être convertis en vaisselle. » (V. aussi le rapport du citoyen Beffroy.) Un régime sous lequel l'industrie avait atteint cette renommée et cet état florissant, méritait bien d'être conservé : la loi de brumaire en ôtant aux orfèvres le pouvoir de procéder alternativement sur les ouvrages les uns des autres aux essais et à la vérification du degré de fin, pour transférer cette fonction à des employés en titre, n'a donc cédé qu'à la nécessité de substituer quelque chose à la Maison commune et aux Gardes, qui avaient été abolis comme le dernier signe représentatif d'une corporation, à une époque où toute corporation était proscrite. Les inconvénients du système de réciprocité dans la vérification du titre n'étaient pour rien dans ce changement. D'inconvénients, il n'y en avait même pas, parce que, à l'intérêt personnel de la généralité des orfèvres, venait se joindre le sentiment de l'honneur qui n'est jamais invoqué en vain chez une corporation dont tous les membres sont solidaires.

Ajoutez à ces considérations, que l'absence de l'élément commercial dans la composition du corps administratif chargé de diriger et de sur-

veiller la fabrication, est l'unique cause des ti-
tiraillements sans fin qui existent entre les agents
de l'administration et les orfèvres. La commission des monnaies peut être recommandable
par les lumières et par la position de ses membres, mais toujours est-il qu'elle manque essentiellement de l'esprit commercial. Bien des mesures dont l'objet est d'assurer le recouvrement
de l'impôt, et dont le résultat est de gêner l'exercice de l'industrie, n'auraient point reçu son
adhésion, si elle avait compté dans son sein des
commerçants ou manufacturiers ; et souvent une
connaissance plus approfondie des besoins du
commerce l'eût empêchée d'entraver des opérations légitimes, sous prétexte qu'en s'y livrant,
les fabricants de mauvaise foi pourraient frustrer le trésor. Cette vérité est un puissant argument en faveur du comité mi-partie. « Suppo-
sez, dit M. Michel Chevalier, que l'orfévrerie
parisienne soit constituée en communauté, et
que le ministre des finances choisisse pour les
incorporer à la commission des monnaies, deux
des membres du syndicat qui y apporteront leur
expérience, leur habileté à démêler des fraudes
et des intrigues dont ils connaissent tous les fils ;
il y a lieu de croire que la commission, grossie

de ce nouvel élément, procéderait avec plus de discernement commercial, et que, sans tourmenter les bijoutiers, elle obtiendrait la cessation de la fraude et l'exact paiement de l'impôt, but qu'elle poursuit aujourd'hui en vain, et non sans exciter des plaintes amères. » (*Cours d'économie politique*, — 2ᵉ année, 25ᵉ leçon, p. 524).

En résumé, puisque la composition toute administrative de la commission des monnaies a de graves inconvénients, puisque les orfèvres ont exercé déjà avec honneur et profit pour le pays, les fonctions d'essayeurs et de gardes du titre, puisqu'ils sont les principaux intéressés à la répression des fraudes, nous ne voyons vraiment aucune objection à leur faire, lorsqu'ils demandent à être admis pour une part à la surveillance des titres, d'autant qu'ils sont les mieux placés pour découvrir les délits.

Cette question résolue, il nous reste peu de choses à dire sur la loi de brumaire comparée à l'ancienne législation. — En réglant les formes de procéder en cette matière, cette loi a chargé les employés des bureaux de garantie, conjointement avec les préposés au recouvrement du droit, de rechercher et de constater les délits et contraventions aux lois de la garantie, et les procureurs du roi de les poursuivre , ce qui a beaucoup de rapport avec l'ancienne procédure. — Elle s'est occupée de la profession d'affineur et départeur d'or pour la déclarer libre. — Enfin, elle a maintenu l'établissement des argues royales sous la direction du gouvernement.

LOI

Relative à la surveillance du titre et à la per-
ception des droits de garantie des matières et
ouvrages d'or et d'argent,

Du 19 brumaire an 6 (9 novembre 1797).

Le Conseil des Anciens, adoptant les motifs de
la déclaration d'urgence qui précède la résolution
ci-après, approuve l'acte d'urgence.

Suit la teneur de la déclaration d'urgence et
de la résolution du 26 vendémiaire :

Le Conseil des Cinq Cents, après avoir entendu
le rapport de la commission des finances, considérant que le rétablissement de la surveillance
et de la garantie du titre des matières et ouvrages d'or et d'argent est nécessaire à la prospérité
de cette branche du commerce national, tant
dans l'intérieur qu'à l'étranger : en même temps
que les droits à percevoir sur ces objets sont indispensables au trésor public pour concourir

avec les autres revenus de la république, à l'entretien des diverses parties de son service, déclare qu'il y a urgence.

Le Conseil après avoir déclaré l'urgence, prend la résolution suivante :

TITRE PREMIER.

—

SECTION PREMIÈRE.

Des titres des ouvrages d'or et d'argent.

1. Tous les ouvrages d'orfévrerie et d'argenterie fabriqués en France doivent être conformes aux titres prescrits par la loi, respectivement, suivant leur nature.

Motifs. — L'or et l'argent doivent leur valeur à leur rareté, à la beauté de leur éclat, à leur inaltérabilité, et à leur prodigieuse ductilité ; mais cette dernière qualité même, fait que ces métaux, employés en masse et au plus haut degré de fin, seraient flexibles, sujets à s'user par le frottement, à se déformer et à perdre le fini qu'ils tiendraient de l'art, c'est pourquoi ils ne s'emploient pas dans toute leur pureté. On y joint, pour leur donner la dureté et la consistance qui leur manquent, une légère portion d'*alliage*, c'est-à-dire d'argent ou de cuivre à l'or, et de cuivre pur à l'argent. Ce mélange diminue nécessairement la valeur de ces matières et le prix qu'on y attache, sans pourtant qu'il soit possible à l'œil le plus exercé de déterminer dans quelles limites, le degré de fin ne pouvant être constaté d'une manière certaine et précise, qu'à l'aide d'opérations techniques difficiles, et de nature à emporter souvent la détérioration de l'ouvrage. Pour empêcher le public d'y être trompé, il fallait établir *à priori* les proportions dans lesquelles l'or et l'argent pourraient être alliés aux métaux moins précieux, et forcer les orfèvres à les garder. C'est ce qu'a fait le législateur en fixant le *titre* des ouvrages, qui n'est pas autre chose que l'expression de la proportion d'alliage destinée à entrer dans l'or ou l'argent, et en indiquant les moyens propres soit à le certifier, soit à le garantir légalement.

La disposition de notre article premier renferme l'esprit de toute la loi de brumaire ; fixation des titres, uniformité des titres, tout l'objet de la garantie est là.

2. Ces titres, ou la quantité de fin contenu dans chaque pièce, s'exprimeront en millièmes. Les anciennes dénominations de karats et de deniers pour exprimer le degré de pureté des métaux précieux n'auront plus lieu.

3. Il est cependant permis, pendant un an, à compter de la date de la présente loi, d'employer dans les actes ou écrits qui sont dans le cas de passer sous les yeux d'un officier public, les anciennes expressions de karats, deniers ou leurs subdivisions, mais seulement à la suite du nombre de millièmes qui devra exprimer la vraie qualité du métal précieux.

Motifs. — L'article premier, en rendant uniforme pour tout le royaume la fixation du titre, avait tari dans leur source les fraudes résultant des variations que subissait le degré de fin et de pureté dans les différentes provinces : l'art. 2 eut pour objet d'épargner au commerce l'embarras des calculs que ces variations rendaient nécessaires, et de faciliter les spéculations, au moyen de faire correspondre la fixation du titre au système décimal légal. Mais comme les habitudes ne se forment ni ne changent en un jour, l'article 3 dut permettre d'user des dénominations anciennes, pendant le laps de temps nécessaire pour s'accoutumer aux nouvelles.

4. Il y a trois titres légaux pour les ouvrages d'or, et deux pour les ouvrages d'argent, savoir :

Pour l'or :

Le premier, de neuf cent-vingt millièmes (ou vingt-deux karats deux trente-deuxièmes et un demi environ) ;

Le second, de huit cent quarante millièmes (vingt karats cinq trente-deuxièmes et un huitième) ;

Le troisième, de sept cent cinquante millièmes (dix-huit karats).

Et pour l'argent :

Le premier, de neuf cent cinquante millièmes (onze deniers neuf grains sept dixièmes).

Le second, de huit cent millièmes (neuf deniers onze grains et demi).

I. Motifs.
II. Nécessité d'abaisser aujourd'hui le titre de l'or.

I. L'or et l'argent s'allient au cuivre en toutes proportions, de sorte que l'alliage une fois admis comme une nécessité, il fallait déterminer arbitrairement quelles combinaisons seraient légales, quelles seraient illégales. Dans cette appréciation, un double intérêt devait être pris pour guide : l'intérêt de notre commerce, soit à l'intérieur, soit à l'extérieur; et l'intérêt public qui ordonnait, pour prévenir toute confusion, de n'admettre qu'un petit nombre de combinaisons, en les espaçant assez pour qu'il n'y eût jamais d'hésitation de la part des essayeurs chargés de les reconnaître.

II. La fixation de trois titres pour l'or et de deux pour l'argent satisfaisait à tous les besoins au moment de la promulgation de notre article. Elle facilitait la fabrication; elle établissait l'uniformité du titre entre tous les départements, sans en détruire les habitudes; elle mettait notre commerce en état de soutenir la concurrence avec les fabriques étrangères, et notamment avec celles de Genève et de Hambourg, en permettant de fabriquer aux titres les plus élevés et les plus bas auxquels on fabriquât en Europe ; enfin, elle laissait à la garantie toute latitude. Mais aujourd'hui ces gradations dans les titres sont insuffisantes à raison de leur petit nombre. Les limites fixées par la loi de brumaire sont trop élevées ; si bien que des trois titres autorisés par cette loi pour les ouvrages d'or, le plus bas seul est en usage presque à l'exclusion des deux autres. La raison en est simple : tout le monde de nos jours aime à étinceler d'or, mais tout le monde aussi veut briller à bon marché. Or il faut bien que le marchand se mette à la portée de l'acheteur. L'Allemagne, l'Angleterre, le Portugal, ont depuis long-temps déjà compris cette nécessité : aussi fabriquent-ils des bijoux à bas titre qui se vendent de préférence aux nôtres dont le prix est plus élevé, dans les principales villes d'Europe et d'Amérique ; parce que là, comme en France, on préfère le bon marché. Il serait donc urgent d'autoriser nos fabricants à travailler au dessous de 750 millièmes, au moins pour l'exportation. Cet abaissement du titre ne porterait nulle atteinte à la renommée des produits de l'orfévrerie française, car ce qui fait la réputation de notre fabrication, ce n'est pas l'élévation, c'est la loyauté de son titre et le fini de son exécution, ainsi que le font observer avec raison nos orfèvres.

5. La tolérance des titres pour l'or est de trois millièmes ; celle des titres pour l'argent est de cinq millièmes.

I. Motifs.
II. Quantité de fin que doivent contenir les ouvrages d'or et d'argent pour être dans les limites de la tolérance légale.
III. Insuffisance de cette tolérance pour les bijoux soudés.
IV. Nécessité de l'étendre reconnue par l'administration elle-même.

I. L'extrême difficulté que dans les procédés des arts présenterait l'observation absolument rigoureuse des proportions fixées pour le titre légal, a fait admettre, en moins, une légère tolérance qui n'influe pas d'une manière sensible sur le prix des objets.

II. De notre article il résulte que les ouvrages d'or sont dans les limites des titres, lorsqu'ils contiennent :

Neuf cent dix-sept millièmes (1er titre),

Huit cent trente-sept millièmes (2e titre),

Sept cent quarante-sept millièmes (3e titre).

Et les ouvrages d'argent, lorsqu'ils réunissent :

Neuf cent quarante-cinq millièmes de fin (1er titre),

Sept cent quatre-vingt-quinze millièmes (2e titre).

III. La tolérance restreinte dans des limites si étroites, suffit cependant lorsqu'elle s'applique à de gros ouvrages ; mais lorsqu'il s'agit d'ouvrages composés de plusieurs pièces réunies par la soudure, tous les fabricans la regardent comme complètement illusoire.

IV. L'administration a sans doute pensé comme les fabricants, car à côté de la tolérance légale, elle a établi la tolérance de fait, qui ne va pas à moins de 21 millièmes. La loi était rigoureusement inexécutable sans cette concession qui n'est pas toujours suffisante, l'abaissement provenant de l'emploi, même très modéré, de la soudure, s'effectuant quelquefois dans des proportions énormes. Quoi qu'il en soit, l'extension du cercle des tolérances est jugée par tous une nécessité, tant pour les menus ouvrages que pour les bijoux soudés.

Pour la fixation de la tolérance, les anciennes ordonnances faisaient la distinction que nous proposons, entre les gros et les menus bijoux, ou suivant le langage du temps, entre les ouvrages de *grosserie* et ceux de *menuierie*.

6. Les fabricants peuvent employer à leur gré l'un des titres mentionnés à l'art. 4, respectivement pour les ouvrages d'or et d'argent, quelle que soit la grosseur ou l'espèce des pièces fabriquées.

I. Homogénéité des matières.
II. L'homogénéité doit exister même dans les matières soudées.

I. La loi, en empêchant les orfèvres de mettre dans le commerce des ouvrages à un titre plus bas que ceux indiqués dans l'art. 4, devait les laisser libres de choisir celui de ces titres auquel ils voudraient travailler ; mais de cette faculté, il faut bien se garder de conclure à la possibilité pour eux, de fabriquer des bijoux composés de plusieurs pièces à des titres différents quoique légaux : les matières garanties par une même empreinte, doivent être homogènes. « Ce n'est pas seulement dans une partie de l'ouvrage que cette quantité de parties d'or ou d'argent fin doit être contenue, dit M. Favard : la même quantité de fin doit se trouver dans chacune des parties principales et accessoires dont l'ouvrage est composé. Ainsi une chaîne d'or doit contenir la même quantité proportionnelle d'or fin dans chacun de ses anneaux. Il en est de même des pièces d'ornement, qui toutes doivent être au même titre que la pièce principale avec laquelle elles font un seul et même tout. C'est le titre de l'ouvrage tout entier que la loi a fixé ; c'est le titre de tout l'ouvrage qui doit être garanti, autrement la garantie promise au public serait illusoire et trompeuse : elle ne servirait qu'à en couvrir et en favoriser la fraude.

C'est conséquemment dans l'ouvrage tout fondu que doit se trouver la quantité de matière fixe déterminée par les art. 4, 5 et 6 de la loi. L'art. 52 de la loi du 19 brumaire an 6, et l'art. 1er de l'ordonnance du 5 mai 1819, ne sont qu'une conséquence de ce principe d'homogénéité du titre.. » (*Répert.*, v° *Matières d'or et d'argent*.)

II. Peu importe que le bijou soit composé de différentes pièces unies par la soudure ; la présence dans chaque molécule du métal employé, de la quantité de fin voulue par la loi, n'en est pas moins indispensable. Seulement, comme après cette opération il n'y a plus de parties, mais un tout indivisible, si l'on veut par l'essai apprécier le degré de pureté de la matière, c'est sur ce tout qu'il faut opérer ; et il suffit que chaque portion du bijou tout fondu atteigne le titre prescrit, pour qu'il soit légalement irréprochable. Cette doctrine est la condamnation formelle des procédés de la Régie qui, en cas de saisie de bijoux composés, commence par en désunir les différentes pièces pour ne soumettre à la vérification que les parties présumées vicieuses. Il y a tel genre d'ouvrages qu'anéantirait nécessairement ce mode de vérification : les boucles d'oreilles composées d'un anneau joint à une pendeloque, par exemple ; car si ces deux parties confondues dans un seul essai donnent en moyenne 730 millièmes, la pendeloque, si on la vérifie seule, donnera un titre bien inférieur, formée qu'elle est de plusieurs coquilles dont l'union nécessite l'emploi de beaucoup d'étain ou de gomme laque.

SECTION II.

Des Poinçons.

7. La garantie du titre des ouvrages et matières d'or et d'argent est assurée par des poinçons ; ils sont appliqués sur chaque pièce, ensuite d'un essai de la matière, et conformément aux règles établies ci-après.

Motifs. — *Les poinçons assurent-ils la garantie du titre ?* — Vainement la loi aurait fixé le titre des matières d'or et d'argent si elle avait été forcée de s'en remettre à la bonne foi des fabricants pour l'exécution de ses prescriptions : religieusement respectée par les uns, elle eût été éludée par les autres. Mais on a trouvé des signes conventionnels dont l'application est réservée à l'administration, et qui révèlent aux yeux la qualité des ouvrages d'or et d'argent. Ces signes semblent d'autant plus sûrs que leur application est précédée d'essais et de vérifications, et que les ouvrages ne sont marqués qu'après qu'ils ont été reconnus à l'un des titres voulus par la loi. Cependant, dans ces derniers temps, M. Fournel, homme parfaitement compétent en semblable matière, a argué d'inefficacité les poinçons considérés par la loi comme la seule barrière à opposer à la fraude. Nous citerons textuellement le passage de son ouvrage auquel nous faisons allusion, parce que, dans une question aussi grave, il serait à craindre d'affaiblir par l'analyse l'argumentation de l'auteur. « Les poinçons ont le caractère d'une idée simple, dit-il ; ils représentent une espèce de signature métallique. Mais une signature n'a de valeur qu'autant qu'elle est lisible pour ceux qui sont appelés à la lire et à la reconnaître, en commençant, bien entendu, par celui ou ceux qui l'ont donnée ; elle n'a de valeur aussi qu'autant qu'on ne peut pas l'imiter facilement. Or, nous allons montrer que les poinçons ne satisfont à aucune de ces conditions essentielles. La signature du poinçon garantit beaucoup moins qu'une signature ordinaire tracée sur le papier, car il n'y a pas de faux signataires par profession, et il y a des fabricants de poinçons. Une fausse signature est un fait accidentel, la fabrication de faux poinçons peut être aussi habituelle que la fabrication de vrais poinçons, et si l'habileté est la même (ce qui arrive) *il n'y a d'autre différence entre un faux et un vrai poinçon que le lieu où il a été fabriqué.* Une signature ordinaire a, en dehors de ses proportions, quelque chose d'original, de vivant qu'il est très difficile d'imiter ; le poinçon, au contraire, est une signature morte comme l'acier ; et si les proportions sont les mêmes en tous points, l'imitation est identique avec le modèle ; le faux et le vrai se confondent.

Indépendamment de la perfection qu'on peut apporter à la fabrication d'un poinçon, il y a la manière de l'appliquer, il y a aussi la durée de son service. Quand un poinçon est réformé, l'est-il juste à l'instant où son empreinte deviendrait douteuse sans l'avoir été auparavant ? Je reconnais que le bureau de garantie prend des précautions très minutieuses, mais il n'est accordé à personne de faire l'impossible, et il ne faut pas perdre de vue un seul moment que cette signature, qui peut compromettre l'honneur et la fortune des fabricants, est donnée par des employés qui ne sont engagés à rien par elle-même lorsqu'elle est mal appliquée.

La multiplicité des poinçons, la petitesse de quelques uns, la difficulté de distinguer celui qui est vrai d'avec celui qui est habilement imité, toutes ces raisons ensemble permettent d'affirmer que la connaissance des marques n'a jamais été et ne sera jamais assez vulgaire pour que, d'après leur examen, l'acheteur puisse juger du titre d'un ouvrage; le public est donc mis hors de cause dans ce procès. Il est certain qu'un fabricant malhonnête peut le tromper tant qu'il voudra. Si les marques indiquaient les titres par des chiffres ou des lettres, on conçoit qu'elles seraient à la portée de tout le monde, mais aussi l'imitation en deviendrait tellement facile, qu'elles ne prouveraient absolument rien en faveur du titre. Il a fallu éviter cet écueil, et l'on s'est jeté dans un autre; le génie du contrôleur a sondé les mystères de la franc-maçonnerie, des signes emblématiques ont été adoptés pour rendre les contrefaçons plus difficiles, et on a fait des marques, de véritables hiéroglyphes dont le public ne connaît pas le premier signe. Mais le public, nous venons de le dire, est hors de cause dans cette affaire; ce n'était pas pour ses sens grossiers que de si délicates choses étaient faites, elles étaient destinées aux sens déliés des employés de la garantie, hommes spéciaux dont la fonction est précisément de surveiller le fabricant et le marchand, pour qu'ils n'abusent pas de l'ignorance publique en matière de poinçons. Or, les cas ne sont pas rares où ces messieurs sont incertains sur la valeur de leur propre vérification. Des erreurs graves ont été fréquemment commises, nous allons en fournir la preuve. A cette difficulté très grande s'ajoute la possibilité de la négligence dans l'application ; et enfin, s'il y a des fabricants qui trompent, il peut se rencontrer des employés infidèles. Je vais examiner, sous ces trois aspects, les inconvénients des poinçons et de leur application. »

L'auteur, après avoir cité une série d'exemples d'erreurs, de négligences, d'infidélités des employés, qu'il emprunte aux annales judiciaires, conclut en ces termes :

« En résumé, la marque n'aurait quelque valeur que si l'administration possédait pour fabriquer ses poinçons un secret, un procédé inimitable ; or, cela n'est pas. Un ouvrier habile peut faire partout ce qui se fait à la Monnaie, et la seule définition du faux poinçon, je l'ai déjà dit, c'est d'être fabriqué hors de l'hôtel des Monnaies. Le plus grand nombre des empreintes est indéchiffrable et d'une vérification *nulle* pour le public,

« Presque *nulle* pour les marchands,

« *Douteuse*, dans un grand nombre de cas pour les plus experts des employés.

« Une garantie qui est entachée de ces causes de nullité et d'incertitude n'en est pas une. Il n'y a qu'une garantie sérieuse, c'est le procédé chimique, c'est l'essai ; le reste est une mystification. Pour une acquisition importante, l'unique moyen d'avoir la certitude du titre, c'est d'acheter *sans marque, sous condition d'essai*» (Mémoire présenté par les fabricants, etc. p. 95 et suiv.).

Il faut bien le reconnaître, les motifs invoqués par M. Fournel, à l'appui de son opinion, sont loin d'être sans gravité, et nous serions tenté d'adopter ses conclusions, n'était qu'elles sont trop absolues. Sans doute puisque nous avons assumé sur nous la tâche d'expliquer et de commenter la loi de brumaire, nous devons l'accepter telle qu'elle est, avec l'esprit qui a présidé à sa rédaction, et les garanties qu'elle a cru donner au public ; mais si une loi nouvelle lui était enfin substituée, la première question à discuter, nous le pensons, ce serait celle de l'efficacité et partant de l'utilité des poinçons. »

8. Il y a pour marquer les ouvrages tant en or qu'en argent, trois espèces principales de poinçons, savoir :

Celui du fabricant ,

Celui du titre ,

Et celui du bureau de garantie.

Il y a d'ailleurs deux petits poinçons, l'un pour les menus ouvrages d'argent, trop petits pour recevoir l'empreinte des trois espèces de poinçons précédentes.

Il y a de plus un poinçon particulier pour les vieux ouvrages dits de *hasard* ;

Un autre pour les ouvrages venant de l'étranger ;

Une troisième sorte pour les ouvrages doublés ou plaqués d'or et d'argent ;

Une quatrième sorte, dite *poinçon de récense*, qui s'applique par l'autorité publique, lorsqu'il s'agit d'empêcher l'effet de quelque infidélité relative aux titres et aux poinçons ;

Enfin, un poinçon particulier pour marquer les lingots d'or ou d'argent affinés.

Modifications apportées à l'énumération des poinçons, faite par l'art 8.

Cette énumération des différents poinçons a été modifiée à diverses époques.

L'ordonnance du 7 avril 1838 porte, art. 4 : « Le poinçon de titre et celui du bureau de garantie ne formeront plus qu'un poinçon unique qui portera un signe particulier pour chaque bureau. »

Le poinçon de *hasard* a été supprimé le 5 mai 1819 comme inutile, et avec raison , car il ne doit être rien perçu sur les vieux ouvrages remis dans le commerce, s'ils sont marqués des poinçons en activité de service dans les bureaux de garantie ; et s'ils sont empreints des poinçons anciens, ils doivent être soumis à l'essai, titrés s'il y a lieu, et marqués des poinçons nouveaux après l'acquittement des droits de garantie. Ni dans l'un, ni dans l'autre cas, les ouvrages vieux ne sont susceptibles de recevoir utilement la marque du poinçon de *hasard* qui devait s'appliquer gratuitement et sans essai (1).

(1) Pour expliquer la création puis la suppression du poinçon de hasard, deux faits nécessaires et parfaitement logiques, il faut se reporter à l'ancienne législation. Un droit de revente existait sur tous les ouvrages vieux chaque fois qu'ils étaient remis dans le commerce, et la vétusté légale naissait pour un ouvrage à

Le poinçon destiné à marquer les lingots affinés, sans être légalement supprimé, a cessé d'être en usage pour les lingots *dits de commerce*.

D'un autre côté, plusieurs poinçons ont été ajoutés à ceux que mentionne notre article :

Le poinçon de remarque qui sera apposé de décimètre en décimètre, sur les chaînes, jaserons et autres ouvrages en or du même genre (Ordonnance du 7 avril 1838.) ;

Le poinçon de l'horlogerie importée qui attache à ce genre de fabrication étrangère une trace indélébile d'origine (Même ordonnance.)(1) ;

Le poinçon d'exportation pour les ouvrages destinés à l'étranger (Ordonnance du 30 décembre 1839.) ;

Enfin le poinçon bigorne ou de contre-marque ainsi appelé parce qu'il sert à contre-marquer par l'effet du contre-coup du poinçon supérieur, et juste au dessous de l'em-

l'instant même où il devenait la propriété d'un particulier non trafiquant.

L'abolition du droit de revente, opérée par l'art. 22 de la loi du 19 brumaire an 6, entraînait, comme mesure temporaire, l'application gratuite d'un poinçon spécial sur les vieux ouvrages existant alors.

Du reste, l'ancienne définition sur la vétusté légale des ouvrages subsiste encore, et reçoit son application lorsque l'art. 15 de la déclaration de janvier 1749 est invoqué.

(Note de M. Paillottet.)

(1) Des poinçons spéciaux pour les boîtes de montres et autres ouvrages d'horlogerie française avaient été créés par l'ordonnance du 19 sept. 1821, mais ils ont été supprimés par celle de 1838. Les produits de notre horlogerie sont aujourd'hui poinçonnés comme gros ouvrages d'or et d'argent.

preinte de ce poinçon, le revers des ouvrages soumis à la marque des poinçons que nous venons d'énumérer. Les traces que laissent ces contre-marques étant extrêmement variées, il en résulte pour la contrefaçon plus de difficulté, tandis que la fausseté de l'empreinte des poinçons de titre et de garantie appliqués sur la surface des ouvrages marqués, en est plus aisément reconnue. (Ordonnance, 1er juillet 1818 et 5 mai 1819.

9. Le poinçon du fabricant porte la lettre initiale de son nom avec un symbole ; il peut être gravé par tel artiste qu'il lui plaît de choisir, en observant les formes et proportions établies par l'administration des Monnaies.

I. Le poinçon du fabricant est le plus ancien.

II. Les formes et proportions en sont réglées par l'administration des monnaies.

III. Ce poinçon doit être appliqué sur les pièces accessoires, comme sur les pièces principales des ouvrages.

IV. Le fabricant est responsable de l'abus qu'on peut faire de son poinçon.

I. La première garantie de la bonté et de la finesse des matières d'or, que les art. 8 et 48 assurent au public, est celle qui résulte de l'application du poinçon du fabricant sur les ouvrages façonnés dans ses ateliers. Ce poinçon est le plus ancien de tous. Avant même la création du poinçon de contre-marque, tout maître était tenu d'avoir un poinçon qui lui fût particulier pour marquer ses ouvrages; c'est à dire, pour attacher à ses ouvrages sa responsabilité, et rendre possible le recours en dédommagement, au cas où il n'aurait point observé la loi du titre. Car le poinçon d'un fabricant est proprement son sceau et comme son seing manuel qui le lie et qu'il ne peut méconnaître, suivant les expressions d'un vieil auteur. S'il n'était empreint de ce signe, l'ouvrage défectueux une fois sorti des mains du maître, pourrait facilement être désavoué par lui ; l'exécution de la loi sur les titres ou degrés de fin est donc subordonnée à l'existence de ce poinçon. D'où il suit qu'il a dû être exigé dès que les ordonnances de nos rois ont pour la première fois fixé les titres. Autrefois, chaque fabricant le recevait de la Cour des monnaies qui le lui délivrait le jour de son admission à la maîtrise. Il lui était défendu de rien changer à la partie commune à tous *les poinçons* de maître, qui était une fleur de lis : on lui permettait seulement de choisir sa devise particulière, ou petite marque singulière, telle qu'un cœur, une flamme, un croissant, une étoile, etc., alors appelée contre-seing, qui y était introduite comme *différent*, c'est-à-dire pour différencier le poinçon d'un maître de celui d'un autre maître, et empêcher qu'on ne confondît leurs empreintes. (Pierre Leroy, *Statuts et Priviléges*, p. 98.)

II. Notre article rend aux maîtres la faculté de choisir l'artiste par lequel ils voudront faire graver leur poinçon ; mais il subordonne toutefois cette faculté à l'obligation d'observer les formes et proportions établies par l'administration des monnaies dans un but d'uniformité et d'intérêt public. — L'administration des monnaies, par un arrêté du 17 nivôse an 6, a décidé, en exécution du présent article, que la forme du poinçon de chaque fabricant d'ouvrages d'or et d'argent serait un *losange*. Les proportions de ce poinçon sont établies en raison du genre d'ouvrages qu'il fabrique.

III. Le poinçon du maître doit être appliqué, non seulement sur les principales pièces d'un ouvrage composé, mais encore sur les simples appliques, garnisons ou autres ouvrages accessoires également sortis de sa main; autrement il pourrait les méconnaître en cas de faiblesse du titre, et échapper à la garantie qu'il doit au public.

IV. Les fabricants sont responsables de tous les ouvrages qui circulent dans le commerce sous l'empreinte de leur poinçon. En cas d'abus, ils ne sauraient décliner cette responsabilité, soit au point de vue de la pénalité, soit au point de vue de la réparation civile, sous prétexte qu'ils n'ont fabriqué ni fait fabriquer lesdits ouvrages, ou qu'ils ont prêté leur poinçon à d'autres fabricants, etc. Il va donc de leur intérêt de veiller à l'usage qu'on en peut faire.

10. Les poinçons de titre ont pour empreinte un coq, avec l'un des chiffres arabes, **1, 2, 3**, indicatif des premier, second et troisième titres, fixés dans la précédente section. Ces poinçons sont uniformes dans toute la république; chaque sorte de ces poinçons a d'ailleurs une forme particulière qui la différencie aisément à l'œil.

Trois poinçons pour l'or, et 2 pour l'argent.

Puisque le poinçon du titre est différent suivant le titre de la pièce fabriquée, il y en a nécessairement trois pour l'or et deux pour l'argent.

Le poinçon du titre n'étant appliqué que sur des ouvrages

déjà empreints de la marque du fabriquant, est une double sûreté de leur bonté envers le public.

11. Le poinçon de chaque bureau de garantie a un signe caractéristique particulier qui est déterminé par l'administration des monnaies. Ce signe est changé toutes les fois qu'il est nécessaire, pour prévenir les effets d'un vol ou d'une infidélité.

I. La confusion du poinçon du bureau de garantie avec le poinçon du titre est illégale.

II. Système de la recense.

III. Tous les ouvrages existant dans le commerce sous l'empreinte des marques proscrites, doivent être marqués de nouveau.

IV. Le délai de recense expiré, ces ouvrages sont considérés comme non marqués. — Conséquences.

V. Recense à domicile.

VI. Qui a droit à la recense.

VII. Plaintes des fabricants à l'occasion de la recense.

I. Nous avons dit sur l'article 8, que le poinçon du bureau de la garantie ne faisait plus qu'un aujourd'hui avec le poinçon du titre. Cette modification introduite dans la loi de brumaire par voie d'ordonnance, est évidemment entachée d'illégalité ; mais comme la confusion de ces deux poinçons est favorable aux fabricants, personne n'a intérêt à s'en plaindre.

II. Lorsque de nombreuses saisies d'ouvrages d'or et d'argent viennent révéler la contrefaçon ou l'abus des poinçons de l'État, autant pour conserver la garantie publique que pour assurer les revenus du trésor, le gouvernement est chargé de substituer aux poinçons falsifiés ou volés, de nouveaux poinçons dits de *recense*.

III. A dater du jour où les poinçons de recense commencent à être employés, il ne peut plus être fait usage des anciens poinçons. Tous les ouvrages d'or et d'argent existant dans le commerce et portant l'empreinte des marques légales, doivent être marqués de nouveau. L'acte du gouvernement ordonnant la recense, fixe même d'ordinaire un délai de trois mois pendant lequel les marchands et fabricants, orfèvres, bijoutiers, horlogers, couteliers, fourbisseurs, armuriers, tabletiers et autres fabricants et marchands faisant commerce d'ouvrages d'or et d'argent, sont tenus de porter au bureau de garantie tous les bijoux et ouvrages qu'ils ont en leur possession, pour y être marqués sans frais des poinçons de recense et de contre-marque.

IV. Après l'expiration du délai fixé pour la recense, les ouvrages d'or et d'argent marqués des anciens poinçons, s'ils sont présentés au bureau de garantie, paient un nouveau droit; s'ils sont trouvés dans le commerce sans être empreints du poinçon de recense, ils sont réputés non marqués, et les détenteurs encourent les condamnations prononcées par la loi, art. 80 et 107. (V. *Ord., 7 avril 1838.*)

V. Lors de la dernière recense, un arrêté ministériel du 7 avril 1838 autorisa, sous certaines conditions, la recense à domicile pour les fabricants et marchands établis dans les villes où il existe un bureau de garantie.

VI. Les particuliers étrangers au commerce de l'orfévrerie et de la bijouterie, n'ont pas droit au bénéfice de la recense.

VII. Quatre recenses générales ont eu lieu depuis la rédaction de la loi de brumaire; la première en l'an 6; la seconde en 1809, 7 juillet; la troisième, le 16 août 1819; et la quatrième, le 7 avril 1838.

Aux yeux des fabricants, la nécessité pour l'administration de recourir fréquemment aux recenses, est l'aveu le plus complet de l'impuissance et de l'inefficacité des poinçons, considérés comme moyen de garantie. Le système de la recense lui-même ne leur paraît propre qu'à les ruiner, sans donner aucune sécurité au public. En effet, les recenses sont onéreuses pour eux, puisqu'elles les forcent à des déplacements et au paiement d'un nouveau droit pour des pièces qui l'ont déjà acquitté, si elles ne reviennent en leurs mains qu'après l'expiration de la recense gratuite : elles sont sans avantages pour le public, puisqu'à peine y a-t-on procédé, que la contrefaçon des poinçons reprend ses allures, et que les choses se retrouvent dans le même état.

12. Le petit poinçon destiné à marquer les menus ouvrages d'or a pour empreinte une tête de coq; celui pour les menus ouvrages d'argent, porte un faisceau. — (V. art. 15.)

Le petit poinçon ne garantit que le titre le plus bas.

Le petit poinçon qui s'applique sur les menus ouvrages a ceci de particulier qu'il ne porte pas, comme les poinçons destinés à marquer les grands ouvrages, le chiffre indicatif du titre réel de la pièce essayée. C'est pourquoi on ne le considère que comme donnant l'empreinte du troisième titre pour l'or, et du second titre pour l'argent. Cette présomption est d'ailleurs justifiée par le fait, car les menus ouvrages ne sont pas fabriqués à un titre plus élevé.

13. Le poinçon de vieux, destiné uniquement à marquer les ouvrages dits *de hasard*, représente une hache ; celui pour marquer les ouvrages venant de l'étranger, contient les lettres E. T.

I. Le poinçon étranger ne garantit pas la pureté des matières ; il indique seulement l'origine de la fabrication.
II. Assimilation des ouvrages à bas titres vendus par le Mont-de-Piété aux ouvrages étrangers.—Fâcheuses conséquences.

Le poinçon de vieux, nous l'avons déjà vu, a été supprimé par une ordonnance du 5 mai 1819.

I. Quant au poinçon dit *étranger*, il ne contient que les lettres E. T. qui indiquent l'origine de l'ouvrage sans même faire allusion au titre de fin. C'est qu'en effet, ce poinçon au lieu d'indiquer la quantité d'alliage contenue dans chaque pièce, à l'instar des poinçons qu'on applique aux ouvrages de fabrique française, n'indique rien que l'absence de vérification du titre.

II. En permettant la vente des ouvrages frappés de cette marque, et en dérogeant ainsi à son principe qui est de déterminer et de limiter les titres, la loi de brumaire a ouvert à la fraude pratiquée sur la bijouterie étrangère, une voie que l'administration est venue encore élargir par ses décisions. Nous voulons parler ici des circulaires ministérielles, en date des 15 novembre 1822, et 14 juillet 1824, qui ont assimilé les ouvrages d'or et d'argent vendus par les Monts-de-Piété, lorsqu'ils se trouvent à bas titre, aux ouvrages fabriqués hors de France et marqués du poinçon de l'étranger. Les facilités que procure aux commerçants de mauvaise foi cette confusion, et tous les inconvénients qu'elle peut entraîner, se conçoivent aisément, surtout pour qui se rappelle tant le rôle des poinçons que la difficulté de les connaître et d'apprécier le degré de garantie réelle qu'ils offrent aux acheteurs (1).

14. Le poinçon de chaque fabricant de doublé ou de plaqué a une forme particulère déterminée par l'administration des monnaies. Le fabricant ajoute en outre sur chacun de ses ouvrages des chiffres indicatifs de la quantité d'or et d'argent qu'il contient.

La forme du poinçon de chaque fabricant de doublé ou de plaqué est un *carré* parfait. (*Arrêté de l'administration des monnaies du 17 niv. an 6, art. 3.*)

Aux termes de l'art. 97 de la loi de brumaire, le fabricant doit joindre au symbole gravé sur son poinçon particulier le mot *doublé* en toutes lettres.

15. Le poinçon de recense est également déterminé par l'administration des monnaies, qui le différencie à raison des circonstances.

Les nouveaux poinçons de titre et de garantie, et les poinçons bigornes de contre-marque employés exclusivement dans tous les bureanx de garantie, sont ceux compris dans le tableau suivant.

(1) Si l'on en çroit Pierre Leroy, la marque spéciale empreinte sur les ouvrages de provenance étrangère avait précisément pour but, à l'origine, de prévenir leur assimilation avec des ouvrages à bas titre de fabrique française. « C'est, dit-il, pour empêcher qu'en imitant le goût et la forme de ces sortes d'ouvrages, il n'en soit illicitement fabriqué de semblables dans Paris, lesquels pourraient être ensuite débités comme étant de fabrique étrangère, si le réglement n'avait pas pourvu à cet inconvénient en ordonnant qu'ils seraient marqués d'un poinçon particulier. » (V. *Statuts et Priviléges*, etc., p. 210.) (*Note de l'auteur.*)

DÉLINÉATION.			TYPES.
Titre et garantie.	Or	Paris et les dép.	Tête de médecin grec.
	Argent	Paris et les dép.	Tête de Minerve.
Petite garantie..	Or	Paris	Tête d'aigle.
		Départements..	Tête de cheval.
	Argent	Paris	Tête de sanglier.
		Départements..	Crabe.
Remarque pour les chaînes d'or.	Paris et les départemens.		Tête de rhinocéros.
Etranger (or et argent).	Paris et les dép.	Gros.	Charançon.
		Petit.	Id. (réduit).
Horlogerie importée.	Paris et les 4 bureaux spéciaux (1).	Or.	Chimère.
		Argent.	Id. (plus fort).
Recense (or et argent).	Paris et les dép.	Grosse.	Tête de girafe.
		Petite.	Tête de dogue.
Bigorne de contre-marque.	Paris.	Grosse.	Insectes enlacés vus de profil.
		Moyenne.	Autres familles d'insectes.
		Petite.	Autres familles d'insectes.
	Départements..	Grosse.	Les mêmes insectes que pour la bigorne de Paris, mais vus de face.
		Moyenne.	
		Petite.	

(1) Ces bureaux sont ceux de Lyon, Besançon, Montbéliard et Lons-le-Saul[nier].

FORMES.	Chiffre indiquant le titre, et position de ce chiffre.	Place du signe distinct des bureaux pour les départem. (2).
...lt pans réguliers..	1er devant le front..	Sous le menton.
...ale coupé.........	2e sous le menton..	Derrière la nuque.
...x pans irréguliers..	5e vis-à-vis le nez...	Derrière la nuque.
...x pans irréguliers..	1er devant le front..	Sous le menton.
...ale coupé.........	2e sous le menton...	Devant le front.
...coupée.........	....	
...coupée.........	....	Dans la joue.
...coupée.........	....	
...coupée.........	....	Entre les pattes.
...coupée.........	....	Entre la corne et le front.
...coupée.........	....	Entre les pattes.
...coupée.........	....	
...coupée.........	....	Entre l'aile et la croupe.
...coupée.........	....	
...coupée.........	....	Sous la mâchoire inférieure.
...coupée.........	....	Sur le collier.

...Il n'y aucun signe particulier sur les poinçons du bureau de Paris.

16. Le poinçon destiné à marquer les lingots d'or ou d'argent affinés est aussi déterminé par l'administration des monnaies ; il est uniforme dans toute la France.

Ce poinçon n'est plus en usage que pour les lingots destinés à être tirés aux argues royales.

17. Tous les poinçons désignés dans les articles 10, 11, 12, 13, 15 et 16 sont fabriqués par le graveur des monnaies qui les fait parvenir dans les divers bureaux de garantie et en conserve les matrices.

Le poinçon destiné pour les lingots affinés n'est déposé que dans les bureaux de garantie dans l'arrondissement desquels il se trouve des affineurs à la chambre de la Monnaie de Paris, pour l'affinage national.

Dans la rédaction de cet article, une omission avait été faite, qui, changeant complètement le sens de sa disposition, aurait pu produire dans l'exécution de graves inconvénients. En conséquence, l'art. 17 de la loi de brumaire fut rapporté par la loi du 26 frimaire an 6 et remplacé par la disposition suivante :

« Tous les poinçons désignés dans les articles 10, 11, 12, 13, 15 et 16, sont fabriqués par le graveur des monnaies, sous la surveillance de l'administration des monnaies, qui les fait parvenir dans les divers bureaux de garantie, et en conserve les matrices.

18. Lorsqu'on ne fait point usage de ces poinçons, ils sont enfermés dans une caisse à trois serrures, et sous la garde des employés des bureaux de garantie, comme il sera dit ci-après.

Cette précaution qui a pour objet d'assurer la sécurité publique en prévenant l'abus qu'on pourrait faire des poinçons légaux, est bien ancienne. Dès l'origine des poinçons de contre-marque, le dépôt en fut confié aux seuls gardes de l'orfévrerie en charge, *ut custodientur per probos homines ad hoc eligendos*, porte l'ordonnance de Philippe-le-Bel, du mois de juin 1318. Plus tard, ils continuèrent à être placés sous l'unique garde des maîtres orfèvres, mais l'une des clefs du coffre qui les recélait dut être remise entre les mains du fermier de la marque d'or et d'argent, pour la sûreté de ses droits. Aujourd'hui leur conservation est confiée à l'essayeur, au receveur et au contrôleur du bureau de la garantie qui ont chacun une des clefs de la caisse, de sorte que l'un d'eux ne peut ni ouvrir la triple serrure, ni faire usage des poinçons en l'absence ou sans l'assentiment des autres. Il sont tous trois solidairement responsables de l'abus qui serait fait des marques légales.

19. Les fabricants de faux poinçons et ceux qui en feraient usage, seront condamnés à dix années de fers, et leurs ouvrages confisqués.

I. L'article 19 de la loi de brumaire est abrogé par l'art. 140, C. P.

II. L'application de ce dernier article suppose la contrefaçon et l'usage.

III. Ce qu'on entend par faux poinçon.

IV. L'art. 140, C. P., suppose que l'usage du faux poinçon a eu lieu en connaissance de cause.

V. Les peines qu'il porte peuvent être modifiées, en vertu de l'art. 463, C. P.

VI. En outre du maximum des travaux forcés, l'amende et l'exposition peuvent être prononcées conformément aux art. 164, 165, C. P.

I. Cette disposition, dont l'objet était d'empêcher le public d'être trompé et le trésor d'être frustré des droits de garantie, ne s'appliquait évidemment, comme aujourd'hui l'article 140 du Code pénal, qu'à la contrefaçon du poinçon du bureau de garantie, dont l'application assure, aux citoyens la bonté intérieure et le titre de l'ouvrage, à l'Etat la perception du droit.

Elle a son origine dans l'ordonnance du 4 janvier 1724. Cette ordonnance prononce la peine de mort « contre ceux qui calqueront, contretireront ou autrement contreferont les poinçons ou qui s'en serviront pour une fausse marque. » La peine de mort fut réduite à dix années de fers par la loi du 25 septembre-6 octobre 1791, et cette réduction fut maintenue par notre article ; mais elle a été élevée au maximum des travaux forcés à temps, par l'article 140 du Code pénal, ainsi conçu : Ceux qui auront contrefait ou falsifié soit un ou plusieurs timbres nationaux, soit les marteaux de l'Etat, soit le poinçon ou les poinçons servant à marquer les matières d'or ou d'argent, *ou qui auront fait usage* des papiers, effets, timbres, marteaux ou poinçons falsifiés ou contrefaits, seront punis des travaux forcés à temps, dont le maximum sera toujours appliqué dans ce cas.

II. Pour l'application de cet article, il faut qu'il y ait eu contrefaçon et usage des objets contrefaits et falsifiés. Le fait d'appliquer sur un ouvrage d'or ou d'argent à bas titre, une marque réservée par le bureau de garantie pour des matières d'un titre plus élevé, ne saurait constituer ni la contrefaçon d'un poinçon, ni l'abus d'un poinçon faux. Les dispositions de l'ordonnance du 19 avril 1739, qui prévoyaient ce cas, n'ont point été reproduites par les lois nouvelles.

III. Tout poinçon, quel qu'il soit, est considéré comme contrefait, par cela seul qu'il n'est pas celui qu'emploie le bureau de garantie pour la marque de l'or et de l'argent. Le poinçon calquésur le véritable est donc un faux poinçon, et, par conséquent, l'apposition de ce poinçon sur des matières d'or ou d'argent, constitue le crime puni par l'art. 140, C. P. (*Cass. 31 mai 1808, aff. Morel.*)

IV. En prononçant contre ceux qui ont fait usage des poinçons contrefaits ou fabriqués, la même peine que celle dont sont passibles les auteurs de la contrefaçon ou de la falsification, l'art. 140, C. P., n'a point subordonné l'application de cette peine au cas où il serait acquis au procès que l'accusé en aurait fait usage en *connaissance de cause*; mais cette disposition est nécessairement sous-entendue.

V. La disposition portant que le maximum sera toujours appliqué, doit aussi s'entendre en ce sens que le jury n'aura point reconnu dans la cause de circonstances atténuantes : autrement la peine pourrait être modérée, conformément à l'article 463, C. P.

VI. L'application des articles 164 et 165 du Code péual aux agens qui ont fait usage de poinçons contrefaits, a souffert des difficultés, mais aucune considération ne pouvait prévaloir contre le texte formel de la loi : aussi la Cour de cassation a-t-elle jugé avec raison, qu'ils devaient être condamnés à l'amende et à l'exposition. Voici les termes mêmes de son arrêt.

Vu les art. 140, 164 et 165, C. P.; — Considérant que le premier de ces trois articles se trouve placé dans la première section, chapitre 3, titre 1er, livre 3, C. P., et que les deux autres articles sont compris dans les dispositions communes à ladite première section ; qu'il s'ensuit donc que ceux qui ont fait usage de poinçons falsifiés ou contrefaits servant à marquer les matières d'or ou d'argent doivent, outre le maximum des travaux forcés à temps, être condamnés à l'amende et à la marque portées par lesdits art. 164 et 165 ; et attendu que Louis-Hippolyte-Victor Leguery a été déclaré coupable par le jury d'avoir, pendant l'intervalle des derniers mois de 1819 au 10 avril 1827, fait sciemment usage de poinçons falsifiés ou contrefaits, imitant ceux servant en France à marquer les matières d'or et d'argent, etc. (*Cas., 14 déc. 1827, aff. Leguery.*)

20. Les poinçons servant actuellement à constater les titres et l'acquit des droits de marque seront biffés immédiatement après que les poinçons ordonnés par la présente loi seront en état d'être employés.

A partir du jour où l'emploi des poinçons anciens doit cesser légalement, ils ne garantissent plus rien ; leur empreinte est considérée comme non avenue. Il semble dès lors que l'abus qu'on pourrait faire de ces poinçons serait purement gratuit : néanmoins, pendant la durée de la recense, il pourrait procurer des bénéfices, puisque les bureaux de garantie sont tenus de recevoir, pour les marquer gratuitement des nouveaux poinçons, tous les ouvrages empreints des marques qui viennent de cesser d'être légales. Tel est le motif qui rend nécessaire la rupture des anciens poinçons, toutes les fois qu'une recense générale les met hors de service.

TITRE II.

—

Des droits de garantie sur les ouvrages et matières d'or et d'argent.

21. Il sera perçu un droit de garantie sur les ouvrages d'or et d'argent de toute sorte, fabriqués à neuf. Ce droit sera de 20 fr. par hectogramme (trois onces 2 gros 12 grains) d'or, et d'un franc par hectogramme d'argent, non compris les frais d'essai ou de touchau.

I. Le droit de garantie est à la fois un impôt, et le prix d'un service rendu.

II. Avantages que présente cet impôt.

III. Nécessité d'en abaisser la quotité.

IV. Evaluation du droit de garantie.

V. Décime de guerre.

1. Après avoir assuré au public le titre des métaux précieux

par de sages précautions, la loi de brumaire a établi aussi certaines mesures dans l'intérêt du fisc. Un droit avait été payé autrefois sous le titre de droit de remède, droit de seigneuriage, droit de marque et de contrôle ; elle l'a fait revivre sous la dénomination de droit de garantie.

Entre les orfèvres qui demandent l'abolition du droit de garantie, et l'administration qui en veut le maintien, on a agité la question de savoir si ce droit est un impôt. Au dire de l'administration, c'est le prix d'un service rendu, l'indemnité de la surveillance établie pour la répression des fraudes qui tendraient à altérer, au préjudice du commerce, le titre des métaux et des ouvrages d'orfévrerie et de bijouterie. Aux yeux des orfèvres, au contraire, c'est un impôt, et ils basent cette opinion sur l'historique, sur les exposés de motifs de la loi de brumaire, la déclaration d'urgence placée en tête de cette loi, et principalement sur la comparaison des produits annuels du droit de garantie, soit 2,118,000 fr., avec le montant des frais de garantie et de surveillance, soit 800,000 fr. Dans ce différend, chacune des deux parties nous paraît avoir raison. Une portion des droits de garantie représente les dépenses occasionnées par la surveillance et l'administration, dépenses dont il est juste que le gouvernement se couvre en frappant d'un droit la matière même qui y donne lieu ; l'autre portion représente un impôt ; mais nous ne pensons pas que cette qualification, attachée au droit de garantie, doive le faire proscrire tant que la garantie subsistera, parce que s'il a des inconvénients, il offre aussi des avantages. En effet, cet impôt porte sur le superflu, et il peut être considéré comme une amende modérée et inévitable infligée au luxe et à la vanité ; donc son assiette est bonne.

II. Il est recouvré au moment où l'administration vient de rendre à la société le service de la marque, ou du moins de l'essai, donc sa perception est équitable et facile. De plus, il est uniforme, puisqu'il se paie sur un tarif; il est facultatif, puisque chaque consommateur le rembourse au fabricant qui en fait l'avance, insensiblement et seulement quand ses besoins satisfaits le lui permettent : de sorte que, à la différence des autres impôts, il n'est pas un fardeau. Il se paierait même sans nuire considérablement à l'extension de l'industrie, n'était qu'il est excessif. Il est excessif ! c'est le seul reproche que nous ayons à lui adresser, mais ce reproche est grave. L'exagération des droits de garantie provoque bien des fraudes auxquelles, et c'est là le pis de l'affaire, des fabricants, honnêtes d'ailleurs, sont amenés forcément à participer. Les faux poinçons, la corruption des employés de la Monnaie, et mille autres moyens non moins condamnables, sont à l'usage des fabricants de mauvaise foi, qui peuvent par suite vendre à un bon marché excessif. Pour soutenir la concurrence et plaire aux consommateurs, les autres, incapables d'enfreindre le titre des matières, ne peuvent que frauder les droits. Sous peine de renoncer à leur commerce, il leur faut, par cette fraude dont ils ne retirent aucun avantage et dont les acheteurs seuls profitent, exposer leur nom à la déconsidération, leur personne au châtiment du crime. N'est-il pas pénible de voir les honnêtes gens placés dans la même nécessité que les fripons, et le législateur ne viendra-t-il pas à leur secours en diminuant le droit de garantie? Nous pensons, pour notre part, qu'il y a quelque chose à faire : qu'on avise.

III. L'évaluation du droit fixé par notre article est facile puisque ce droit est de 20 centimes par gramme d'or, et d'un centime par gramme d'argent ; il suffit de multiplier l'un ou l'autre de ces chiffres par le nombre total de grammes que pèse l'objet.

IV. Mais à cette opération vient s'en joindre une autre. En vertu d'un arrêté du 6 prairial an 7, il doit être perçu sur tous les impôts un dixième en sus ou décime pour franc ; il faut donc avoir soin d'ajouter ce décime au montant des droits de garantie, ce qui les élève à 22 fr. par hectogramme d'or, et 1 fr. 10 c. par hectogramme d'argent.

22. Il ne sera rien perçu sur les ouvrages d'or et d'argent dits de *hasard*, remis dans le commerce ; ils ne sont assujettis qu'à être marqués une seule fois du poinçon vieux, ordonné par l'art. 8 de la présente loi.

Cet article qui devait se combiner, pour la perception avec les art. 82, 83 et 84, est devenu sans objet depuis la suppression du poinçon de vieux.

23. Les ouvrages d'or et d'argent venant de l'étranger devront être présentés aux employés des douanes sur les frontières de la République, pour y être déclarés, pesés, plombés, et envoyés au bureau de la garantie le plus voisin, où ils seront marqués du poinçon E. T., et paieront des droits égaux à ceux qui sont perçus pour les ouvrages d'or et d'argent fabriqués en France.

Sont exceptés des dispositions ci-dessus: 1° les objets d'or et d'argent appartenant aux ambassadeurs et envoyés des puissances étrangères.

2° Les bijoux d'or à l'usage personnel des voyageurs, et les ouvrages en argent servant également à leur personne, pourvu que leur poids n'excède pas en totalité 5 hectogrammes (16 onces 2 gros 60 grains et demi).

I. Tous les bijoux venant de l'étranger doivent être envoyés par les employés des douanes au bureau de garantie le plus prochain.

II. Le bureau de garantie n'a point à vérifier le degré de fin des ouvrages étrangers.— Pourquoi?

III. Le poinçon *étranger* est aujourd'hui appliqué dans tous les bureaux de garantie.

IV. Il ne peut cependant être appliqué sur l'horlogerie étrangère que dans cinq bureaux.

V. Exception à la règle que les bijoux étrangers doivent à leur entrée en France être soumis à l'essai et aux droits : 1° au profit des ambassadeurs, etc. ; 2° au profit des voyageurs.

VI. Extension de cette immunité en faveur des voyageurs français.

VII. Ce que peut faire le voyageur non admis à jouir de l'exemption.

VIII. Sanction de l'art. 23.

I. Pour soumettre à l'essai et au paiement des droits de garantie tous les ouvrages d'or et d'argent venant de l'étranger, la loi n'a pas dû attendre qu'ils eussent dépassé la frontière, parce qu'il y aurait eu trop d'inconvénient à marquer du poinçon *étranger* les ouvrages de *hasard* qui circulent dans le commerce de l'intérieur de la France.

C'est au moment où ils sont présentés à la douane, ou saisis par les employés, faute par le contrevenant de les avoir déclarés en temps utile, qu'ils doivent être envoyés aux bureaux de garantie, sans exception même pour les ouvrages non susceptibles de supporter l'empreinte des poinçons. C'est qu'une exception pour ces derniers aurait permis aux employés des douanes de s'ériger en juges souverains dans une matière qui est tellement étrangère à leur service habituel, que les procès-verbaux par lesquels ils constateraient les contraventions dont ils ont eu connaissance dans leurs exercices, seraient radicalement nuls et considérés comme non avenus. (V. *Cass.*, *18 août 1827, aff. Poncet.*)

II. Au bureau de garantie, on se borne à examiner si ces ouvrages sont en or ou en argent, selon la marque. Après cette simple vérification, ils sont marqués du poinçon dit *étranger* et remis aux propriétaires aussitôt que le droit est acquitté. Ces formalités sont toutes dans l'intérêt du commerce national, car en exigeant le paiement du droit, on rétablit sur le pied de l'égalité l'industrie française et l'industrie étrangère qui n'avait pas été grevée de cet impôt ; en se bornant à marquer du poinçon étranger les ouvrages importés, sans en indiquer ni en garantir le titre, uniquement pour constater qu'ils sont d'origine étrangère et que la qualité n'en a pas été vérifiée, on assure au commerce français un immense avantage. « Si on eût constaté et garanti le titre des ouvrages étrangers introduits en France, en indiquant le titre légal de ces objets, c'eût été, dit Favard, les faire entrer en concurrence avec les ouvrages de nos fabriques, et en rendant le titre certain, leur faire obtenir peut être une préférence dont nos fabricants méritent seuls de jouir; il était donc naturel, en les assujettissant aux droits de garantie, de laisser le titre des ouvrages étrangers que l'on admet en France sous les plombs des douanes dans le vague du doute, et dans l'état de déconsidération et d'avilissement, qui rend sans valeur réelle les ouvrages non marqués et les ouvrages étrangers introduits dans le royaume (1).

III. Avant 1840, les bureaux de garantie où devait se faire la vérification des ouvrages venant de l'étranger étaient en nombre limité; mais à cette époque, tous ayant été pourvus du poinçon dit *étranger*, la nécessité de déterminer ceux sur lesquels devraient être dirigés par la douane les ouvrages d'or et d'argent importés cessa. En conséquence, une ordonnance royale déclara que ces ouvrages pourraient être marqués du poinçon *étranger* dans tous les bureaux indistinctement. (*Ord. du 28 juillet 1840.*)

IV. Il n'y a d'exception que pour les ouvrages d'horlogerie de provenance étrangère, qui ne pourront être dirigés sous le plomb des douanes et acquit à caution que sur les bureaux de Paris, Lyon, Besançon, Montbéliard et Lons-le-Saulnier. (*Ord. du 2 juin 1834.*)

V. L'art. 23, après avoir posé en principe que tous les ouvrages d'or et d'argent importés doivent être envoyés au bureau de garantie et soumis aux droits, fait deux excep-

---

(1) Au reste le paiement du droit de garantie sur les ouvrages étrangers n'est pas le seul qui protége les ouvrages français contre la concurrence; il y a de plus le droit de douane qui, en cette matière, s'élève au même taux à peu près que le droit de garantie. (*Note de M. Paillottet.*)

tions, l'une pour les ambassadeurs et envoyés des puissances étrangères, l'autre au profit des voyageurs.

La franchise accordée aux ambassadeurs et aux envoyés des puissances étrangères est entière, généralement pour tous les objets d'or et d'argent qu'ils possèdent, sans exception, limitation, ni réserve. Cependant, comme ce n'est point là une de ces immunités nécessaires au succès des ambassades, et sans lesquelles l'ambassadeur aurait été moins en état de remplir ses fonctions, mais une simple civilité à laquelle le ministre étranger n'avait pas à prétendre droit, on eût pu, si la dignité du pays l'avait comporté, restreindre cette franchise dans les limites fixées pour les simples particuliers. D'où nous concluons que si, au lieu de renfermer l'exemption dans les choses véritablement à son usage, l'envoyé en abuse pour en faire un trafic en prêtant son nom à des marchands, le privilége cesse et le droit commun reprend son empire.

Quant à l'exception établie au profit des voyageurs, il faut bien se garder aussi de l'étendre outre mesure. La quantité de cinq hectogrammes que la loi permet de passer en franchise, ne nous paraît pas devoir s'appliquer à chacun des membres d'une même famille : la femme et les enfants ne doivent compter que pour une seule et même personne avec le chef de la famille qui rentre de l'étranger en France.

VI. Par égard pour les Français qui rentrent sur le sol natal, une circulaire ministérielle autorise l'administration des douanes à admettre en franchise toute leur argenterie, pourvu qu'il soit établi, d'une part, qu'elle sert à leur usage personnel, et en second lieu, qu'elle est revêtue de l'empreinte d'un poinçon de garantie en activité en France depuis l'an 6. (**V.** *Circul.*, *31 juillet 1817*). C'est au contrôleur de la garantie qu'il appartient de constater l'existence de cette seconde condition, lorsque les ouvrages importés sont soumis à sa vérification par les employés des douanes.

VII. Dans les cas où le voyageur n'est pas admis à jouir de l'exemption, il a la faculté ou de réexporter son argenterie, ou de la faire briser, ou de la faire marquer. (*Circul. du 10 janv. 1818.*)

VIII. Malgré le silence de l'art. 23, les infractions à ses dispositions ne sauraient rester impunies. La Cour de cassation a pensé qu'en cas d'introduction en France d'objets d'or et d'argent sans qu'il en ait été fait déclaration au bureau de la douane ni à l'administration municipale, il y avait lieu de prononcer la confiscation et l'amende édictées par les art. 107 et 80. Nous partageons cette opinion.

Dans le même cas, le Tribunal ne peut, par des motifs ou des considérations non avoués par la loi, renvoyer le contrevenant des poursuites intentées contre lui. (*Cass., 7 déc. 1815, aff. de la Reusille.*)

24. Lorsque les ouvrages d'or et d'argent venant de l'étranger, et introduits en France en vertu des exceptions de l'article précédent, seront mis dans le commerce, ils devront être portés aux bureaux de garantie, pour y être marqués du poinçon destiné à cet effet, et il sera payé, pour lesdits ouvrages le même droit que pour ceux fabriqués en France.

25. Lorsque les ouvrages neufs d'or et d'argent fabriqués en France, et ayant acquitté les droits, sortiront de la République comme vendus ou pour l'être à l'étranger, les droits de garantie seront restitués au fabricant, sauf la retenue d'un tiers.

I. Motifs de cette faveur.
II. Son extension aux bijoux exportés aux colonies.
III. Formalités à remplir pour en jouir.
IV. Réserve du retour.
V. Loi du 10 août 1859.
VI. Ordonnance du 30 décembre 1859, rendue en exécution de ladite loi.

I. Le but de cette faveur est évidemment d'encourager l'exportation des ouvrages des fabriques nationales, en même temps que de mettre nos orfèvres à même de soutenir la concurrence dans les pays étrangers où l'on ne paie pas les mêmes droits.

II. En vertu d'une déclaration du ministre des finances du 26 janvier 1815, la restitution des deux tiers du droit perçu sur les ouvrages d'or et d'argent fabriqués en France, aura également lieu lorsque ces objets seront exportés aux colonies françaises.

III. Les ouvrages destinés à l'exportation doivent être accompagnés d'une déclaration descriptive, certifiée par les employés du bureau de garantie qui ont perçu les droits, et légalisée par le maire, ou à Paris par les administrateurs des monnaies. L'enveloppe ou la boîte qui les renferme doit aussi être empreinte du cachet du bureau de garantie. La douane de sortie, vérification faite de l'accomplissement de toutes les formalités, et après l'acquittement des droits de son tarif, constate l'exportation définitive.

IV. Lorsque l'expéditeur ne considère pas l'exportation comme définitive, il peut faire réserve du retour ; mais, dans ce cas, tous les ouvrages doivent être revêtus d'une marque quelconque qui serve à les faire reconnaître. Sans cette condition, ils ne pourront être admis en exemption du droit. En effet, l'administration considère comme étrangers les ouvrages d'or et d'argent qui, après exportation, rentrent en France ; elle les assujettit à la marque du poinçon étranger et au paiement tant des droits de douane que des droits de garantie ; et elle n'admet, en franchise, par exception, que les objets envoyés par assortiment à l'étranger, par des négociants qui ont eu soin de remplir les conditions propres à prévenir les abus que pourrait enfanter cette mesure. (V. *Circul. du min. des finances, 6 déc. 1814, 14 janvier et 13 sept. 1825.*)

V. Telles sont les dispositions applicables aux ouvrages d'or et d'argent qui ne seront exportés qu'après avoir été marqués des poinçons français. Mais depuis quelques années, une loi a été rendue, qui permet d'exporter sans marques et en franchise, les produits de l'orfévrerie et de la bijouterie française. Cette loi qui a pour objet de rendre à l'exportation l'activité qu'elle ne pouvait plus avoir, parce que, d'une part, l'existence de la marque française équivalait dans beaucoup de pays à une prohibition ; de l'autre, l'impôt que les objets exportés supportaient à leur sortie de France, les empêchait de soutenir la concurrence sur les marchés étrangers, est ainsi conçue :

« Les ouvrages d'or et d'argent pourront être exportés sans marques des poinçons français et sans paiement du droit de garantie, pourvu qu'après avoir été soumis à l'essai et reconnus au titre légal, ils restent déposés au bureau de la régie ou placés sous la surveillance de ses préposés, jusqu'au moment où l'exportation en sera constatée.

Le gouvernement déterminera par un réglement d'administration publique le mode d'exécution de la présente disposition. » (*L. 10 août 1889, art. 16.*)

VI. Conformément à cette loi, les détails d'exécution ont été réglés par une ordonnance du 30 décembre 1839, que nous rapportons tout entière :

« Louis-Philippe, etc., vu les art. 25 et 26 de la loi du 19 brumaire an 6, relative à la garantie du titre des ouvrages d'or et d'argent ; vu l'art. 16 de la loi des recettes, en date du 10 août 1839, qui permet l'exportation desdits ouvrages sans marques des poinçons français et sans paiement du droit de garantie aux conditions qui seraient déterminées par un réglement d'administration publique, sur le rapport, etc.

Art. 1er. — Tout fabricant qui voudra exporter des ouvrages d'or et d'argent en franchise du droit de garantie et sans application de la marque des poinçons français, pourra les présenter à l'essai sans marque de poinçon du fabricant, et après que la fabrication en aura été achevée, pourvu qu'il ait fait au bureau de garantie une déclaration préalable du nombre, de l'espèce et du poids desdits ouvrages, et qu'il se soit engagé à les y apporter achevés dans un délai qui ne devra pas excéder dix jours.

Art. 2. — Néanmoins , les ouvrages d'orfévrerie qui

ne pourront être essayés à la coupelle ou par la voie humide sans détérioration, s'ils étaient achevés, seront apportés bruts au bureau et remis au fabricant après essai, pour en terminer la fabrication, moyennant qu'il souscrive également l'engagement de les rapporter achevés dans le délai de dix jours.

Art. 3. — Les ouvrages ainsi rapportés après achèvement et dont l'identité sera reconnue, sans toutefois qu'il puisse être exigé un nouveau droit d'essai, et ceux qui, en vertu de la dispense prononcée par l'art. 1er, ne seront présentés à l'essai qu'entièrement finis, seront aussitôt après renfermés dans une boîte scellée et plombée, et remis au fabricant sur sa soumission de les exporter dans les délais prescrits par la loi.

Art. 4. — Les fabricants qui voudront conserver à leur domicile les ouvrages qu'ils destinent à l'exportation, seront admis, sur une déclaration, à les faire marquer d'un poinçon spécial dit d'*exportation*, en suivant, quant à ces ouvrages, les règles ordinaires d'essai et de contrôle : ils seront dispensés de payer les droits de garantie à charge, par eux, de justifier ultérieurement de la sortie desdits ouvrages

Art. 5. — Les fabricants qui voudront conserver à domicile les ouvrages qu'ils auront l'intention d'exporter sans aucune marque des poinçons français, seront admis après essai à faire appliquer le poinçon sur une *perle métallique* (1)

(1) Depuis six ans que cette ordonnance a été rendue, la disposition relative à la perle métallique n'a reçu encore aucune exécution. Une disposition rigoureuse pour l'industrie n'eût pas été ainsi mise en oubli. (*Note de M. Paillottet.*)

fabriquée suivant un modèle qui sera fourni par l'administration et attachée à l'ouvrage par un fil de soie, et pourvu que l'ouvrage soit disposé de manière que cette marque volante n'en puisse être enlevée. Les ouvrages ainsi marqués seront remis à la disposition du fabricant, à charge par lui de justifier ultérieurement de leur exportation dans les formes prescrites.

Art. 6. — Au moment de la remise aux fabricants, leur compte sera chargé des ouvrages marqués du poinçon d'exportation ou des marques volantes. La décharge s'opérera soit par la justification de l'exportation dans les formes prescrites, soit par la prise en charge au compte d'un négociant, d'un commissionnaire ou d'un marchand en gros, ainsi qu'il sera expliqué ci-après.

Art. 7. — Les manquants reconnus au compte des fabricants lors des recensements et inventaires, seront soumis au droit intégral de garantie ; il sera procédé pour le décompte et le recouvrement des droits conformément aux règles prescrites pour les contributions indirectes.

Art. 8. — Les ouvrages déclarés pour l'exportation, et pris en compte chez les fabricants, pourront être achetés par des négociants, des commissionnaires ou des marchands en gros patentés en cette qualité, lesquels seront tenus, avant d'en prendre livraison, de faire une déclaration descriptive desdits objets au bureau de garantie, et de se soumettre à la prise en charge aux mêmes conditions que le fabricant. Il est interdit sous les peines de droit, à toutes autres personnes faisant commerce d'ouvrages d'or et d'argent, d'avoir en leur possession des ouvrages marqués du poinçon d'exportation ou de marques volantes ; elles ne pourront avoir, comme par le passé, que des ouvrages marqués des poinçons ordinaires de titre et de garantie.

Art. 9. — Lorsque les ouvrages d'or et d'argent ne seront exportés qu'après avoir été marqués des poinçons de titre et de garantie, la restitution des deux tiers du droit continuera d'être accordée, conformément aux dispositions de l'art. 25 de la loi du 19 brumaire.

Art. 10. — Tout fabricant, négociant, commissionnaire ou marchand en gros qui exportera des ouvrages d'or et d'argent marqués ou non marqués, pour lesquels les formalités prescrites par la présente ordonnance auront été remplies, ne les emballera qu'en présence des employés de la régie, lesquels escorteront les colis et assisteront au plombage en douane. Le compte de l'expéditeur ou la soumission d'exportation seront déchargés sur la justification, dans le délai de trois mois, de la sortie des colis qu'ils auront vu marquer, ficeler et plomber. »

26. Cette restitution sera faite par le bureau de garantie qui aura perçu les droits sur lesdits ouvrages, ou à défaut de fonds, par une *traite sur le bureau de garantie de Paris.* Cette restitution n'aura lieu, cependant, que sur la représentation d'un certificat de l'administration des douanes, muni de son sceau particulier, et qui constate la sortie de la France desdits ouvrages.

Ce certificat devra être rapporté dans le délai de trois mois.

I. Certificat du directeur des douanes.
II. Quittance sur timbre.

I. Le certificat qu'exige notre article pour la restitution des deux tiers du droit perçu, doit émaner du directeur des douanes dans l'arrondissement duquel est situé le bureau de sortie ; en outre du sceau de l'administration des douanes, il doit porter en marge le cachet du bureau de garantie.

Le receveur principal de la régie est chargé d'effectuer le remboursement, sur l'ordre que lui en intime l'administration par l'intermédiaire du directeur.

II. La quittance donnée par l'exportateur doit être écrite sur papier timbré, quand la somme qui y est mentionnée excède dix francs.

27. Le directoire exécutif désignera les communes maritimes et continentales, par lesquelles il sera permis de faire sortir de la République les ouvrages d'or et d'argent.

Conformément à cet article, une ordonnance du 3 mars 1815, encore en vigueur aujourd'hui, a statué dans les termes suivants :

« Art. 1er. Les ouvrages d'or et d'argent fabriqués en France et destinés à l'étranger, pour lesquels la restitution des deux tiers du droit, accordée par l'art. 25 de la loi du 19 brumaire an 6, sera réclamée, ne pourront sortir des ports du royaume que par Dunkerque, Calais, Saint-Valery, Rouen, Le Havre, Saint-Malo, Cherbourg, Lorient, Nantes, La Rochelle, Bordeaux, Bayonne, Cette, **Agde**, **Marseille**.

Toulon, et par terre, que par les bureaux des douanes du Boulon, du port de Vendres, de Lille, Valenciennes, Rocroy, Charleville, Sedan, Morteau, Strasbourg, Jouques, Mont-Béliard, Pontarlier, Chapareillan, Seissel, Colanges. Chamberry, Briançon, Perpignan, le Pas de Béhobée, Ascain et Ainhoa. »

Un décret du 6 avril suivant, a subtitué le bureau des douanes de Givet et celui de Givonne, à ceux de Rocroy et de Sedan.

L'ordonnance du 8 novembre 1820, ajoute le bureau de Weissembourg à ceux dont l'ordonnance du 3 mars 1815 fait l'énumération.

Enfin aux termes d'une ordonnance du 23 juillet 1844 : « Les bureaux de douanes de la station du chemin de fer, à Valenciennes, département du Nord, et des Trois Maisons, département de la Moselle, sont ajoutés à ceux qui ont été précédemment désignés pour constater la sortie des ouvrages d'or et d'argent expédiés à l'étranger, dans les cas prévus par la loi du 19 brumaire an 6. »

28. Les ouvrages déposés au Mont-de-Piété et dans les autres établissements destinés à des ventes ou à des dépôts de vente, sont assujettis à payer les droits de garantie, lorsqu'ils ne les ont point acquittés avant le dépôt.

I. Les droits de garantie ne sont exigés par l'administration pour les ouvrages déposés au Mont-de-Piété qu'au moment de la vente.

II. Les receveurs des domaines, dans le cas où ils sont chargés de vendre des matières d'or et d'argent, doivent, au préalable, les faire essayer et payer les droits de garantie.

I. Il semblerait résulter des termes de notre article que tous les objets déposés soit au Mont-de-Piété, soit dans les greffes, doivent nécessairement acquitter les droits de garantie avant d'être relevés de ces lieux, s'ils ne les ont payés antérieurement; mais l'immunité accordée aux particuliers étrangers au commerce des matières d'or et d'argent s'oppose à une semblable interprétation. L'administration admet comme certain, que les ouvrages d'orfévrerie déposés au Mont-de-Piété ne sont sujets à payer les droits qu'au moment de la vente, parce qu'alors seulement ils rentrent dans le commerce et cessent d'être la propriété des particuliers. (*Circul. des monnaies, prairial an 8.*) Et quant aux bijoux qui se trouvent dans les greffes par suite de saisie, la Cour de cassation a jugé que, en cas de main-levée prononcée par jugement, les droits de garantie n'étaient pas dus pour ceux qui sont destinés à l'usage particulier du bijoutier saisi. (*Cass,. 1er germinal an 8, aff. Boers.*) Cet arrêt, qui, dans l'espèce, nous paraît en opposition avec les principes consacrés par les art. 77 et 107 de la loi de brumaire, et 17 de la déclaration de 1749, en vertu desquels nul marchand d'or ou d'argent ne peut, pour le besoin de son ménage, posséder d'ouvrages qui n'aient pas acquitté les droits, est fondé en tant qu'il s'applique aux particuliers non marchands.

II. Une ordonnance du 23 janvier 1821, en décidant que les objets d'or et d'argent déposés dans les greffes des tribunaux à l'occasion des procès civils ou criminels terminés par jugement définitif, ou à l'égard desquels l'action est prescrite dans les divers tribunaux, au lieu d'être envoyés aux hôtels des Monnaies, ainsi qu'il avait été réglé par la loi du 31 mars 1796, seront remis à l'avenir aux receveurs des domaines du département, pour être vendus aux enchères comme les autres effets mobiliers de même origine ; impose l'obligation à ces mêmes receveurs de ne procéder aux ventes qu'après avoir fait vérifier par les bureaux de garantie si les ouvrages d'or et d'argent ont été fabriqués au titre prescrit par la loi, et de payer les droits pour ceux qui ne les auraient pas acquittés avant le dépôt, conformément à l'art. 28 de la loi de brumaire.

29. Les lingots d'or et d'argent affinés paieront un droit de garantie, avant de pouvoir être mis dans le commerce.—Ce droit sera :

Pour l'or, de huit fr. dix-huit cent. par kilogramme (ou deux fr. par marc);

Et pour l'argent, de deux fr. quatre cent. par kilogramme (ou dix sous par marc);

Les lingots dits *de tirage* ne paieront qu'un droit de quatre-vingt-deux cent. par kilogramme (ou quatre sous par marc).

TITRE III.

—

Suppression des Maisons communes d'orfèvres.

30. Les Maisons communes d'orfèvres sont supprimées ; leurs biens et effets sont déclarés appartenir à la nation.

31. Les employés des bureaux de ces maisons continueront d'exercer leurs fonctions jusqu'au complément de l'organisation prescrite par la présente loi.

32. Il sera fait inventaire des registres et papiers à l'usage de ces bureaux: ainsi que des ustensiles et effets, pour les papiers et registres être envoyés à l'administration des Monnaies, et les ustensiles et effets être mis sous la surveillance des administrations de département, jusqu'à ce qu'il puisse en être fait un emploi avantageux à la République.

33. Les quatre invalides orfèvres qui habitent actuellement la Maison commune des orfèvres, à Paris, seront placés aux Incurables ; le ministre de l'intérieur est chargé d'effectuer ce transport.

I. Art. 30 et 32, leurs motifs.
II. Motifs de l'art. 33.
III. Motifs de l'art. 31.

I. On appelait Hôtels du Métier ou Maisons communes des orfèvres, les édifices où se réunissaient les assemblées du corps, où se traitaient les affaires communes, où étaient conservées les archives, où il était procédé aux essais par les gardes de l'orfévrerie, où enfin les pauvres du métier recevaient assistance. — De ces maisons dépendaient des biens et effets acquis des deniers communs. A Paris, les ressources de la communauté qui consistaient primitivement dans les *Deniers-Dieu* ou *arrhes* de tous les marchés que les orfèvres concluaient dans leur commerce, et dans ce qu'ils appelaient les *journées*, c'est-à-dire, le gain que faisait chaque fête et dimanche, celui qui, à son tour, pouvait seul ouvrir sa boutique ce jour-là pour l'utilité publique, s'étaient insensiblement accrues du produit des épaves, des amendes et des confiscations d'ouvrages défectueux saisis par les gardes, dont le tiers leur était attribué; de la valeur des ouvrages saisis sur des gens sans qualité ou faux ouvriers, qui leur était laissée tout entière; et enfin des aumônes que les gardes avaient soin de recueillir tous les ans. Le fonds commun, grossi à ces différentes sources, avait permis aux orfèvres d'acheter les maisons voisines du bureau d'essai, en outre d'un ameublement et d'un matériel pour les essais considérables.

C'est de ces maisons, de cet ameublement, de ce matériel, que notre article 30 prononce la confiscation au profit de l'Etat, et que l'article 32 règle la destination provisoire.

II. L'art. 33 a son explication dans la suppression de la

Maison commune et dans la réunion de ses biens à ceux de l'Etat, prononcées par les articles 30 et 32, dont il est le corollaire obligé; car où sont les émoluments, là sont les charges.

Au nombre des charges dont était grevée la Maison commune, étaient les œuvres de bienfaisance envers les invalides du métier. Il résulte des anciens titres que la Maison commune et la chapelle de l'orfévrerie furent fondées par la communauté sous le titre d'Hôpital des Orfèvres de Paris, et dotées de leurs biens et aumônes, pour recevoir ceux d'entre eux qui, étant ou accablés de vieillesse, ou réduits à une extrême pauvreté, ne pouvaient plus suffire à leurs propres besoins. Ils y étaient logés et alimentés avec une sorte de distinction, *honorificè alimentantur*, par les Gardes en charge, qui avaient soin de les visiter souvent, de les assister tous les mois et aux principales fêtes de l'année par des distributions d'argent comptant; de leur fournir des hardes et du linge selon leurs besoins, et régulièrement du bois et du charbon dans la rigueur de l'hiver. Or, c'étaient les biens communs qui devaient faire face à ces œuvres pies : l'Etat devait donc y subvenir du moment qu'il s'adjugeait ces biens.

III. Quant à l'art. 31, il a trait à un autre ordre de choses. Il prolonge l'existence des anciens Gardes de l'orfévrerie jusqu'à l'organisation des nouveaux bureaux de garantie, ce qui était de toute nécessité si l'on ne voulait ni laisser sans contrôle la bijouterie, ni abandonner les intérêts du trésor.

TITRE IV.

Des bureaux de garantie.

34. Il y aura des bureaux de garantie établis pour faire l'essai et constater les titres des ouvrages d'or et d'argent, ainsi que des lingots de ces matières qui y seraient apportés, et pour percevoir, lors de la marque de ces ouvrages ou matières, les droits imposés par la loi.

Ce qu'on entend par bureau de garantie.

L'historique nous a appris qu'avant la loi de brumaire an 6, l'essai des matières et l'apposition du poinçon commun, garant de la bonté du titre, étaient confiés aux Gardes de l'orfévrerie, c'est-à-dire à des orfèvres élus par leurs confrères. La perception du droit était affermée ; et le fermier avait entre les mains, pour la conservation de ses intérêts, des poinçons que seul il pouvait appliquer.

Aujourd'hui la garde du titre et le recouvrement de l'impôt de garantie reposent uniquement sur l'administration. C'est elle qui vérifie le degré de fin par l'organe de l'essayeur, qui perçoit le droit dans la personne du receveur, et qui appose sur les ouvrages le poinçon dont l'empreinte garantit l'essai et le recouvrement du droit, par le ministère du contrôleur.

L'établissement dans lequel ces trois employés rem-

plissent leurs fonctions, prend le nom de bureau de garantie.

35. Ces bureaux seront placés dans les communes où ils seront le plus avantageux au commerce ; le nombre en est fixé provisoirement à
deux cents au plus pour toute la France. Le placement de ces bureaux et les lieux compris dans
leur arrondissement seront déterminés par le
directoire exécutif, sur la demande motivée des
administrations de département, et sur l'avis de
celles des Monnaies.

Nombre et placement des bureaux de garantie.

La dernière ordonnance du Roi concernant le nombre,
la situation et la circonscription des bureaux de garantie
pour l'essai des ouvrages d'or et d'argent, est celle du 5-21
février 1835, que nous rapportons *in terminis :*

Louis-Philippe, etc., vu, 1° l'art. 35 de la loi du 19 brumaire an 6, relatif au nombre, au placement et à la circonscription des bureaux de garantie pour l'essai et la marque
des ouvrages d'or et d'argent; 2° les observations fournies
par les préfets, par la commission des Monnaies et par l'administration des contributions indirectes :

Considérant qu'il importe d'opérer dans les dépenses de
l'État toutes les économies qui ne sont point incompatibles
avec les besoins du service ;

Sur le rapport de notre ministre secrétaire d'État au
département des finances, etc.

« Art. 1er. Le nombre des bureaux de garantie pour l'essai et la marque des ouvrages d'or et d'argent sera réduit, à partir du 1er avril 1836, de cent quatre à quatre-vingt-onze.

« Art. 2. Sont supprimés, par suite de cette réduction, les treize bureaux de garantie établis à Privas, Foix, Aix, Arles, Alais, Auch, Châteauroux, Langres, Lunéville, Nevers, Vesoul, Montauban et Sens.

« Art 3. Le bureau de Castres, département du Tarn, sera transféré à Alby, même département.

« Art. 4. La circonscription des quatre-vingt-onze bureaux de garantie conservés sera déterminée conformément à l'état ci-annexé.

« Art. 5. Notre ministre secrétaire d'état des finances est chargé, etc. , etc. »

ÉTAT ANNEXÉ A L'ORDONNANCE.

Noms des départements.	Noms des bureaux de garantie conservés.	Départements et arrondissements formant la circonscription de chaque bureau.
Ain	Trévoux	Tout le département.
Aisne	Laon	Idem.
Allier	Moulins	Tout le département de l'Allier et les arrondissements de Nevers et Château-Chinon (Nièvre.
Alpes (Basses)	Digne	Tout le département.
Alpes (Hautes)	Gap	Idem.
Ardèche		Les bijoutiers et orfèvres du département de l'Ardèche feront marquer leurs ouvrages au bureau de Valence (Drôme).
Ardennes	Mézières	Tout le département.

Noms des départements.	Noms des bureaux de garantie conservés.	Départements et arrondissements formant la circonscription de chaque bureau.
Ariège..........	....	Les orfèvres et bijoutiers de ce département feront marquer leurs ouvrages au bureau de Toulouse (Haute-Garonne).
Aube..........	Troyes..........	Tout le département.
Aude..........	Carcassonne.....	Idem.
Aveyron........	Rodez..........	Idem.
Bouch.-du-Rhône.	Marseille........	Les arrondissements de Marseille et d'Aix. Les orfèvres et bijoutiers de l'arrondissement d'Arles feront marquer leurs ouvrages à Nîmes.
Calvados........	Caen..........	Tout le département.
Cantal..........	Aurillac.........	Idem.
Charente........	Angoulême......	Idem.
Charente-Infér...	La Rochelle.....	Les arrondissements de La Rochelle, Rochefort, Saint-Jean-d'Angély et de Marennes.
	Saintes.........	Les arrondissements de Saintes et de Jonzac.
Cher..........	Bourges........	Tout le département du Cher et les arrondissements de Châteauroux, Issoudun, La Châtre (Indre) et Cosne (Nièvre).
Corrèze.........	Tulle..........	Tout le département.
Côte-d'Or.......	Dijon..........	Idem.
Côtes-du-Nord...	Saint-Brieuc....	Idem.
Creuse..........	Guéret.........	Idem.
Dordogne.......	Périgueux.......	Idem.
Doubs..........	Besançon.......	Les arrondissements de Besançon, Baume, et Pontarlier, et le départ. de la Haute-Saône.
	Montbéliard.....	L'arrondissement de Montbéliard.
Drôme..........	Valence........	Les départements de la Drôme et de l'Ardèche.
Eure..........	Evreux.........	Tout le département.
Eure-et-Loir....	Chartres........	Idem.
Finistère........	Brest..........	Idem.
Gard..........	Nîmes..........	Tout le département du Gard et l'arrondiss. d'Arles (Bouches-du-Rhône).
Garonne (Haute).	Toulouse.......	Les départements de la Haute-Garonne, de l'Ariége, de Tarn-et-Garonne, et les arrondissements d'Auch et Lombez (Gers).

Noms des départements.	Noms des bureaux de garantie conservés.	Départements et arrondissements formant la circonscription de chaque bureau.
Gers...............	....	Les orfèvres et bijoutiers des arrondissements d'Auch et Lombez feront marquer leurs ouvrages à Toulouse (Haute-Garonne); ceux des arrondissements de Condom et Lectoure à Agen (Lot-et-Garonne), et ceux de l'arrondissement de Mirande à Tarbes.
Gironde...........	Bordeaux	Tout le département.
Hérault..........	Montpellier	Tout le département.
Ille-et-Vilaine...	Rennes	Les arrond. de Rennes, Montfort, Redon, Vitré et Fougères.
	Saint-Malo......	L'arrondissement de Saint-Malo.
Indre............	....	Les orfèvres et bijoutiers des arrondissements de Châteauroux, Issoudun, La Châtre, feront marquer leurs ouvrages à Bourges (Cher); ceux de l'arrondisement du Blanc à Poitiers (Vienne).
Indre-et-Loire...	Tours...........	Tout le département.
Isère	Grenoble	Idem.
Jura.............	Lons-le-Saulnier.	Idem.
Landes	Mont-de-Marsan.	Idem.
Loir-et-Cher	Blois	Idem.
Loire...........	Saint-Étienne ...	Idem.
Loire (Haute)....	Le Puy.........	Idem.
Loire-Inférieure.	Nantes..........	Idem.
Loiret...........	Orléans.........	Idem.
Lot.............	Cahors..........	Idem.
Lot-et-Garonne..	Agen...........	Tout le département de Lot-et-Garonne et les arrondiss. de Condom et Lectoure (Gers.)
Lozère..........	Mende..........	Tout le département.
Maine-et-Loire ..	Angers	Idem.
Manche.........	Saint-Lô........	Les arr. de Saint-Lô, Avranches, Mortain et Coutances.
	Valognes	Les arrondissements de Valognes et Cherbourg.
Marne	Châlons.........	Les arrondis. de Châlons, Sainte-Menehould et Vitry-sur-Marne.
	Reims	Les arrondissements de Reims et Épernay.
Marne (Haute) ..	Chaumont.......	Tout le département.

Noms des départements.	Noms des bureaux de garantie conservés.	Départements et arrondissements formant la circonscription de chaque bureau.
Mayenne........	Laval...........	Tout le département.
Meurthe........	Nancy..........	Idem.
Meuse..........	Bar-le-Duc.....	Les arrondissements de Bar-le-Duc et Commercy.
	Verdun.........	Tout le département.
Morbihan.......	Vannes.........	Idem.
Moselle.........	Metz...........	Idem.
Nièvre..........	....	Les orfèvres et bijoutiers des arrondissements de Nevers et de Château-Chinon feront marquer leurs ouvrages à Moulins (Allier); ceux de l'arrondissement de Clamecy, à Auxerre (Yonne), et ceux de l'arrondissement de Cosne à Bourges (Cher).
Nord...........	Lille...........	L'arrondissement de Lille.
	Dunkerque.....	Les arrondissements de Dunkerque et Hazebrouch.
	Valenciennes....	Les arrondis. de Valenciennes, Douai, Cambrai, et Avesnes.
Oise............	Beauvais.......	Tout le département.
Orne...........	Alençon........	Idem.
Pas-de-Calais....	Arras..........	Les arrondissements d'Arras, Béthune et Saint-Pol.
	Saint-Omer.....	Les arrondissements de Saint-Omer, Montreuil et Boulogne.
Puy-de-Dôme...	Clermont.......	Tout le département.
Pyrénées (Bas.)..	Pau...........	Les arrondissements de Pau, Orthez et Oloron.
	Bayonne.......	Les arrondissements de Bayonne et Mauléon.
Pyrénées (H.)...	Tarbes.........	Tout le département des Hautes-Pyrénées, et l'arrondissement de Mirande (Gers).
Pyrénées-Orient.	Perpignan......	Tout le département.
Rhin (Bas).....	Strasbourg.....	Idem.
Rhin (Haut)....	Colmar.........	Idem.
Rhône.........	Lyon..........	Idem.
Saône (Haute)...	....	Les orfèvres et bijoutiers de ce départ. feront marquer leurs ouvrages à Besançon (Doubs).
Saône-et-Loire..	Mâcon.........	Tout le département.
Sarthe.........	Le Mans.......	Idem.
Seine..........	Paris..........	Idem.

Noms des départements.	Noms des bureaux de garantie conservés.	Départements et arrondissements formant la circonscription de chaque bureau.
Seine-Inférieure.	Rouen..........	Les arrondissements de Rouen, Dieppe et Neuchâtel.
	Le Havre.......	Les arrondisssements du Havre et d'Yvetot.
Seine-et-Marne..	Melun..........	Tout le département.
Seine-et-Oise....	Versailles.......	Idem.
Sèvres (Deux)...	Niort..........	Idem.
Somme.........	Amiens.........	Idem.
Tarn...........	Alby..........	Idem.
Tarn-et-Garonne.	....	Les orfèvres et bijoutiers de ce département feront marquer leurs ouvrages à Toulouse.
Var...........	Toulon..........	Les arrondissements de Toulon et Brignolles, et le canton d'Aups, Lorgues et Salernes.
	Grasse..........	L'arrondissement de Grasse et celui de Draguignan moins les cantons d'Aups, Lorgues et Salernes.
Vaucluse.......	Avignon........	Tout le département.
Vendée.........	Fontenay........	Idem.
Vienne..........	Poitiers.........	Les arrondissements de Poitiers, Civray et Montmorillon, et l'arrondissement du Blanc (Indre).
	Chatellerault....	Les arrondissements de Chatellerault et Loudun.
Vienne (Haute)..	Limoges........	Tout le département.
Vosges.........	Épinal..........	Idem.
Yonne..........	Auxerre........	Tout le département de l'Yonne et l'arrondissement de Clamecy (Nièvre).

36. Les bureaux de garantie seront composés de trois employés, savoir : un essayeur, un receveur et un contrôleur ; mais à Paris et dans les autres communes populeuses, le ministre des finances pourra autoriser un plus grand nombre d'employés, à raison des besoins du commerce.

37. L'administration des Monnaies surveillera les bureaux de garantie relativement à la partie d'art et au maintien de l'exactitude des titres des ouvrages d'or et d'argent mis dans le commerce.

Attributions de l'administration des Monnaies.

La mission générale de l'administration des Monnaies consiste à surveiller la fabrication des poinçons, matrices et carrés, et leur emploi ; à procéder à l'épreuve des carrés nécessaires aux monnaies avant d'en faire l'envoi aux commissaires, et généralement à maintenir l'exécution des lois sur les monnaies et la garantie des matières d'or et d'argent. (Arrêté du 10 prair. an 11.)

Relativement au sujet qui nous occupe, elle a dans ses attributions particulières toute la surveillance qui concerne le titre des matières et ouvrages d'or et d'argent, leur fabrication et l'application des poinçons de garantie.

La part de surveillance attribuée à la régie de l'enregistrement, à laquelle a été plus tard substituée l'administration des contributions indirectes, comme nous le verrons à l'article suivant, se trouve limitée à la recette du droit et à l'acquittement des dépenses de la garantie.

38. La régie de l'enregistrement surveillera les bureaux de garantie, relativement aux dépenses et au recouvrement des droits à percevoir.

I. Ordonnance du 5 mai 1820, qui règle l'intervention de l'administration des Monnaies, et celle de la Régie dans le service de la garantie.
II. Intervention de l'administration des Monnaies.
III. Intervention de la Régie des contributions indirectes.
IV. Employés dépendant à la fois des deux administrations.
V. Révocation de ces employés.
VI. Des inspecteurs ambulants.
VII. Appréciation de l'organisation du service de la garantie.

I. La surveillance qu'attribue notre article à la Régie de l'enregistrement, la loi du 5 ventôse an 12, art. 8, l'a transférée à la Régie des contributions indirectes. C'est donc cette dernière administration qui, depuis cette époque, a dû prendre part concurremment avec l'administration de la Monnaie, à la surveillance et à la perception du droit de garantie sur la marque d'or et d'argent. Comme les attributions de chacune de ces administrations n'avaient pas été expressément délimitées, des difficultés s'élevèrent fréquemment entre elles jusqu'à ce que l'ordonnance du 5 mai 1820, vint régler définitivement leur intervention respective dans cette matière.

II. Aux termes de cette ordonnance, l'administration des Monnaies demeure chargée de veiller à l'exactitude des essais, et de diriger la confection, l'envoi, l'application et la vérification des poinçons.

III. Tout ce qui concerne le régime administratif, la proposition et le réglement des dépenses, la perception du droit, l'ordre des bureaux de la garantie, la surveillance des redevables, est dans les attributions de l'administration des contributions indirectes, sauf ce qui a rapport au service spécialement réservé à l'administration des Monnaies.

IV. Les receveurs, les contrôleurs et les employés des bureaux de garantie autres que les essayeurs, font partie des employés des contributions indirectes. Ils pourront être chargés d'autres parties du service de cette administration, lorsqu'il sera reconnu par celle des Monnaies que cette cumulation ne sera pas nuisible au service de la garantie. Dans tous les cas, les réglements de l'administration des contributions indirectes, en ce qui touche la retenue sur les appointements et les droits à la pension sur la caisse des retraites, sont applicables à ces employés. Les essayeurs et les contrôleurs des bureaux de garantie continuent à être sous les ordres de l'administration des Monnaies et à correspondre directement avec elle pour les objets qui la concernent.

V. Les essayeurs sont révocables par le préfet, sauf l'approbation du ministre des finances; les receveurs, par l'administration des contributions indirectes; les contrôleurs et autres employés de la garantie, par le ministre des finances, sur la proposition de celle des deux administrations qui aura reconnu que cette mesure serait utile au bien du service.

L'autre administration sera consultée.

VI. L'ordonnance du 5 mai 1820 avait créé des inspecteurs relevant de l'administration des Monnaies, qu'elle avait chargés de faire des tournées pour surveiller l'exécution des lois et réglements sur le titre des matières d'or et d'argent. Ces inspecteurs n'ont point été supprimés par une décision expresse, mais ils ont néanmoins cessé d'être, le ministre des finances n'ayant pas pourvu à leur remplacement au fur et à mesure des vacances. — Ce sont les inspecteurs des finances qui vérifient aujourd'hui les bureaux de garantie, en même temps que ceux des autres branches du service des contributions indirectes.

VII. L'organisation établie par l'ordonnance de 1820, lie au service général le service de la garantie, ce qui assure une surveillance d'autant plus active que les employés de la Régie sont répandus par tout le territoire du royaume. L'accroissement que prennent chaque jour la fabrication et la vente des ouvrages d'or et d'argent, rendait nécessaire cette organisation.

39. L'essayeur de chaque bureau de garantie sera nommé par l'administration du département où ce bureau est placé, mais il ne pourra en exercer les fonctions qu'après avoir obtenu de l'administration des Monnaies un certificat de capacité, aux mêmes conditions prescrites par l'art. 59 de la loi du 22 vendémiaire sur l'organisation des monnaies.

I. Conditions d'admission aux fonctions d'essayeur.
II. Comment on procède dans les bureaux où il n'y a pas d'essayeur.
III. Les orfèvres ne peuvent être essayeurs.
IV. Les pharmaciens sont admis de préférence.
V. Essayeurs du commerce.

I. Le certificat ne doit être délivré par l'administration

des Monnaies, qu'autant que la capacité de l'aspirant a été reconnue dans un examen dont l'inspecteur et le vérificateur des essais, procédant en présence de deux administrateurs, sont les juges. (V. art. 58, loi du 22 vendém. an 4.) Aux termes de l'art. 2 d'une loi du 13 germinal an 6, les citoyens qui se présenteront dans les départements pour y remplir la place d'essayeur dans un bureau de garantie pourront être examinés par des artistes connus qui se trouveraient le plus à portée, et commis à cet effet par l'administration des Monnaies, sous l'autorisation du ministre des finances. L'administration des Monnaies, sur le rapport de l'examinateur désigné par elle, pourra accorder au candidat un certificat de capacité qui lui tiendra lieu de celui exigé par l'art. 39 de la loi du 19 brumaire an 6.

II. Lorsqu'il ne se sera pas présenté, pour un bureau de garantie, d'essayeur assez instruit, le contrôleur en tiendra lieu, et procédera de la manière suivante :

1° Il fera l'essai au touchau des pièces qui doivent être soumises à cet effet ;

2° Il formera des prises d'essai des autres pièces et les enverra, sous son cachet et sous celui du fabricant, au bureau de garantie le plus voisin qui sera pourvu d'un essayeur. Celui-ci fera les essais et enverra sa déclaration des résultats ;

3° Cette déclaration reçue, le contrôleur et le receveur apposeront les poinçons, en conformité de la loi du 19 brumaire an 6.

III. Les fonctions d'essayeur dans un bureau de garantie ne pourront, en aucun cas, être remplies par un citoyen exerçant la profession de fabricant d'ouvrages d'or et d'argent.

IV. Par une circulaire du 11 février 1811, l'administration des Monnaies exprime le désir que les places d'essayeurs soient données de préférence à des pharmaciens, comme étant très aptes à en remplir les fonctions.

V. Indépendamment des essayeurs de la garantie, la loi du 22 vendémiaire an 4, art. 58, 59 et 60, a créé des essayeurs publics, qui prennent la qualité d'essayeurs du commerce. Leur nombre n'est pas limité ; ils ne sont point non plus légalement placés sous la surveillance de la commission des Monnaies : mais ils ne peuvent exercer leur profession qu'après avoir subi un examen dans le laboratoire de l'inspecteur des essais à Paris, et après avoir été nantis du certificat de capacité de la commission des Monnaies et médailles.

40. La Régie de l'enregistrement nommera le receveur de chaque bureau de garantie, ou en fera faire les fonctions par l'un de ses préposés, dans les communes où cette cumulation de fonctions ne serait nuisible ni à l'un ni à l'autre service.

L'administration des contributions indirectes continue de nommer le receveur de chaque bureau de garantie. (V. *Ord. du 5 mai 1720, art. 2.*)

41. Les contrôleurs des bureaux de garantie seront nommés par le ministre des finances sur la proposition de l'administration des Monnaies.

Aujourd'hui les contrôleurs et autres employés des bu-

reaux de garantie sont nommés par le ministre des finances, sur une présentation concertée entre le directeur général des contributions indirectes et l'administration des monnaies. (*Même ord., art. 3.*)

42. Les essayeurs n'ont d'autre rétribution que celle qui leur est allouée pour les frais de chaque essai d'or et d'argent, ainsi qu'il sera dit dans le titre suivant.

La loi du 13 germinal an 6 assure aux essayeurs une rétribution dont le minimum est fixé à 400 fr.

Dans la plupart des départements, la fabrication des ouvrages d'or et d'argent est tellement restreinte, que les frais d'essai alloués par la loi de brumaire étaient insuffisants pour attacher au service de la garantie des hommes dont on exige, comme premières conditions d'admission, la capacité et la moralité. C'est pourquoi la loi du 13 germinal an 6, autorise le ministre des finances à accorder aux essayeurs des bureaux de garantie, un traitement qui pourra être porté jusqu'à la somme de 400 fr. par an, lorsque le produit des essais faits pendant l'année ne se sera pas élevé à 600 fr., déduction faite des frais. (Art. 1er.)

Les orfèvres sont d'avis qu'on devrait assurer aux essayeurs un traitement fixe.

43. Les traitements des receveurs et des contrôleurs seront gradués à raison de l'importance et de l'étendue de leurs fonctions. Ces traitements ne pourront excéder, savoir, 3,000 fr. à

Paris, 2,400 fr. dans les communes au dessus de cinquante mille âmes, et 1,800 fr. dans les autres.

Depuis l'ordonnance du 5 mai 1820, le traitement des contrôleurs et des receveurs est traité administrativement par la Régie. (Art. 4.)

44. L'essayeur se pourvoira, à ses frais, de tout ce qui est nécesssaire à l'exercice de ses fonctions; l'administration des Monnaies fournira au bureau les poinçons et la machine à estamper : les frais de registres et autres seront réglés par la Régie de l'enregistrement, sous l'approbation du ministre des finances; l'administration du département procurera un local convenable au bureau, qui devra être placé autant que possible dans celui de la municipalité du lieu.

Aux termes de l'article 51, tout ce qui est nécessaire à l'exercice des fonctions de l'essayeur doit être tiré par lui du dépôt établi dans l'Hôtel des Monnaies de Paris.

Cet employé ne peut procéder aux essais que dans le laboratoire du bureau de garantie, c'est-à-dire sous les yeux du contrôleur à la surveillance duquel il ne peut se soustraire.

45. L'essayeur, le receveur, et le contrôleur

du bureau de garantie auront chacun une des clefs de la caisse dans laquelle seront renfermés les poinçons.

Renvoi à l'art. 18.

46. Les employés des bureaux qui calqueraient les poinçons ou qui en feraient usage sans observer les formalités prescrites par la loi seront destitués, et condamnés à un an de détention.

47. Aucun employé au bureau de garantie ne laissera prendre de calque ni ne donnera de description, soit verbale, soit par écrit, des ouvrages qui sont apportés au bureau, sous peine de destitution.

Les employés qui calqueraient les poinçons ou laisseraient prendre des calques, pourraient, suivant les circonstances, être poursuivis comme complices de ceux qui auraient fait de ces calques un usage frauduleux. (**V.** *art. 140 et 141 du Code pénal.*)

Un arrêté ministériel du 9 novembre 1820, art. 17, défend aux employés de faire des emprunts aux redevables avec lesquels leurs fonctions les mettent en rapport, sous peine d'être descendus de grade. Tout le monde comprend le motif de cette disposition.

48. L'essayeur ne recevra les ouvrages d'or et d'argent qui lui seront présentés pour être essayés et titrés, que lorsqu'ils auront l'empreinte du poinçon du fabricant, et qu'ils seront assez avancés pour qu'en les finissant ils n'éprouvent aucune altération.

Motifs. — Anciennement les ouvrages n'étaient portés à la garantie qu'après leur achèvement, d'où résultaient les inconvéniens suivants : presque toujours ces ouvrages étaient endommagés par la prise d'essai, c'est-à-dire par l'enlèvement de la petite portion nécessaire pour composer le bouton d'essai ou cornet ; s'ils n'étaient pas au titre et qu'il fallût les rompre, le préjudice était plus grand pour le fabricant qui perdait alors toute la main-d'œuvre ; enfin, arrivés à leur perfection, sans qu'au préalable ils eussent été marqués, ils pouvaient être facilement soustraits à l'empreinte des poinçons et au paiement des droits. Tous ces inconvéniens ont été prévenus par notre article qui, comme on le voit, en ordonnant de présenter les bijoux au bureau de garantie avant leur achèvement, a statué dans l'intérêt des fabricants autant que dans l'intérêt du trésor.

49. Les ouvrages provenant de différentes fontes devront être envoyés au bureau de garantie dans des sacs séparés, et l'essayeur en fera l'essai séparément.

La nécessité de séparer ainsi les ouvrages vient de l'impossibilité où l'on est de faire l'essai de chacune des pièces,

tant à raison de ce que le travail excéderait les facultés des
essayeurs, que parce que les essais multipliés à l'infini, aug-
menteraient dans d'énormes proportions les frais des ouvrages. On s'est donc toujours borné à un seul essai pour
toutes les pièces réunies dans un même sac, à moins que la
déclaration faite par le fabricant que ces bijoux proviennent
de la même fonte, ne soit suspecte, ou qu'il n'y ait dans
un sac une grande quantité de pièces; car dans ce dernier
cas il est reconnu qu'on ne peut pas arriver par un seul
essai à la connaissance exacte et certaine du titre de chaque
partie de la masse. Astreindre l'essayeur à ne faire qu'un
seul essai sur la masse entière, ce serait l'exposer à commettre des erreurs qui auraient pour résultat de compromettre sa responsabilité et de tromper le public.

Le principe une fois admis, qu'on ne procède généralement qu'à un seul essai pour chaque sac, il est évident
que si le sac contenait confusément des pièces de différentes
fontes, les unes à bas titre, les autres proportionnellement
supérieures au titre prescrit, les essayeurs qui coupent de
chaque pièce une légère partie, pour soumettre le tout à un
essai unique, obtiendraient, en opérant sur l'ensemble, le
titre prescrit par la loi, encore qu'un grand nombre des
pièces fussent à un titre inférieur. C'est précisément ce qu'il
fallait empêcher.

50. Il n'emploiera dans ses opérations que
les agents chimiques et substances provenant du
dépôt établi dans l'Hôtel des Monnaies de Paris ;
mais les frais de transport de ces substances et

matières seront compris dans les frais d'administration du bureau.

Motifs.—D'après cet article, il n'appartient qu'à l'administration de la Monnaie de fournir aux essayeurs les agents et substances nécessaires pour l'opération des essais, tels que eau-forte, argent de départ, sel marin pour le procédé par la voie humide, etc. Cette obligation de s'approvisionner au même dépôt a pour objet d'assurer aux opérations de ces employés, des résultats plus certains et d'une exactitude plus générale et plus uniforme. — L'administration des Monnaies n'envoie aux essayeurs ces agents et substances, qu'après en avoir fait vérifier la qualité, en sa présence, par trois chimistes qu'elle seule peut choisir.

51. L'essai sera fait sur un mélange des matières prises sur chacune des pièces provenant de la même fonte. Ces matières seront grattées ou coupées, tant sur le corps des ouvrages que sur les accessoires, de manière que les formes et les ornements n'en soient pas détériorés.

Motifs. — L'essayeur détache de chaque pièce une légère parcelle de matière le plus également qu'il est possible, pour en composer une masse que l'on nomme bouton d'essai. Ces parcelles doivent être recueillies tant sur le corps des ouvrages que sur les accessoires, parce qu'il se pourrait que les accessoires fussent à un degré de fin moindre, contrairement au vœu de la loi qui veut que le bijou soit homogène dans toutes ses parties. Dans ces prises d'essai, l'essayeur doit prendre garde surtout de déformer ou détériorer l'ouvrage ; de causer, en un mot, au fabricant un préjudice plus grave que celui que l'exécution de la loi rend inévitable. La loi n'a pas eu d'autre but que de rappeler à ce principe cet employé, en fixant elle-même, dans le présent article et dans l'article suivant, les principales règles qui doivent présider à ses opérations.

52. Lorsque les pièces auront une languette forgée ou fondue avec leur corps, c'est en partie sur cette languette, et en partie sur le corps de l'ouvrage, que l'on fera la prise d'essai.

I. Motifs de cette disposition.
II. Observations sur les essais. Ils sont de trois sortes.
III. Essai à la coupelle.—Quels ouvrages y sont soumis.
IV. Essai au touchau.—Dans quels cas on y procède.
V. Essai par la voie humide.
VI. Les essayeurs peuvent procéder à leur gré par l'une de ces trois méthodes. Danger qu'il y a à leur laisser cette faculté.

I. L'homogénéité des matières ouvragées, tel est le but unique que poursuit cet article.

II. Bien que notre intention ne soit pas de faire un traité de chimie et de docimasie, nous croyons devoir cependant, l'occasion s'en présentant, indiquer sommairement les différentes sortes d'essais, et la manière d'y procéder.

Il y a trois sortes d'essais : l'essai à la coupelle, l'essai au touchau, l'essai par la voie humide. Toutes trois ont pour objet de constater le degré de fin et la légalité du titre.

III. Le procédé de la coupellation diffère suivant qu'il s'agit de l'or ou de l'argent.

Pour procéder à un essai d'argent, on coupe une petite portion du lingot ou de l'ouvrage dont on veut connaître le titre, et on en constate le poids en le pesant avec le gramme. On met ensuite dans une coupelle ou petite coupe, placée sur le fourneau, une partie de plomb qui doit être proportionnée au poids et à la qualité de la portion d'argent. Le plomb, au moment où le métal entre en ébullition, s'évapore avec l'alliage, et il ne reste que l'argent. La différence qui se trouve entre son nouveau poids et celui qu'il représentait avant l'opération, détermine le titre de l'argent que l'on s'est proposé d'essayer, en indiquant la portion d'alliage qu'il contenait. (V. *Rebaud, des Matières d'or et d'argent, page 44.*)

Si l'or ne contenait jamais que du cuivre, l'essai par la coupelle serait le même pour l'or que pour l'argent, puisque cet alliage se volatiliserait infailliblement par l'affinage au plomb. Mais comme l'or est presque toujours allié d'argent, métal qui de sa nature est fixe comme lui, la simple coupellation n'a jamais suffi pour essayer cette matière précieuse. Il a fallu découvrir le moyen d'en séparer l'argent par voie de départ ou de dissolution, sans dissoudre l'or lui-même, et faire en sorte que la portion dudit métal soumise au départ demeurât en son entier, tandis que l'argent dont il serait allié se précipiterait. Ce moyen consiste dans l'emploi de l'eau-forte que l'on soumet à l'action de la chaleur, en la plaçant dans une fiole avec le cornet ou bouton d'essai. La principale différence entre l'essai de l'or par la coupelle et celui de l'argent par le même mode, gît donc : 1° dans l'addition à la portion d'or sur laquelle on procède, d'une partie d'argent (en outre du plomb) dont la quantité varie suivant le titre des matières ; 2° dans une seconde opération, à la suite de la coupellation, ayant pour objet de reconnaître si l'or est allié d'argent, opération qui consiste à placer d'abord l'or auquel s'est allié l'argent, avec de l'acide nitrique dans une petite fiole à long cou, à faire bouillir la liqueur, et à remplacer l'acide par de l'eau distillée ; à retirer ensuite l'or, à le faire égoutter et recuire, à le peser avec exactitude, et à calculer la différence qui se trouve entre le poids qu'on obtient et celui qu'on avait avant l'opération. Cette différence donne le titre du métal.

L'essai à la coupelle qui peut se faire même sur un huitième de gramme est le seul qui offre pour l'or des résultats certains. Aussi, en cas de contestation sur le titre, le second essai, prescrit par l'art. 57 de la loi de brumaire, a-t-il lieu par ce procédé. — Les articles 51 et 52 supposent, pour le même motif, qu'en règle générale il doit être procédé aux essais par la coupellation.

IV. L'essai au touchau consiste dans l'emploi de la pierre de touche et de petits morceaux d'or dont le titre a été vérifié et que l'on conserve pour étalons.

On frotte ces touchaux sur la pierre, en même temps que le métal que l'on veut éprouver : on compare et on juge à la couleur et à l'effet plus ou moins prompt d'un acide répandu sur la partie touchée, quel peut-être le titre du métal.

Comme il ne donne qu'un résultat approximatif, le touchau n'est guère en usage que pour les menus ouvrages ou les bijoux dont la fragilité ou l'agencement des ornements ne permet pas d'enlever les particules de matière indispensables pour procéder à l'essai par la coupelle ; pour les objets d'orfévrerie provenant de l'étranger ; enfin pour les ouvrages venant du Mont-de-Piété, ou vendus après décès, par le ministère des commissaires-priseurs (1).

V. Au moment où fut promulguée la loi de brumaire, on ne connaissait que ces deux moyens d'essai ; mais postérieurement un troisième procédé, dit par la *voie humide*, a été trouvé par M. Gay-Lussac. Il consiste à déterminer le titre des matières d'argent par la quantité d'une dissolution de sel marin titré, nécessaire pour précipiter exactement à l'état de chlorure, l'argent contenu dans un poids donné d'alliage, cet argent ayant été au préalable dissous dans l'acide nitrique.

Une ordonnance du 6 juin 1830, considérant qu'il est reconnu que le mode d'essai par la coupellation ne peut donner un résultat exact dans tous les cas pour les matières et espèces d'argent qu'au moyen de calculs de compensation, et que le mode par la voie humide ne laisse rien à désirer quant à l'exactitude des titres qu'il constate, dispose, art. 2 : « Les contre-essais des lingots et matières d'or et d'argent du commerce faits aux termes de la loi du 19 brumaire an 6, à l'Hôtel des Monnaies de Paris, auront toujours lieu à l'avenir par le procédé de la voie humide. »

VI. Les essayeurs du commerce et de la garantie, responsables, sous les peines portées par la loi, de la déclaration

---

(1) Si ces derniers ouvrages sont reconnus au titre légal, ils sont marqués du poinçon de garantie ordinaire ; s'ils sont à un titre inférieur, ils reçoivent l'empreinte du poinçon étranger. (*Circul.* 15 *novembre* 1822, 14 *juillet* 1824, 26 *décembre* 1822.)

du titre qu'ils accusent, sont en général, et en raison même de cette responsabilité, demeurés libres dans le choix du mode d'essai à employer. Cependant cette faculté est loin d'être sans danger ; car des bijoux pourront être brisés comme à bas titre, s'ils sont essayés par la voie humide ou par la coupellation, qui auraient été admis à la marque s'il avait été procédé par le touchau, ce dernier genre d'essai ne déterminant le titre qu'à dix ou quinze millièmes près (1). Cette simple observation suffit pour faire comprendre combien ont raison les fabricants d'ouvrages d'or et d'argent de demander que le mode d'essai soit déterminé par la loi. Des employés subalternes ne pourraient plus, comme aujourd'hui, favoriser les uns au détriment des autres, en s'autorisant du silence de la législation, pour essayer un même genre d'ouvrage, tantôt par une méthode, tantôt par une autre, quand ils savent à l'avance qu'elles donneront des résultats différents.

53. Lorsque les ouvrages d'or et d'argent seront à l'un des titres prescrits respectivement pour chaque espèce, par l'art. 4 de la présente loi, l'essayeur en inscrira la mention sur un registre destiné à cet effet, et qui sera coté et paraphé par l'administration départementale; lesdits ouvrages seront ensuite donnés au receveur,

(1) Précision au delà de laquelle on ne peut guère se flatter d'arriver même pour l'or, dit M. de Vauquelin. (V. *Manuel de l'essayeur*, p. 82 et 83.)

avec un extrait du registre de l'essayeur, indiquant le titre trouvé.

Une circulaire de l'administration des Monnaies, du 15 juillet 1820, impose à l'essayeur l'obligation de tenir le journal de ses opérations et d'inscrire sur le registre d'essai la quantité de pièces tant en or qu'en argent, qu'il essaie soit par la pierre de touche, soit par la coupelle ; le poids des ouvrages essayés, ainsi que les lingots soumis à l'essai.

Ces inscriptions assurent la responsabilité de cet employé.

54. Le receveur pèsera les ouvrages qui lui seront ainsi transmis, et percevra le droit de garantie qu'ils doivent conformément à la loi. Il fera ensuite mention sur son registre, qui sera coté et paraphé comme celui de l'essayeur, de la nature des ouvrages, de leur titre, de leur poids, et de la somme qui lui aura été payée pour l'acquittement du droit, et remettra le tout au contrôleur.

Comment on peut évaluer le droit quand il s'agit de montures garnies de diamants ou autres corps étrangers.

Il y a des cas où l'évaluation du droit ne saurait avoir lieu d'après une règle certaine, c'est lorsqu'il s'agit de perles fines ou fausses, montées sur des ouvrages dont le poids et la forme varient à l'infini, au gré de l'ouvrier et suivant le caprice de la mode. On pèse le bijou tout entier et l'on en défalque le poids des perles fines ou fausses, des cristaux ou tout autre corps étranger, d'après l'estimation qui en est faite à l'amiable entre les fabricants d'une part, et le receveur et le contrôleur de la garantie de l'autre, sauf, en cas de contestation, le recours au directeur du lieu où est situé le bureau de garantie. (V. *Circ. du directeur général, du 20 mai 1823.*)

Lorsque les bijoux ne sont pas garnis de corps étrangers, il n'est accordé aucune autre déduction sur le poids des ouvrages présentés au contrôle, n'importe leur degré de confection, que celle qui résulte du jeu de la balance, lorsque le poids faible est au dessous d'*un demi-décagramme pour l'argent*, ou d'*une fraction de gramme pour l'or*.

55. Le contrôleur aura un registre coté et paraphé comme ceux de l'essayeur et du receveur ; il y transcrira l'extrait du registre accompagnant chaque pièce à marquer ; et, conjointement avec le receveur et l'essayeur, il tirera de la caisse à trois serrures le poinçon du bureau et celui indicatif du titre, soit de l'or, soit de l'argent, ou le poinçon dont les menus ouvrages doivent être revêtus, et les appliquera en présence du propriétaire.

I. Fonctions du contrôleur.

II. L'empreinte du poinçon garantit le titre des matières et la perception des droits.

I. Le contrôleur est chargé de surveiller à la fois les opérations de l'essayeur et la perception du droit. La tenue

et la police du bureau de garantie lui sont en outre con-
fiées. Enfin, il concourt à l'application des poinçons et di-
rige les exercices chez les fabricants et marchands d'or.

II. Du rapprochement des articles 53, 54 et 55, il résulte
que les pièces d'orfévrerie passent des mains de l'essayeur
qui vérifie le titre aux mains du receveur qui perçoit le
droit, pour arriver au contrôleur qui, en présence de ceux-
ci, applique les poinçons; de telle sorte que l'empreinte des
poinçons garantit le titre des matières et l'avance faite des
droits.

56. Les ouvrages d'or et d'argent qui, sans
être au dessous du plus bas des titres fixés par
la loi, ne seraient pas précisément à l'un d'eux,
seront marqués au titre légal immédiatement
inférieur à celui trouvé par l'essai, ou seront
rompus si le propriétaire le préfère.

L'ouvrage ne peut être brisé qu'en présence du propriétaire ou lui dument appelé.

57. Lorsque le titre d'un ouvrage d'or ou d'argent sera trouvé inférieur au plus bas des titres
prescrits par la loi, il pourra être procédé à un
second essai, mais seulement sur la demande du
propriétaire.

Si le second essai est confirmatif du premier,
le propriétaire paiera le double essai, et l'ou-

vrage lui sera remis, après avoir été rompu en sa présence.

Si le premier essai est infirmé par le second, le propriétaire n'aura qu'un seul essai à payer.

I. Le second essai demandé par le propriétaire doit être fait à la coupelle.

II. L'adjudicataire d'objets provenant du Mont-de-Piété, ou de ventes publiques faites après décès, peut également exiger un second essai.

I. Le second essai que le propriétaire a seul le droit de demander doit être fait à la coupelle, ce mode étant le plus sûr pour reconnaître exactement le titre de l'ouvrage sur lequel porte la contestation. Si le résultat de cet essai est le même que celui du premier qui a pu avoir lieu au touchau, le propriétaire paiera les frais, tant de l'essai au touchau que de l'essai à la coupelle; si le premier essai est infirmé par le deuxième, il n'aura à payer que l'essai au touchau. Les frais de transport des matières d'essai envoyées à l'administration des Monnaies sont également à sa charge.

II. Les ouvrages vendus au Mont-de-Piété ou provenant des ventes publiques faites après décès par les commissaires-priseurs doivent, avons-nous dit plus haut, être essayés au touchau, et s'ils sont trouvés à bas titre marqués du poinçon étranger. Dans ce cas l'administration reconnaît au propriétaire que peut léser l'application de ce poinçon sur les bijoux qui lui ont été adjugés, le droit d'exiger qu'il soit procédé à un second essai par la coupellation, conformément à l'art. 57, mais à la charge par lui de payer les frais d'essai au taux fixé par les art. 62 et 64, c'est-à-dire à raison de

9 centimes par décagramme pour l'or, etc. (*Circul. du ministre des finances, 28 déc. 1822.*)

58. En cas de contestation sur le titre, il sera fait une prise d'essai sur l'ouvrage pour être envoyée, sous les cachets du fabricant et de l'essayeur, à l'administration des Monnaies, qui la fera essayer dans son laboratoire, en présence de l'inspecteur des essais.

Cette disposition n'autorise point, suivant nous, la prétention qu'a la Régie d'attribuer exclusivement à l'administration des Monnaies la décision des questions de fait relatives au fourré, au faux en matière d'or et d'argent, et à l'achèvement des bijoux antérieur à leur présentation au bureau de garantie. Nous verrons à l'occasion des articles 65 et 107, que les expertises ordonnées par justice, en matière de contravention à la garantie des ouvrages d'or et d'argent, sont soumises aux formes ordinaires du Code de procédure. Les tribunaux ne sont astreints ni à faire faire l'expertise par l'administration des Monnaies seulement, ni à suivre dans leur jugement l'avis de cette administration; ils peuvent toujours, s'ils le jugent convenable, ordonner une expertise nouvelle, même par des experts étrangers à l'administration. (*Cass., 13 mars 1824. — Contra, S. 8, 2, 230.*)

59. Pendant ce temps, l'ouvrage présenté sera laissé au bureau de garantie, sous les cachets de l'essayeur et du fabricant; et lorsque l'administration des Monnaies aura fait connaître le résultat de son essai, l'ouvrage sera définitivement titré et marqué conformément à ce résultat.

Jusqu'à ce que l'administration des Monnaies eût prononcé, il fallait bien mettre en sûreté les ouvrages contentieux, afin d'assurer l'identité des objets sujets à contestation et de prévenir jusqu'à la possibilité des substitutions et des erreurs.

60. Si c'est l'essayeur qui se trouve avoir été en défaut, les frais de transport et d'essai seront à sa charge; au cas contraire, ils seront supportés par le propriétaire de l'objet.

Il est de droit et d'équité que les frais soient à la charge de celui qui les occasionne.

61. Lorsqu'un ouvrage d'or, d'argent ou de vermeil, quoique marqué d'un poinçon indicatif de son titre, sera soupçonné de n'être pas au titre indiqué, le propriétaire pourra l'envoyer à l'administration des Monnaies, qui le fera essayer avec les formalités prescrites pour l'essai des monnaies. Si cet essai donne un titre plus bas, l'essayeur sera dénoncé aux tribunaux, et condamné pour la première fois à une amende de

200 fr., pour la seconde à une amende de 600 fr., et la troisième fois il sera destitué.

I. Esprit de cette disposition.

II. L'essayeur comme fonctionnaire peut encourir les peines de la corruption.

III. Ce n'est pas l'art. 61 de la loi de brumaire, mais l'art. 423 du C. P., qu'il faut appliquer au marchand vendant sciemment des ouvrages à bas titre.

IV. Condition nécessaire pour l'application de l'art 423, C. P.

V. Le marchand qui vend à leur valeur réelle des ouvrages à bas titre non marqués n'est point passible des peines portées par ce même article.

VI. Le marchand qui pour tromper l'acheteur, a usé de manœuvres frauduleuses, peut être frappé des peines de l'escroquerie.

VII. Les employés de la garantie peuvent-ils soumettre à un second essai les ouvrages trouvés marqués chez les orfèvres et marchands ?

I. Si l'on rapproche cette disposition et celle de l'article 81 des dispositions pénales qui suivent, on sera frappé tout d'abord de l'immense différence qui existe entre la répression établie par ces articles à l'égard des ouvrages à bas titre, et la répression établie par les articles 107, 108 et 109 à l'égard des ouvrages non marqués ou revêtus de marques fausses ou entées. Cette différence nous révèle l'esprit qui a présidé à la rédaction de la loi entière. Les contraventions aux articles 107, 108 et 109 sont punies avec sévérité, parce qu'elles portent atteinte aux intérêts du Trésor ; les infractions aux articles 61 et 81 sont frappées de peines plus douces, parce que les fraudes qu'ils prévoient sont toujours dirigées contre l'intérêt privé, jamais contre l'intérêt du fisc. Cette inégalité dans l'étendue et la sévérité des mesures préventives ou répressives, était indispensable du moment qu'on faisait d'une loi de garantie une loi fiscale. La raison en est bien simple. Quand un bijou, vendu en fraude des droits du Trésor, devient la propriété d'un particulier qui n'est ni fabricant, ni marchand d'or et d'argent, comme il n'est point permis de rechercher et de constater la fraude entre ses mains, le fisc perd toute chance d'obtenir la réparation du préjudice qui lui est causé. Au contraire, lorsqu'un particulier, en achetant un ouvrage d'or s'est laissé tromper sur la valeur intrinsèque de cet objet, il est toujours à temps pour faire constater l'insuffisance du titre et sauvegarder ses intérêts. Plus de rigueur était donc nécessaire pour la protection des intérêts du Trésor : moins de sévérité pour la protection des intérêts des consommateurs.

II. Ce n'est pas à dire, toutefois, que la loi ne protége jamais les intérêts des consommateurs que par des peines légères. Elle ne prononce une simple amende ou la destitution, en cas d'application du véritable poinçon sur des ouvrages qui se trouvent à un titre inférieur au titre indiqué, que parce qu'elle attribue la fausse indication du titre à l'incapacité de l'essayeur, ou tout au plus à une fraude gratuite de sa part ; mais si cet employé avait reçu d'un fabricant une rétribution pour fermer les yeux sur le bas titre des bijoux, il se trouverait, ainsi que l'instigateur de la fraude, sous le coup des articles 177 et 178 du Code pénal, le premier comme objet de la corruption, le second comme corrupteur.

III. L'article 61, qui punit l'essayeur lorsque l'ouvrage d'or, d'argent ou de vermeil n'est pas au titre indiqué par

la marque, n'a point prévu le cas où soit le fabricant, soit
un marchand d'or et d'argent, vendraient sciemment cet
ouvrage comme étant au titre garanti par le poinçon. Les
articles 65, 79 et 88 de la même loi, portant des peines pécuniaires contre les marchands et fabricants qui fourrent
d'une matière étrangère les ouvrages d'or et d'argent, qui
vendent pour fins des ouvrages en or et en argent faux, ou
qui ne désignent pas le titre de l'ouvrage qu'ils vendent,
ne sont pas non plus applicables dans notre hypothèse.
C'est donc hors de la loi de brumaire et dans l'art. 423 du
Code pénal, qu'il nous faut chercher la répression de cette
fraude. Cet article punit de l'emprisonnement pendant trois
mois au moins, un an au plus, et d'une amende qui ne
pourra excéder le quart des restitutions et dommages-intérêts, ni être au dessous de cinquante francs, « quiconque
aura trompé l'acheteur sur le titre des matières d'or ou
d'argent.... » Toutes les fois donc que la contravention ou
la fraude prend les caractères d'une tromperie envers l'a-
cheteur, et qu'elle porte sur le titre même de l'ouvrage d'or
ou d'argent, objet de la vente, cette disposition du Code
pénal doit seule être appliquée, sauf l'interdiction du commerce d'or et d'argent portée par les articles 79 et 80 de la
loi de brumaire an 6 contre les fabricants et marchands,
interdiction prononcée à raison de leur qualité, et qui peut
se cumuler, dès que la contravention est constatée, avec les
peines portées par le Code.

IV. Il est à remarquer que, tandis que pour l'application
de 'article 423 C. P., il est nécessaire, en règle générale,
que la tromperie porte sur la *nature* de la chose vendue, il

suffit, par exception, que l'acheteur ait été trompé sur le *titre* des matières d'or et d'argent.

Le tribunal de la Seine a eu tout récemment, à notre connaissance, l'occasion d'appliquer l'article 423 du Code pénal, pour cause de tromperie sur le titre d'un ouvrage d'or. — Napoléon Beaumont, bijoutier, avait vendu à Arnold une chaîne de montre. Arnold la fit essayer, et l'or en fut trouvé à 650 millièmes seulement, c'est-à-dire à 100 millièmes au dessous du plus bas titre. De là, contre Beaumont, plainte, poursuite en police correctionnelle et condamnation à trois mois d'emprisonnement par jugement du 22 novembre 1844.

V. L'article 423, lorsqu'il prononce l'emprisonnement et une amende qui ne pourra excéder le quart des *restitutions* et *dommages-intérêts*, suppose non seulement qu'on a trompé l'acheteur sur le titre des marchandises, mais encore qu'on lui a porté préjudice en les lui faisant payer au delà de leur valeur réelle. Il n'a pour objet d'atteindre que ceux qui attribuent à des matières d'or ou d'argent un titre supérieur à celui qu'elles ont et qui les font payer à la valeur de ce titre supposé, comme nous avons eu plus haut occasion de le dire. Dès lors l'individu qui vend des objets d'or ou d'argent non marqués du poinçon de garantie, et d'un titre inférieur à celui de la loi, mais au prix de leur véritable valeur, sans chercher à induire l'acheteur en erreur, ne saurait être, comme l'ayant trompé sur le titre des matières vendues, passible des peines portées par cet article.

VI. Lorsque pour tromper l'acheteur sur le titre des matières d'or et d'argent, le vendeur a employé des manœuvres frauduleuses telles qu'elles sont caractérisées par l'article 405, C. P. , le fait constitue le délit d'escroquerie prévu par cet article et non une simple tromperie sur la nature des marchandises, punie par l'article 423 du même Code.

C'est ce qui a été jugé dans l'espèce suivante : Un bijoutier, non content d'avoir, en vendant de la poudre d'or, indiqué un titre de fin supérieur au titre réel, substitua à cette poudre, au moment de la livraison, de la limaille de cuivre. Sur son pourvoi, la Cour, attendu que l'art. 423 C. P. est applicable à ceux qui trompent l'acheteur sur le titre des matières d'or ou d'argent, sur la qualité d'une pierre fausse vendue pour fine, sur la nature de toutes marchandises, par l'effet de la présentation desdits objets ou marchandises, mais sans l'emploi de manœuvres frauduleuses qui concourent à tromper cet acheteur, et au moyen des manœuvres à lui escroquer ou tenter d'escroquer tout ou partie de sa fortune ; et attendu qu'il résulte des faits déclarés constants par l'arrêt attaqué qu'indépendamment de ce qu'il n'y a pas dans le fait, objet des poursuites, tromperie seulement dans le titre des matières présentées et offertes en vente, mais substitution de limaille de cuivre pour la livraison à la poudre d'or soumise à l'essai, et que pour consommer cette déception il y a eu, d'après les motifs de l'arrêt, emploi de manœuvres frauduleuses caractérisées par l'art. 405 C. P. , et qu'ainsi cet article seul était applicable au délit ; *rejette.* (*Cass.*, *20 août 1822, J.-B. Lorano.*)

VII. La faculté que l'art. 61 accorde au propriétaire d'un objet d'or, d'argent ou de vermeil, de le soumettre à une nouvelle vérification, quoique marqué d'un poinçon indicatif de son titre, appartient-elle aux employés de la garantie, de sorte que les contrôleurs, dans une visite chez un fabricant, puissent se saisir d'ouvrages qu'ils soupçonnent de n'être pas au titre, pour les soumettre à un nouvel essai? Telle n'est point notre opinion. Leur accorder un tel droit ce serait rendre le bijoutier responsable de l'inhabileté ou même de la mauvaise foi des employés. Ce qui n'est d'ailleurs que l'exercice d'un juste droit de la part d'un particulier propriétaire de l'objet, serait de leur part envers le bijoutier un acte d'injustice et de vexation, qui tournerait même au détriment de la marque légale à laquelle de fréquentes saisies ôtent la confiance qu'elle doit inspirer au commerce et au public.

62. Le prix d'un essai d'or, de doré et d'or tenant argent, est fixé à trois fr.; et celui d'argent, à quatre-vingts centimes (16 sous).

I. Ce qu'il faut entendre par le prix d'un essai.
II. Prix de l'essai pour les ouvrages provenant de l'étranger.

I. Les droits dus pour l'essai à la coupelle d'une quantité quelconque d'ouvrages neufs d'or ou d'argent renfermés dans un seul sac et provenant de la même fonte, sont perçus à raison de 3 francs pour chaque pesée de 120 grammes d'or, et de 80 cent. pour chaque pesée de 2 kilog. d'argent. Ce droit est le même s'il n'est présenté à l'essai qu'une ou plusieurs pièces provenant d'une même fonte, encore que leur poids soit loin d'atteindre 120 grammes (pour l'or) ou 2 kilogrammes (pour l'argent); tandis que si ce poids est dépassé, on oblige les fabricants à payer proportionnellement. Cet abus mène nécessairement à la violation de l'art. 51. L'orfèvre qui a moins de deux kilogrammes d'ouvrages d'argent à porter au bureau d'essai, ne manque pas de s'arranger avec un confrère pour compléter ce poids : l'administration perd ainsi le prix d'un essai, et l'essayeur opère en une seule fois sur des ouvrages provenant de différentes fontes, ce qui est contraire au vœu du législateur.

II. La loi n'ayant point déterminé la quotité du droit d'essai à percevoir par le bureau de garantie sur les ouvrages venant de l'étranger, on s'est demandé quel en devait être le montant ? Voici la réponse de la commission des Monnaies à cette question : « Il est évident que l'essai à la coupelle est inutile dans ce cas, puisque quand même l'ouvrage présenté aurait le titre légal, il ne pourrait cependant qu'être revêtu d'un poinçon qui ne garantit aucun titre. Il y a donc simplement lieu de la part de l'essayeur, à s'assurer par le procédé du touchau si les ouvrages présentés sont en or ou en argent. Ainsi la perception s'établit à raison de 20 cent. par 100 grammes ; mais cette fixation pouvant faire élever des réclamations lorsqu'il s'agit de l'appliquer à de fortes pesées, il est convenable de ne percevoir à raison de 20 cent. que sur les petits ouvrages au dessous de 500 grammes, et passé ce poids, de demander le prix de 80 cent. par pesée de 2 kilog. Si ce mode de perception n'est pas indiqué dans la loi, qui a évidemment une lacune à cet égard, il paraît du moins le plus rationnel , et il est d'ailleurs consacré par l'usage depuis long-temps suivi au bureau de Paris. (*Lettre du 5 avril 1836.*)

63. Dans tous le cas , les cornets et boutons d'essai seront remis au propriétaire de la pièce.

Le fabricant n'a d'autres charges à supporter que celles dont il ne peut être allégé dans l'état actuel de la garantie.

64. L'essai des menus ouvrages d'or par la pierre de touche sera payé neuf centimes par dé-cagramme (2 gros 44 grains et demi environ) d'or.

I. Le prix de l'essai est également dû pour les ouvrages d'argent éprouvés par la pierre de touche.
II. Ce prix est fixé à 9 cent. par kilog.

I. Malgré le silence de la loi au sujet des essais par la pierre de touche des menus ouvrages d'argent, les essayeurs ont le droit évidemment d'exiger le paiement des frais occasionnés par ces essais quand ils y procèdent. Il ne serait pas juste de les priver du prix d'essai, qui n'est que le salaire et la rétribution du temps qu'ils consacrent aux opérations nécessaires pour assurer la garantie publique du titre, et nullement un droit imposé sur la matière au profit du gouvernement.

II. L'administration leur a alloué 9 cent. par kilog. des menus ouvrages d'argent. (*Lettre du 27 janvier 1807.*) Si l'on refusait de se soumettre à ce tarif, les essayeurs ne procéderaient que par la coupelle, ce qui serait pour eux plus avantageux, et pour les fabricants et marchands plus onéreux, quand il s'agirait de petites quantités de pièces légères.

Une circulaire du 4 octobre 1822 énumère les objets à essayer au touchau, dans les termes suivants :

Nomenclature des bijoux d'or à essayer par le procédé du touchau, imprimée à la suite de la décision ministérielle du 4 octobre 1822.

Agrafes de toute sorte ;

Alliances à deux et trois branches, à globe et autres ;

Anneaux de doigts ou brisés de toute espèce, soit creux, soit pleins.

Bagues unies à chatons, à la chevalière ; autres avec entourage de feuillage or et de couleur, cannetille, filigrane, etc., etc. ;

Barettes ; bouchons de flacons, toute forme ;

Boucles d'oreilles simples ou entourées d'ornements, rondes ou à briquets, soit pleines, soit creuses, avec ou sans pendeloques ;

Boucles de ceinture, de bracelets, de chapeau, de cou, etc., unies ou garnies de pierreries, ou composées avec des ornements en or de couleur, en filigrane ou cannetille.

Boutons de cou, de manches, de chemise, de gilet, à l'espagnole, et de toute espèce ;

Bracelets de toute sorte, ainsi que leurs chaînes et chaînettes de formes diverses ;

Breloques tout or, à fruit, à graine, à pierre, en camée, en composition et de tout genre ;

Brosses à dents, à ongles et autres ;

Cachets de chaînes, de bureau, unis ou à ornements, pleins ou creux, fixes ou tournants :

Cadenas unis, ciselés, émaillés, à ornements de toute sorte ;

Chaînes de montres, de cou, de sûreté, de fantaisie;

Ciseaux à branches d'or pleines ou creuses;

Claviers;

Clefs de montres, tout or ou à monture en corps étrangers, de toute espèce;

Cœurs à suspendre au cou;

Colliers, quels que soient leur forme et leurs accessoires;

Coulants et buzettes, gros ou petits;

Christs de cou;

Croix de cou, pleines ou creuses, de toute sorte;

Croix d'ordres;

Cure-dents ou cure-oreilles;

Dés à coudre, bord uni, gravé, émaillé, etc.

Épingles unies, à ornements, à tête pleine ou creuse, à comètes fixes ou à charnière;

Étuis de nécessaires et autres petits;

Galeries de peignes et de tous leurs accessoires;

Garnitures de toute sorte pour éventails, portefeuilles, lunettes, petits nécessaires, et pour autres ouvrages de fantaisie en nacre, cristaux, écaille, ivoire, bois des Indes, etc.;

Jaserons de tout calibre;

Lorgnons et binocles en coquilles, unies ou garnies de pierreries, à ornements en or de couleur, etc.;

Médailles de piété et autres, avec anneau de suspension;

Ouvrages (tous) dits de *fantaisie*, isolés ou unis, en faisceau, pour breloques, tels que poissons, lanternes, cors-de-chasse, instruments aratoires et divers autres représentant des objets qui servent à différents usages;

Passe-lacets;

Pendeloques de sac, de bourse, de schalls, toute sorte;

Plaques de ceinture, de bandeau, etc.;

Plumes;

Porte-crayons;

Viroles de cachets, d'étuis, de couteaux, et autres instruments, et généralement tous bijoux simples ou composés, dont la délicatesse ou la forme ne permet point de faire des prises d'essai sans détérioration, ou qui ne peuvent être marqués de gros poinçons garantissant un titre posisif. (Voir *Traité de la garantie, par Raybaud, p. 72 et suivantes.*)

65. Si l'essayeur soupçonne aucun des ouvrages d'or, de vermeil ou d'argent, d'être fourré de fer, de cuivre ou de toute autre matière étrangère, il le fera couper en présence du propriétaire. Si la fraude est reconnue, l'ouvrage sera saisi et confisqué, et le délinquant sera dénoncé aux tribunaux, et condamné à une amende de vingt fois la valeur de l'objet. Mais dans le cas contraire, le dommage sera payé sur-le-champ au propriétaire, et passé en dépense comme frais d'administration.

I. Motifs.

II. Ce qu'il faut entendre par *matière étrangère.*

III. La soudure n'est pas une matière étrangère.—Difficultés à l'occasion de l'emploi de cette substance.

IV. Les ouvrages creux qui ne contiennent pas un excès de soudure doivent être marqués.

V. L'excès de soudure ne peut être assimilé à la fourrure, toutes les fois au moins qu'il n'est pas le résultat de la fraude.

VI. C'est au tribunal juge du fait, à décider s'il y a fraude dans l'espèce qui lui est soumise.

VII. L'usage de la gomme ou de l'étain pour donner de la solidité aux ouvrages ne constitue pas non plus le délit de fourré.

VIII. Le contre-émail est prohibé par l'administration.

IX. Lorsque la confection d'un bijou n'est possible qu'au moyen d'introduire à l'intérieur de la feuille d'or des morceaux de cuivre ou de fer, la présence de parcelles de ces métaux vils dans le bijou ne constitue pas un délit.

X. Les tribunaux en cas d'expertise ne sont pas tenus de choisir pour experts les essayeurs de la Monnaie.

XI. Les ouvrages fourrés ne peuvent être saisis qu'au moment de l'essai.

XII. Les ouvrages marqués du poinçon de garantie ne peuvent être saisis chez un marchand non fabricant sous prétexte qu'ils sont fourrés.

XIII. Le fait d'avoir introduit dans un bijou creux des matières étrangères, postérieurement au poinçonnage, est puni par l'art. 423 du C. P. combiné avec l'art. 61 de la loi de brumaire.

XIV. L'indemnité accordée par l'art. 65 au propriétaire d'un bijou coupé par l'essayeur, doit être payée immédiatement.

I. Cette disposition est la conséquence nécessaire des articles 1, 4 et 7 de la présente loi. En fixant le titre des ouvrages d'or et d'argent, en prescrivant pour certifier ce même titre aux acheteurs l'apposition de marques ou poinçons, le législateur n'aurait donné au public qu'une garantie illusoire et trompeuse, s'il n'avait en même temps exigé que chaque objet fût homogène dans toutes ses parties, que chaque parcelle de la matière ouvragée reproduisît dans ses profondeurs comme à la surface, la même quantité proportionnelle de fin ; en un mot, que la portion de matière précieuse prescrite se retrouvât dans l'ouvrage tout fondu. Le corps des ouvrages, soit d'or, soit d'argent, ne doit conséquemment être composé que d'or ou d'argent au titre et sans aucun mélange ni insertion d'aucun corps étranger, d'aucune matière différente. L'ancienne législation, plus rigoureuse que notre article 65 à cet égard, défendait le mélange des matières sous des peines capitales, et réputait les ouvriers qui fourraient et inséraient des corps étrangers dans les ouvrages d'or et d'argent, aussi coupables et aussi dangereux que les faux monnayeurs, vu l'impossibilité, même pour les gens les plus expérimentés dans l'art de travailler les métaux, de se mettre à couvert de cette fraude (1).

II. On considère comme *matière étrangère*, aux termes de notre article, toute matière vile ou même précieuse, mais à bas titre, qui a été introduite dans l'objet ouvré, *sans que sa présence y fût nécessitée par les besoins de la fabrication.*

III. Cette définition a le mérite de prévenir l'assimilation des matières étrangères dont l'introduction dans les bijoux constitue un délit, à la soudure qu'on emploie dans la con-

---

(1) Par arrêt du 2 décembre 1755, la cour des Monnaies ordonne: «que les règlements intervenus au sujet des ouvrages d'orfèvrerie, tant par rapport au titre des matières qu'à la confection de ces ouvrages, seront exécutés selon leur forme et teneur ; en conséquence fait très expresses inhibitions et défenses à tous marchands orfèvres, bijoutiers ou autres, et à tous ouvriers de faire, vendre ou débiter aucune boîte et autres ouvrages d'or de quelque nature qu'ils soient dans lesquels il soit fourré aucun corps ou matières étrangères non apparentes, en fraude desdits ouvrages, à peine de confiscation, et d'être les contrevenants poursuivis extraordinairement, et punis des peines capitales, suivant la rigueur des ordonnances. »

fection de certains ouvrages, pour en réunir les diverses parties, et pour former de ces parties un seul corps homogène en leur donnant une adhérence complète. Toutefois, elle n'a pas empêché des difficultés de s'élever à l'occasion de l'emploi de cette substance dont il est nécessaire de se rendre bien compte.

L'opération de la soudure est simple et courte : elle consiste à répandre une certaine quantité d'un alliage d'or, d'argent, de cuivre, de gomme laque ou d'étain sur les bords des coquilles que l'on veut réunir, à adapter l'une à l'autre ces différentes pièces, et à les soumettre à l'action du chalumeau. La fusion s'effectue, l'opération est complète. Mais ces coquilles étant terminées en elles-mêmes et d'un travail fini, avant d'être soumises à l'action de la chaleur, on aurait à craindre d'en altérer les formes si la soudure n'avait la propriété de fondre à une température beaucoup plus basse que celle à laquelle pourrait s'opérer la fusion du métal dont elles sont composées. Or, pour être fusible à un degré de chaleur moins élevé, cette matière auxiliaire doit nécessairement renfermer une quantité de fin moindre ; et en fait, la soudure varie de la moitié aux deux tiers, trois quarts, cinq sixièmes ; jamais elle ne peut être au même titre que le bijou auquel elle s'applique. Il en résulte que son emploi abaisse inévitablement le titre des ouvrages d'or et d'argent.

De là les deux questions suivantes : 1° les ouvrages creux dont les surfaces sont au titre, doivent-ils être marqués lorsqu'ils ne contiennent pas un excès de soudure, c'est-à-dire lorsque cette matière auxiliaire a été réduite à la quantité nécessaire ou utile à la confection d'un bijou ? 2° L'excès de soudure peut-il être assimilé au fourré ?

IV. Sur la première question, l'administration fait observer que la loi, dans son article 1ᵉʳ, prescrit étroitement
de se conformer à l'un des titres exprimés en l'art. 4. Si
donc les matières ouvrées ne se trouvent pas dans les conditions voulues par cet article, on ne peut forcer le bureau
de garantie de les poinçonner, et d'apposer, par exemple, sur
des ouvrages qui tout fondus ne rapporteraient que 700
millièmes, une marque dont l'application garantit 750 millièmes. Comment déterminer d'ailleurs d'une manière précise si la quantité de soudure employée était indispensable,
ou si elle est excessive !

Ce raisonnement est plausible, mais il n'est pas sans répli-
que. Les ouvrages d'orfévrerie formés de différentes pièces,
nous paraissent échapper aux prescriptions étroites de
l'art. 1ᵉʳ combiné avec les art. 4 et 5, pour deux motifs : le
premier, c'est qu'ils ne pourraient exister aux conditions
voulues par ces articles; le second, c'est que l'emploi de la
soudure et l'abaissement du titre en résultant, n'ont été
prévus ni par l'art. 1ᵉʳ ni par aucune autre disposition de
la loi. Evidemment, le législateur en réduisant dans l'art. 5
la tolérance sur le titre de l'or à 3 millièmes, n'a pu
avoir en vue les bijoux soudés : car, prescrire que ces bijoux pris dans leur ensemble, fussent précisément au même
titre que ceux exempts de soudure, et que les parties
dont ils sont composés, mêlées par la fusion, donnassent
en *minimum* le titre de 747 millièmes, c'eût été pour
qui connaît les difficultés de la fabrication, d'une exigence
absurde. Le bureau de garantie l'a si bien compris, que se
substituant au législateur, il a, de sa pleine autorité, établi
pour les bijoux soudés une tolérance de 20 millièmes. C'est

seulement lorsque les ouvrages de cette espèce sont au dessous de 730 millièmes, que l'essayeur de la garantie les brise et rend les morceaux au fabricant. Le bénéfice de cette tolérance est donc acquis à la bijouterie. Refuser l'application de la marque toutes les fois que la matière auxiliaire se trouve réduite aux proportions nécessaires à la confection de l'ouvrage, ce serait tuer cette industrie.

V. La solution de notre seconde question demande plus de développement.

Suivant nous, on ne saurait assimiler au fourré l'excès de soudure. La loi n'a pu, dans l'art. 65, réprimer l'abus de cette substance auxiliaire, par la seule raison qu'elle n'en a pas même prévu l'usage licite. Elle défend bien, il est vrai, d'introduire dans les ouvrages d'or, de vermeil ou d'argent, aucune matière étrangère, mais on ne saurait comprendre la soudure sous cette dénomination. La preuve en est : 1° dans l'exposé des motifs de la loi de brumaire, émané de Gibert-Desmolière, d'où il résulte que les menus bijoux (ceux précisément dans la confection desquels entre la soudure) ne devaient pas même, d'après le projet, être assujettis à l'essai; 2° dans l'unique moyen de vérification indiqué par l'art. 65, l'ouverture du bijou, d'où il résulte que le délit de fourré n'existe pas s'il ne se révèle aux yeux à la simple inspection de l'intérieur de l'ouvrage ; 3° dans le contexte même de cet article énumérant comme substances propres au fourré, le fer, le cuivre, ou toute autre matière étrangère, c'est-à-dire toutes les matières dont l'introduction dans les ouvrages n'a d'autre but que de donner au bijou creux l'apparence et le poids du bijou massif; d'où il suit qu'il n'a pas en vue les matières auxiliaires dont la présence dans l'ouvrage est indispensable.

L'usage est conforme d'ailleurs à cette dernière manière d'interpréter l'art. 65. Si dans l'intérieur d'un bijou plein dont l'enveloppe est au titre de 750 millièmes, on a inséré du fer, du cuivre, de l'argent ou même de la soudure d'or, encore qu'il n'y eût rien à souder ; ou si dans le corps d'un ouvrage creux auquel aucune pièce légère de joaillerie ne doit être unie, on a fait entrer de l'étain, de la gomme laque ; dans l'une et l'autre hypothèse, il y a délit. Mais si dans un bijou composé de parties diverses ou orné de pièces de joaillerie, dont l'assemblage ne peut être consommé qu'à l'aide d'une certaine portion de soudure, on l'a employée en quantité plus que suffisante, ce n'est plus du fourré. En d'autres termes, le fourré c'est la différence de *rien* à *quelque chose*, comme le disent les fabricants. Si on voulait le voir dans une différence du plus au moins, la quantité qui aux yeux de certains experts suffirait pour constituer le fourré, serait aux yeux d'un autre nécessaire à la confection. Il serait impossible de déterminer où cesserait l'usage, où commencerait l'abus ; la malfaçon équivaudrait à la fraude, et le fabricant pourrait être ruiné par la négligence ou la maladresse d'un ouvrier.

Disons-le, cette manière d'envisager les résultats de la soudure n'est point particulière au commerce ; jusqu'à ces derniers temps, l'administration des Monnaies elle-même l'a partagée, et elle a constamment refusé de voir dans l'excès de soudure le délit de fourré. En 1838, pour la première fois, la commission défendit, il est vrai, aux essayeurs de recevoir à l'essai et de soumettre à la marque les bijoux creux remplis de ciment ou de gomme laque, sous prétexte que « si parfois ces matières sont nécessaires à la confection de l'ouvrage, elles deviennent inutiles quand il est achevé ; et cachées aux yeux des consommateurs, elles ne servent qu'à l'abuser sur la valeur intrinsèque de son achat » ; mais sa circulaire, en date du 3 mai, n'était que comminatoire, puisqu'au moment de la recense qui a commencé le 10 mai suivant, les bijoux surchargés de gomme laque et même de contre-émail, ont été sciemment revêtus du poinçon de recense par les employés de la garantie. Comment donc dans un temps postérieur, sans qu'aucun changement ait été introduit dans la loi de brumaire, que depuis quarante ans les jurisconsultes, le commerce et l'administration étaient unanimes à considérer comme n'ayant pas prévu l'emploi de la soudure, l'excès de cette matière aurait-il pu devenir un délit puni par l'art. 65 de cette loi (1) ?

(1) En outre de ces arguments tirés de la loi et de son interprétation constante, pourquoi n'invoquerions-nous pas en faveur de notre opinion les intérêts du commerce intérieur et extérieur dont l'administration dans ses exigences fiscales, ne tient pas assez compte, suivant nous.

A l'intérieur, la possession des objets de luxe est devenue un besoin pour la classe laborieuse. Les orfèvres qui ont trouvé dans ce besoin une source de fortune se sont naturellement empressés de lui donner satisfaction. Se pliant aux goûts de la clientèle et prenant en considération ses facultés pécuniaires, ils ont mis toute leur habileté à produire à bon marché des ouvrages d'une valeur apparente considérable. De degré en degré, ils sont parvenus à donner à la bijouterie une légèreté qu'on n'aurait pas crue possible autrefois. Or l'emploi de l'or dans des proportions aussi minces,

Au reste, notre théorie a été plus d'une fois sanctionnée par la jurisprudence. La Cour de cassation, appelée à se pro-

exige l'usage *excessif* de la soudure. Je dis l'usage *excessif*, non seulement parce que le fabricant est dans l'obligation de prodiguer cette substance pour donner aux ouvrages plus de consistance et de solidité; mais parce que, employée en quantité indispensable, elle amènerait encore un abaissement énorme dans le titre, vu le poids minime de l'or dont se compose le bijou. Par conséquent, exiger, sans égard pour la soudure et sous les peines édictées par l'art. 65, que le titre des ouvrages creux se trouve rigoureusement dans la tolérance, c'est supprimer cette branche florissante de l'industrie, et priver en même temps d'une jouissance la classe industrieuse, sous prétexte de la protéger contre un danger qui n'existe pas pour elle; car le public ne s'y méprend pas : les menus bijoux ne sont à ses yeux que des objets de curiosité et de goût, dont la matière précieuse qui s'y trouve n'est que l'accessoire et dont la main-d'œuvre fait toute la valeur. Il ne les paie pas au poids, mais au prix qui en est fixé sans exagération par l'effet de la concurrence; la dépréciation de la matière lui profite uniquement et le fabricant n'en tire aucun avantage.

Ces considérations s'appliquent également au commerce extérieur. La main-d'œuvre et l'habileté de l'artiste faisant le principal prix des bijoux creux et diminuant le poids de la matière, qui conséquemment reste dans le royaume, cette branche d'industrie, digne de tout l'intérêt de l'administration, deviendra d'autant plus florissante que ces sortes d'ouvrages seront moins coûteux aux étrangers qui les achèteront. Sans l'attrait de la modicité du prix, au contraire, ni l'élégance des formes, ni la délicatesse et la beauté d'exécution de nos bijoux ne rendraient l'étranger plus curieux de se les procurer. Or le bon marché est incompatible avec la nécessité pour les fabricants de se renfermer, malgré l'emploi de la soudure, et sous les peines de l'art. 65, dans les limites de la tolérance fixées par l'art. 5.

noncer sur la question dès 1808, jugea, par arrêt du 22 juillet, que l'excès de soudure ne constitue pas le fourré. Voici dans quelles circonstances. Moynier, Bautto et compagnie, fabricants de bijoux d'or et d'argent à Genève, avaient présenté douze tabatières en or au bureau de garantie pour y être essayées et titrées. L'essayeur les soupçonna de contenir des matières étrangères ; on procéda à deux essais successifs, et il en résulta pour le bureau de garantie la conviction que les tabatières étaient réellement fourrées. Poursuite devant le tribunal correctionnel de Genève ; condamnation aux peines de l'art. 65 de la loi du 19 brumaire an 6, sur les conclusions du procureur du roi.

Sur l'appel, arrêt de la Cour de justice criminelle du Léman qui confirme. Pourvoi.

Les demandeurs soutiennent que la Cour de justice criminelle n'aurait pas dû se permettre de décider une question délicate en matière de garantie de boîtes d'or ; il était constant, en effet, qu'il y avait eu *soudure*, et qu'il était nécessaire de souder ; il avait donc fallu décider s'il y avait ou n'y avait pas *excès de soudure*, et si l'excès de soudure pouvait être qualifié de *fourrure* ; or, des magistrats ne sont pas juges de telles questions qui reposent sur les procédés de l'art.

A l'appui de ce système, ils produisaient une attestation de l'administration des Monnaies, portant qu'elle avait fait procéder, sous ses yeux, à la vérification des tabatières saisies, sur le motif qu'elles étaient *fourrées en étain* ; et qu'elle avait reconnu qu'elles étaient seulement *soudées....* que ce genre d'ouvrage, extrêmement léger, ne pouvait être soudé que par ce procédé, et qu'il y avait erreur de la part des employés du bureau de garantie de Genève, en déclarant que ces boîtes étaient fourrées.

La Cour, — attendu qu'il résulte des faits et pièces de la cause que les tabatières d'or dont il s'agit n'étaient pas fourrées, et que dès lors l'arrêt a fait une fausse application de l'art. 65 de la loi du 19 brumaire an 6, qui n'est relative qu'aux matières d'or et d'argent qui se trouvent fourrées de matières étrangères ; — Casse.

On tint dès lors pour certain que les objets trop chargés de soudure ne pouvaient être considérés comme fourrés ; qu'ils devaient être seulement brisés par l'essayeur, comme n'étant pas au titre, et rendus ensuite au propriétaire. D'où la conséquence que les arrêts prononçant la confiscation et l'amende par suite de la saisie de ces ouvrages, devaient être cassés. (V. *Cass.*, *10 mars 1810, Cherrier.*)

Cependant, en 1843, cette jurisprudence paraît avoir changé. La Cour suprême a décidé, par arrêt du 30 juin de ladite année, que l'emploi d'une trop grande quantité de soudure dans la composition des ouvrages d'or, de vermeil ou d'argent, peut constituer le délit de fourré prévu et puni par l'art. 65 de la loi du 19 brumaire an 6 ; seulement elle a admis que si l'arrêt attaqué acquitte le fabricant sur le motif que l'excès de soudure peut être attribué à un vice de fabrication, sans intention de la part du fabricant d'altérer frauduleusement le titre de ces ouvrages, cette appréciation de fait échappe à sa censure. Voici à quelle occasion fut rendu cet arrêt.

Une saisie ayant été pratiquée chez le sieur Fossin, fabricant de bijouterie, sur un grand nombre de pièces que l'excès de soudure avait fait descendre à 710 et même à

505 millièmes de matière d'or, c'est-à-dire à 40 et même à 245 millièmes au dessous du plus bas titre, l'administration déféra ce fait, comme constituant le délit de fourré, au tribunal de la Seine.

Le 10 juin 1842, jugement ainsi conçu :

« Attendu que s'il résulte de l'examen qui a été fait des 2313 bijoux saisis sur Fossin, bijoutier, que ces bijoux présentent un titre très bas et très variable, il est constant qu'aucun de ces bijoux ne renfermait de morceaux de fer ni de cuivre, et que l'abaissement du titre n'est dû seulement qu'à l'emploi qui a été fait dans la fabrication desdits bijoux d'une trop grande quantité de soudure ;

« Attendu qu'il résulte des circonstances de fait constatées dans l'instruction et les débats, que l'excès de soudure dont la présence a été constatée peut être attribué à un vice de fabrication, et qu'il n'est pas établi qu'il y ait eu de la part de Fossin une intention d'altérer frauduleusement le titre des bijoux saisis ; que dans ces circonstances l'excès de soudure constaté dans ces bijoux saisis ne constitue pas le fourré prévu et puni par l'art. 65 de la loi du 19 brumaire an 6 ; — Renvoie, etc. »

Sur l'appel, la Cour de Paris, à la date du 12 novembre 1842, confirme en adoptant les motifs des premiers juges Pourvoi pour violation de l'art. 65 de la loi du 19 brumaire, en ce que l'arrêt attaqué a restreint l'application de cet article au seul cas de l'introduction du fer et du cuivre, et excès de pouvoir en ce qu'il a créé une distinction qui n'existe pas dans la loi, dans la nature des matières dont l'emploi constitue le fourré, et surtout en recherchant s'il y avait eu intention de commettre une fraude là où le fait matériel de la présence d'une matière étrangère suffisait pour motiver l'application de la peine prononcée par ledit article.

Le fourré, disait l'administration, est l'insertion dans un ouvrage d'or et d'argent, non pas seulement des matières de fer ou de cuivre, mais encore de toute autre matière étrangère, toutes les fois que cela n'a pas eu lieu par l'alliage opéré par la fusion dans toute la masse ; or la soudure n'est pas alliée à l'or par la fusion de tout l'ouvrage ; elle reste confinée dans une seule partie, et dès lors il n'y a plus seulement abaissement du titre, il y a fourré, et ce délit existe indépendamment de l'intention du fabricant. La présence seule des matières étrangères suffit pour le constituer. En effet, si le législateur, après avoir dit dans l'art. 65, que si l'essayeur soupçonne un ouvrage d'être fourré, il doit le faire couper, ajoute : Si la *fraude est reconnue*, etc., cela veut dire : Si les soupçons de l'essayeur sont fondés ; et il n'a voulu nullement se référer à la bonne ou mauvaise foi du fabricant. Cet article ne peut recevoir une autre interprétation, car la loi, qui a voulu, dans ses art. 108 et 109, ne prononcer l'amende qu'autant qu'il y aurait eu possession ou vente avec connaissance, s'en est expliquée, et ici elle ne l'a pas fait. Il peut arriver, il est vrai, que le fourré résultant de l'emploi de l'excès de soudure ne puisse pas se vérifier en coupant le bijou, alors on le soumettra à l'épreuve par la fusion, comme on l'a fait pour les bijoux saisis ; mais ce sera toujours un délit de fourré, et on devait le juger ainsi avec d'autant plus de raison, dans l'espèce, qu'il n'était pas possible qu'il se trouvât une grande infériorité dans le titre sur une si grande quantité de pièces sans que le fabricant y eût volontairement contribué.

Fossin, de son côté, reconnaissait que le délit de fourré pouvait exister dans tous les cas d'introduction d'une matière étrangère dans les ouvrages d'or et d'argent, mais il faisait une distinction suivant que l'introduction des matières étrangères avait pour motifs, l'intention de tromper les acheteurs, ou au contraire les besoins de la fabrication, ou encore un accident indépendant de la volonté du fabricant. Dans le premier cas, il suffit de couper les ouvrages pour reconnaître la fraude constitutive du délit de fourré. Dans le second, le juge doit rechercher s'il y a eu intention frauduleuse : c'est là ce qu'il faut entendre par ces mots : *si la fraude est reconnue*, etc. Quand par le fait de l'ouvrier il entre trop de soudure dans le bijou, résultat que le fabricant ne peut prévenir, alors il y a seulement abaissement du titre,—etc.

« La Cour, attendu en droit qu'il n'est pas dénié par l'arrêt attaqué que l'emploi d'une trop grande quantité de soudure dans la confection des ouvrages d'or et d'argent peut constituer le délit de fourré prévu et puni par l'art. 65 de la loi de brumaire an 6 ; mais attendu en fait que ledit arrêt a reconnu et déclaré que d'après les circonstances de fait constatées dans l'instruction, l'excès de soudure uniquement reproché à Fossin, peut être attribué à un vice de fabrication sans qu'il y ait eu de la part dudit Fossin intention d'altérer frauduleusement le titre des bijoux saisis ; que ledit arrêt en conclut que, dans ces circonstances ledit excès de soudure ne constitue par le délit de fourré, et qu'une telle décision ne présente qu'une appréciation à laquelle le seul juge du fait et de l'intention a pu se livrer sans violer la loi ; — Rejette. » (*V. Journal du Palais, 1843*, t. 2, p. 623.)

VI. Cet arrêt a réduit la question de savoir si l'excès de

soudure équivaut à la fourrure, à une simple question de fait. L'excès de soudure est-il le résultat d'une fraude, il y a délit ; est-il indépendant de toute intention frauduleuse de la part du fabricant, il n'y a plus qu'un fait innocent de soi. La Cour de cassation a sagement agi en réservant aux Cours royales l'appréciation des circonstances. En effet, l'art. 65, loin de dire que toutes les fois que l'essayeur aura trouvé qu'un ouvrage soumis à son examen est fourré, cet ouvrage sera saisi et confisqué, dit seulement, si *la fraude est reconnue;* ce qui laisse supposer, que la fraude n'existe pas par cela seul que l'essayeur aura découvert dans un bijou d'or ou d'argent une matière vile ; d'où la conséquence nécessaire, qu'il appartient aux juges saisis de la prévention, de décider si dans l'espèce qui leur est soumise, il y a ou non fraude

VII. La Cour royale de Paris, conformément à cette doctrine, considère comme légal l'emploi de la gomme ou de tout autre matière, telle que l'étain, lorsqu'il est constant que cette substance est utile, dans une certaine proportion, à la solidité des bijoux, et que le fabricant est de bonne foi. (*Paris, 23 mars 1842, aff. Lebonvallet et Gorret*).

VIII. Indépendamment de la soudure dont les ouvrages sont garnis, on a fait usage de l'émail pour contre-émailler certaines pièces de bijouterie, et leur donner, en les revêtissant intérieurement d'une couche très mince d'un fondant transparent, la force de résister à l'action de la flamme du chalumeau. Jusqu'en 1838, cet usage a été toléré, à la condition de n'appliquer le contre-émail qu'en opposition avec la partie supérieure émaillée et de ne pas l'étendre sous la totalité de la coquille. Mais une circulaire, en date du 3 mai de ladite année, défend de recevoir à l'essai les bijoux creux émaillés, dont l'intérieur sera renforcé par une couche de contre-émail, en quelque faible quantité qu'il y soit, l'art pouvant se passer aujourd'hui de cette protection. Les ouvrages ainsi trouvés doivent être rompus.

IX. Il existe certains bijoux pour la confection desquels on est obligé d'introduire à l'intérieur de la feuille d'or des morceaux de cuivre ou de fer, que l'on dissout au moyen d'un acide, lorsque l'ouvrage est terminé. Supposons que l'opération de la dissolution ait été mal faite, et qu'il soit resté dans le bijou des parcelles plus ou moins nombreuses de cuivre ou de fer, y aura-t-il fourrure ? Non, à moins que la Régie ne prouve que la présence du fer ou du cuivre dans l'ouvrage est le résultat de la fraude plutôt que de la malfaçon.

X. En cas de contestation sur la question de savoir si les matières étrangères introduites dans les bijoux creux étaient nécessaires pour la confection, ou si elles ont été employées avec excès, les tribunaux consulteront habituellement l'administration des Monnaies ; mais aucune disposition ne les oblige à recourir aux essayeurs, et ils peuvent prendre ailleurs les experts.

XI. A quelle époque les ouvrages d'or ou d'argent, fourrés de matières étrangères, peuvent-ils être saisis ? Merlin, v° *Marque et Contrôle*, § 3, n° 15 ; Favard, v° *Matieres d'or et d'argent*, et après eux l'unanimité des auteurs, avaient pensé que ces ouvrages n'étaient point passibles de saisie hors du cas où ils sont présentés à la vérification, et de celui où étant encore chez le fabricant ils sont ou achevés et non marqués, ou marqués d'un poinçon faux. Cette doctrine, sanctionnée par un arrêt de la Cour de cassation, que nous citerons dans un instant, semblait à l'abri de toute controverse; néanmoins, dans ces derniers temps, une opinion contraire a essayé de se faire jour. Les motifs sur lesquels elle s'appuie ne manquent pas d'être spécieux. La loi du 19 brumaire an 6 prohibe, dit-on, en termes exprès, art. 65, toute fabrication d'objets fourrés de vile matière, sans déterminer ni la nature ni l'époque de ces fourrés. Elle s'applique à tout acte de fourré, sans distinction entre le cas où il a précédé et celui où il a suivi l'essai. Autrement l'essai, au lieu d'être une garantie, une mesure de prévoyance établie dans l'intérêt des acheteurs pour les protéger contre la mauvaise foi du fabricant, ne serait plus qu'un brevet d'impunité pour toutes les fraudes que celui-ci pourrait commettre après l'accomplissement de cette opération. Si le fait du fourré ne peut être poursuivi, ni l'objet fourré saisi après l'essai, la loi ne renferme qu'une disposition illusoire, puisque le bijou une fois contrôlé, n'étant plus soumis à aucune surveillance, il suffira de tromper ou de surprendre la vigilance de l'essayeur pour pouvoir ensuite impunément se livrer à la fraude. (V. *Arrêt de la Cour de Lyon*, 20 janv. 1842. *Cousin.*)

Cette théorie, nous le répétons, se trouve en opposition à la fois et avec la doctrine des auteurs et avec la doctrine de la Cour de cassation. Les motifs qui militent contre elle sont résumés dans un arrêt de ladite Cour, du 9 juin 1820, en ces termes : « Considérant qu'il résulte de la combinaison desdits art. 48 et 65, tous les deux placés sous le titre 5 qui prescrit les différentes règles d'après lesquels les employés doivent procéder à la vérification du titre des ouvrages d'or et d'argent, que ce n'est que lorsque le fabricant porte ses ouvrages au bureau de garantie pour y être essayés et titrés, que l'essayeur a le droit de s'assurer, en coupant ces ouvrages, s'ils sont ou non fourrés de matières étrangères, et que la fraude qui serait alors découverte soumet le fabricant qui a ainsi tendu un piége à la garantie, aux peines de confiscation et d'amende portées par ledit art. 65; que quant aux ouvrages d'or et d'argent qui sont dans le magasin, boutique ou atelier du fabricant, il n'y en a, d'après les art. 101, 107 et 108 précités, que trois espèces de saisissables, savoir : 1° ceux qui seraient marqués d'un faux poinçon; 2° ceux sur lesquels les marques de véritables poinçons seraient entées, soudées ou contre-tirées; et 3° ceux qui seraient achevés et non marqués ; — Considérant qu'il a été reconnu au procès, et même constaté par le procès verbal qui a donné lieu aux poursuites que les pendeloques saisies par les employés dans l'atelier du sieur Quesne n'étaient pas achevées ni revêtues d'aucune marque quelconque, d'où il suit qu'elles n'ont pu être saisies, etc. » (*V. Journal du Palais, 1820*).

Il est de principe, en effet, que la loi pénale ne saurait s'étendre d'un cas à un autre, et qu'elle ne punit que ce qu'elle a prévu. Or, la preuve que le législateur de l'an 6 n'a pas voulu punir le fourré au delà du cas spécifié par l'art. 65, résulte de ce qu'il n'a pas fait ailleurs mention des ouvrages fourrés et de ce qu'il ne les a pas compris dans l'énumération générale de ceux dont il ordonne la saisie par les art. 107, 108 et 109.

XII. De ce que le titre 5 de la loi de brumaire an 6, sous lequel est placé l'art. 65, ne contient que les règles à suivre par les employés du bureau de garantie, lorsque des ouvrages leur sont *présentés*, il suit que cet article n'est pas applicable au marchand de bijouteries non fabricant, en la possession duquel il a été trouvé des ouvrages d'or fourrés de matières étrangères, mais marqués du poinçon de garantie. C'est ce qui a été jugé dans l'espèce suivante. Saulnier avait acheté d'un fabricant des ouvrages d'or fourrés et pourtant marqués du poinçon de garantie. Ils furent saisis entre ses mains, et lui-même traduit en police correctionnelle. Sa bonne foi démontrée lui valut un acquittement. — Appel du ministère public.—Arrêt de la Cour de Grenoble, en date du 26 juin 1819 qui confirme par les motifs suivants :

« Considérant qu'il est constant en fait que Saulnier n'est pas fabricant, mais seulement marchand de bijouteries; que quoique les ouvrages saisis soient fourrés de matières étrangères à l'or, néanmoins ils ont été marqués au poinçon de garantie; que c'est sur la foi de ce poinçon que Saulnier les a achetés; que c'est donc aux essayeurs seuls qu'on doit imputer le tort de n'avoir pas vérifié exactement ces ouvrages, avant d'y imprimer le poinçon de garantie; qu'ainsi Saulnier est à l'abri de tout reproche de fraude, avec d'autant plus de raison qu'il n'a pas même été allégué que les ouvrages dont il s'agit eussent éprouvé le moindre changement ou altération postérieurement à l'empreinte des marques de garantie dont ils sont revêtus; qu'il est donc juste de confirmer le jugement de première instance;—Considérant néanmoins que ces ouvrages ne peuvent être rendus à Saulnier et être ainsi remis dans le commerce, sans que préalablement le contrôleur de la garantie à Grenoble n'ait enlevé et brisé, en la présence de Saulnier, les châtons de ces ouvrages auxquels il y a des matières fourrées étrangères à l'or ; mesure que les essayeurs auraient dû prendre lorsque ces ouvrages leur furent présentés, en se conformant à l'art. 67 de la loi de brumaire an 6. »

Pourvoi en cassation. Suivant le ministère public l'art. 65 ne fait point de distinction entre les fabricants et les simples marchands de bijoux, il parle uniquement du *propriétaire* des ouvrages ; c'est donc au propriétaire que la peine de la contravention doit être appliqué, sauf son recours contre son vendeur. Il en est ici comme d'un objet volé : le détenteur est présumé coupable, à moins qu'il n'indique qui le lui a vendu ; enfin l'erreur des essayeurs ne peut s'expliquer que par une surprise qui n'excuse pas le prévenu.

« La Cour de cassation : — Considérant que dans l'état des faits et circonstances tels qu'ils ont été déclarés par l'arrêt dénoncé, cet arrêt d'ailleurs régulier dans la forme, n'est en contravention avec aucune loi ; — Rejette. » (*12 août 1819*, V. *Journal du Palais*.)

XIII. Si l'art. 65 n'a point d'application aux ouvrages déjà essayés, titrés et marqués, il n'en faut pas conclure cependant que l'introduction de gomme laque ou de tout autre matière, dans un bijou creux, après le poinçonnage, doive rester impunie faute d'une loi qui la prévoie. Lorsqu'un ouvrage d'or, d'argent ou de vermeil, quoique marqué d'un poinçon indicatif de son titre, est soupçonné de n'être pas au titre indiqué, c'est le cas d'appliquer l'art. 61 de la loi de l'an 6, combiné avec l'art. 423 du C. P. Nous avons vu plus haut à quelles conditions était subordonnée l'application de chacune de ces dispositions.

XIV. L'indemnité déterminée par l'art. 65 doit être comptée sur-le-champ. Les receveurs des droits de garantie ne peuvent refuser de payer sur la simple présentation du certificat des contrôleurs et essayeurs des bureaux de garantie, la façon des bijoux d'or que l'on a brisés pour les essayer à la coupelle ou en essayer le grain provenant de la fonte, lorsque, par le résultat de l'opération, ils se trouvent au titre légal. Mais aux termes d'une circulaire du 10 septembre 1813, pour avoir droit à une indemnité, il ne suffit pas que l'or du bijou présenté au bureau paraisse au titre par l'épreuve de l'essai au toucher de la grenaille provenant de la fonte, il faut qu'il s'y trouve réellement par le résultat de l'essai fait à la coupelle de ce grain d'or, et qu'il n'y ait en outre, dans l'intérieur des ouvrages creux, aucune de ces matières étrangères que l'on peut y introduire pour en augmenter le poids sans en altérer le titre.

66. Les lingots d'or et d'argent non affinés qui seraient apportés à l'essayeur du bureau de garantie pour être essayés, le seront par lui, sans autres frais que ceux fixés par la loi pour les essais. Ces lingots, avant d'être rendus au propriétaire, seront marqués du poinçon de l'essayeur, qui, en outre, insculpera son nom, des chiffres indicatifs du vrai titre, et un numéro particulier. L'essayeur fera mention de ces divers objets sur son registre, ainsi que du poids des matières essayées.

De cette disposition il résulte que le titre des matières

d'or et d'argent brutes et non ouvrées est garanti comme celui des ouvrages composés de ces métaux.

67. L'essayeur qui contreviendrait au précédent article, serait condamné à une amende de cent francs pour la première fois, de deux cents francs pour la seconde, et la troisième fois il serait destitué.

L'essayeur est civilement responsable du dommage causé, en cas d'erreur sur le titre.

L'essayeur du bureau de garantie, de même que l'essayeur du commerce, est en outre civilement responsable du titre des matières accusé par lui. En cas d'erreur dans le titre, si les lingots versés dans le commerce sont passés de main en main sous la foi du titre qu'il leur a attribué, il est soumis à une action en réparation du préjudice causé. Cette erreur ne donne même action que contre lui ; et il a été jugé que le vendeur de lingots d'or ou d'argent paraphés et numérotés par un essayeur, ne doit pas garantir à l'acheteur, à raison des différences qui pourraient exister dans le titre lorsque ces lingots ont été reçus sans réclamation ni réserve. (*Aix, 6 août 1825, Pignatel, Journal du Palais,* p. 780.)

68. L'essayeur d'un bureau de garantie peut prendre, sous sa responsabilité, autant d'aides que les circonstances l'exigeront.

1. L'essayeur ne peut se faire remplacer.

II. Les aides de l'essayeur de Paris sont agents de l'administration.

I. La loi n'a point voulu par cette disposition autoriser l'essayeur à se faire suppléer en son absence, par un remplaçant qui n'ayant pas fourni de preuves de capacité ni subi d'examens, pourrait compromettre la sûreté de la garantie ; elle lui permet seulement lorsque le nombre des essais et le besoin du service l'exigent, de se faire aider dans les opérations auxquelles il prend part ou assiste.

II. Aux termes d'une ordonnance du 15 juillet 1842, l'essayeur du bureau de garantie de Paris continuera, conformément à la loi de brumaire, à choisir sous sa responsabilité les aides qui lui sont nécessaires. Ces agents recevront, à partir de la publication de la présente ordonnance, une commission du préfet du département de la Seine, et prêteront serment devant le tribunal civil. On a jugé utile au bien du service, de leur attribuer le caractère d'agents de l'administration, parce que lorsque l'un de ces aides en vue d'une récompense, laissait passer à la marque des bijoux fourrés ou à bas titre, on ne pouvait appliquer les peines portées par le Code pénal pour le cas de corruption, la corruption n'étant punissable, d'après ce Code, qu'autant qu'elle a été tentée ou exercée sur un fonctionnaire public.

Ils continuent néanmoins d'être sous les ordres de l'essayeur et d'être rétribués par lui. Ils peuvent être révoqués sur sa proposition.

69. Le receveur et le contrôleur du bureau de garantie feront respectivement mention sur leurs registres de l'apposition qu'ils auront faite soit du poinçon de vieux, soit de celui d'étranger, soit de celui de recense, sur les ouvrages qui auront dû en être revêtus, ainsi que du poinçon de garantie sur les lingots affinés, de la perception des droits qui aura pu en résulter, et du poids de chaque objet.

70. Le contrôleur visera les états de recettes et de dépenses du bureau.

71. Les employés des bureaux de garantie feront les recherches, saisies ou poursuites dans le cas de contravention à la présente loi, comme il sera dit au titre VIII.

TITRE VI.

—

SECTION PREMIÈRE.

Des obligations des fabricants et marchands d'or et d'argent.

On peut dire d'une manière générale que ces obligations ont pour objet d'assurer l'ordre et la sécurité publique (art. 74, 75, 76), la perception des droits de contrôle (art. 77, 107), et surtout la garantie du titre des matières, en prévenant les erreurs et les surprises qui pourraient être commises au préjudice du public (art. 78, 79, 72, etc.). Plus étendues pour les fabricants, elles sont plus restreintes pour les marchands. (V. art. 73.) C'est pourquoi il nous paraît utile, avant de passer à l'explication des articles où elles se trouvent énumérées, de rechercher quelles personnes y sont soumises sous la dénomination de fabricants, quelles autres sous la qualification de marchands d'or et d'argent. Occupons-nous d'abord des fabricants.

On comprend sous le nom de *fabricants* tous ceux qui confectionnent ou font confectionner des bijoux ou autres ouvrages d'or et d'argent, et qui en trafiquent. Il n'y a point de distinction à faire entre les personnes qui mettent en œuvre l'or et l'argent, suivant qu'elles en font leur profession principale ou qu'elles se bornent à employer ces matières d'une manière accessoire et accidentelle; toutes sont confondues sous une même dénomination et astreintes aux mêmes obligations. Ainsi l'a décidé la Cour de cassation dans une espèce où il s'agissait des couteliers, industriels qui suivant elle, doivent, s'ils établissent eux-mêmes les viroles, médaillons ou garnitures d'or ou d'argent dont ils ornent les couteaux et les fourchettes, être assujettis aux mêmes obligations que ceux qui font de la fabrication des ouvrages d'or et d'argent leur profession habituelle. (*Cass., 2 juin 1806, Hansothe.*)

Puisque nous avons donné en exemple les couteliers, nous devons ajouter qu'ils seraient soumis aux obligations des marchands d'or et d'argent seulement, s'ils achetaient toutes confectionnées les garnitures qu'ils emploient.

L'ouvrier qui travaille dans son domicile pour le compte d'autrui peut-il être rangé dans la catégorie des fabricants?

La Cour de cassation s'est prononcée pour l'affirmative dans l'espèce suivante :

Deux contrôleurs à la garantie de Paris s'étant présentés le 18 décembre 1829 au domicile du sieur Glaton, signalé pour fabriquer clandestinement des chaînes en jaseron et en or, y avaient trouvé deux établis montés à neuf places en tout, et occupés par six apprentis et un ouvrier, dont les uns soudaient des chaînes en jaseron, les autres apprêtaient les mailles propres à cette fabrication. Ils avaient vu, en outre, soit sur l'établi, soit entre les mains des personnes désignées, les divers outils en usage pour la confection des chaînes, et indépendamment de ces outils d'autres ustensiles, tels qu'un étau scellé, un tas et des claies, etc. Procès-verbal fut dressé par eux contre Glaton. En conséquence, poursuite devant le tribunal de la Seine qui acquitte. — Appel devant la Cour de Paris qui confirme l'acquittement. — Pourvoi. — La Cour suprême casse et renvoie devant la Cour royale d'Orléans. Cette dernière Cour, par arrêt du 9 mai 1831, ayant jugé comme celle de Paris, l'administration des contributions se pourvut de nouveau. « La loi du 19 brumaire an 6, disait-elle, n'est pas, à proprement parler, une loi fiscale : elle a été portée par le législateur pour prévenir toute fraude dans la fabrication et la vente des objets d'or et d'argent. Son but intéresse les commerçants ainsi que les particuliers, et il ne serait certainement pas atteint si ces objets pouvaient être confectionnés hors de toute surveillance ; si celui au domicile duquel on les confectionne était dispensé, dans certains cas, des obligations imposées aux fabricants par les articles 72, 74 et 78 de la loi du 19 brumaire ; s'il lui était loisible de n'avoir ni poinçon, ni registre. S'il en était ainsi, tout fabricant ou

marchand qui voudrait se procurer des objets à faux titre
pour les mettre dans la circulation, ne manquerait pas
d'ouvrir un atelier chez un ouvrier prête-nom pour y faire
confectionner des objets de cette espèce, et il le ferait impunément, puisqu'aucune surveillance ne serait exercée sur cet
atelier ; en un mot, disait l'administration, la loi ne distingue
pas entre les fabricants travaillant pour leur propre compte,
et ceux qui travaillent pour autrui, et dès lors les juges ne
doivent pas créer des distinctions qui seraient d'autant plus
arbitraires qu'elles dépendraient uniquement de l'allégation
des parties intéressées ; celles-ci ne manqueraient pas de se
placer dans l'exception en alléguant qu'elles travaillent pour
le compte d'autrui. »

La Cour de cassation, adoptant ce système, cassa l'arrêt
de la Cour royale d'Orléans. — Après avoir, dans son arrêt,
relaté les faits que nous avons énoncés plus haut, la Cour suprême ajoutait : « Attendu que la mère du sieur Glaton avoua
que ces ustensiles, outils et instruments, de même que le lo-
gement où elle se trouvait appartenaient à son fils ; qu'à la
vérité, celui-ci n'avait ni le registre timbré, ni le poinçon de
fabrique, ni le tableau énonciatif des obligations prescrites
aux fabricants, exigés par les art. 72, 74 et 78 de la loi de
brumaire an 6, mais qu'elle ne pensait pas que celui-ci
pût être réputé fabricant bijoutier, parce que d'une part il
n'avait ni forge, ni banc à tirer, ni laminoir ; que, d'autre
part, il travaillait uniquement à façon pour le sieur Vial,
fabricant-jaseroniste, qui lui fournissait l'or et les matériaux
à mettre en œuvre, et très accidentellement pour un autre
fabricant ; attendu que la loi du 19 brumaire n'ayant pas dé-
fini ce qu'il fallait entendre par fabricant ou négociant, il faut

nécessairement s'en rapporter aux règles générales, et réputer tels ceux qui entretiennent chez eux des métiers ou établis, et des ouvriers. Or, le procès-verbal sus relaté établit parfaitement que Glaton avait chez lui des matières d'or et d'argent ; qu'il travaillait à façon et non à journée ; que l'objet de ce travail était de confectionner et de souder des chaînes en jaseron, et d'apprêter les mailles propres à cette fabrication ; qu'il était nanti d'établis comme les gros fabricants ; que comme eux, il employait chez lui des ouvriers qui restaient inconnus aux fournisseurs des matières, et sur le travail desquels il avait un bénéfice ; que comme eux enfin, il prenait des élèves et des apprentis, circonstance qui, dans toutes les professions, fait sortir l'homme de la classe des ouvriers pour le comprendre dans celle des fabricants ; que peu importe, dès lors, que Glaton, ainsi que l'a relevé la Cour royale d'Orléans, n'achetât ni ne vendît aucune matière d'or et d'argent, et qu'il ne formât aucun alliage ; que cette Cour ne pouvait conclure de là que ce fabricant dût être présumé ignorer nécessairement le titre des objets à lui confiés pour leur appliquer son industrie, puisqu'il pouvait à volonté et devait même vérifier ce titre par le procédé en usage dans le commerce de ces matières ; attendu que si Glaton n'avait ni forge, ni banc à tirer, ni laminoir, et que s'il travaillait uniquement à façon pour des fabricants qui lui fournissaient les matières à mettre en œuvre, seules circonstances sur lesquelles la Cour d'Orléans ait pu se fonder pour déclarer que Glaton n'était pas fabricant dans le sens de la loi du 19 brumaire an 6, tout ce qu'on pouvait conclure de là c'est que son genre d'industrie était limité ; que pour l'exercer, ces dernières machines lui étaient inutiles, mais qu'il possé-

dait tous les outils et instruments nécessaires au travail dont
il était chargé ; qu'il n'avait pas la fortune suffisante pour faire
des avances assez considérables et acheter de lui-même les
matériaux propres à confectionner les chaînes en jaseron
sur lesquelles s'exerce son genre d'industrie : qu'en un mot,
il devrait être rangé dans la classe des fabricants d'un ordre
inférieur ; mais qu'à ce titre même, et d'après le texte et l'esprit de la loi de brumaire, il devait être astreint aux obligations prescrites aux fabricants par les articles 72, 74 et 78 ;
attendu que cette loi qui avait pour objet le rétablissement
et la conservation de la confiance publique dans l'achat et
la vente de marchandises d'or et d'argent, n'ayant pas fait de
distinction entre les fabricants qui travaillent pour leur
propre compte, et ceux qui travaillent pour le compte d'autrui, a nécessairement compris les uns et les autres dans ses
dispositions générales ; attendu qu'une distinction pareille
à celle qu'on voudrait introduire doit d'autant moins être
admise, qu'elle favoriserait la fraude et donnerait aux maîtres
orfèvres et bijoutiers le moyen certain d'éluder la prévoyance
de la loi, en divisant leurs ouvrages en plusieurs parties, et
en faisant fabriquer hors de chez eux les diverses parties de
ces ouvrages par des ouvriers à leurs gages, qui établiraient
dans leur domicile autant d'ateliers particuliers d'orfévrerie
et de bijouterie, exempts de toute surveillance de la garantie ;
attendu que si la loi du 1er brumaire an 7, sur les patentes,
spéciale à l'objet dont elle s'occupe, ne peut servir de règle
en matière toute différente, ses dispositions ne laissent pas
toutefois de corroborer les faits relatés dans le procès-verbal
du 18 décembre 1829, en ce que cette loi ne considère
comme ouvriers travaillant pour le compte d'autrui, et, sous

ce rapport, exempts de patentes, que ceux qui travaillent dans les maisons, ateliers et boutiques de ceux qui les emploient, et non les ouvriers qui travaillent chez eux, même seuls et sans boutique ni enseigne pour les marchands et fabricants, et même pour les particuliers. Casse, etc. (*27 août 1831. V. Journ. du Palais, Conf. 17 juin 1825, aff. Porte.*)

Cet arrêt, pour être longuement motivé, ne nous paraît pas à l'abri d'une saine critique ; aussi nous proposons-nous de le discuter en commençant par le dernier considérant, tiré de la loi des patentes, afin de n'être plus obligé d'y revenir dans la suite et de pouvoir nous renfermer dans l'examen des dispositions de la loi de brumaire an 6.

L'art. 29 de la loi du 1ᵉʳ brumaire an 7, procédant à l'énumération des personnes exemptées de la patente, rangeait parmi elles les ouvriers.... travaillant pour autrui dans les maisons, ateliers et boutiques de ceux qui les emploient ; après quoi il ajoutait : « ne sont point réputés ouvriers travaillant pour le compte d'*autrui* ceux qui travaillent chez eux pour les marchands et fabricants en gros et en détail ou pour les particuliers, même sans compagnons, enseignes ni boutiques ; ils devront être pourvus de la patente de la sixième classe ou de celle de leur profession désignée dans le tarif. » C'est de cette disposition que la Cour de cassation a pris texte pour dire aux ouvriers : Vous travaillez chez vous, donc vous êtes soumis à la patente ; vous êtes soumis à la patente, donc vous êtes fabricants ; vous êtes fabricants, donc vous êtes astreints aux obligations prescrites par la loi de brumaire an 6, votre industrie s'exerçant sur les matières d'or et d'argent.

On aurait pu demander à la Cour de cassation dans quelle

disposition la loi du 1ᵉʳ brum. an 7, qualifiait de fabricants les ouvriers qu'elle soumettait à la patente ; mais toute discussion à cet égard serait superflue, en présence de la loi du 25 avril 1844, qui abroge l'art. 29 de la loi de l'an 7, et anéantit avec lui l'argument qu'en tirait la Cour de cassation.

La nouvelle loi sur les patentes porte, en effet, art. 13 :
« Ne sont pas assujettis à la patente :

.... « 6° Les commis et toutes les personnes travaillant à gages, à façon et à la journée dans les maisons, ateliers et boutiques des personnes de leur profession, ainsi que les ouvriers travaillant chez eux ou chez les particuliers, sans compagnons, apprentis, enseigne ni boutique. Ne sont point considérés comme compagnons ou apprentis, la femme travaillant avec son mari, ni les enfants non mariés travaillant avec leurs père et mère, ni le simple manœuvre dont le concours est indispensable à l'exercice de la profession. »

Puisque les ouvriers travaillant chez eux sont en principe dispensés de la patente, la Cour de cassation ne pourra't plus aujourd'hui conclure contre eux de la nécessité de la patente à la qualité de fabricant.

On ne saurait non plus faire résulter pour eux cette qualité de la possession d'un matériel considérable ou de l'emploi d'un grand nombre d'ouvriers et apprentis. Ces circonstances peuvent bien les rendre sujets à patente, parce qu'elles indiquent une spéculation sur la main-d'œuvre et que toute spéculation supposant des bénéfices, donne lieu à l'imposition de la patente: mais elles ne sont pas de nature, comme le pensait la Cour de cassation sous l'ancienne loi, à leur conférer la qualité de fabricants qui n'est pas la leur. Elles les font si peu sortir de l'état d'ouvriers, que c'est comme ouvriers et sous cette dénomination que la loi, s'il y a lieu, les soumet à la patente.

Quant à la circonstance que l'ouvrier, au lieu de travailler chez le maître, travaille dans son domicile, elle est sans aucune importance ; car la qualité légale d'une personne dérive de la nature de ses occupations et non du lieu où ces opérations s'accomplissent.

Au surplus ces considérations ne sont-elles pas étrangères à notre sujet ? Quelle analogie y a-t-il entre la loi de brumaire an 6, relative à la garantie des matières d'or et d'argent, et les lois spéciales aux patentes ? C'est une infraction à la loi sur la garantie que l'administration impute aux ouvriers en chambre, c'est dans cette loi qu'elle doit rechercher les éléments de ladite contravention. Le reproche fait aux ouvriers d'avoir transgressé les obligations des fabricants ne sera fondé que si la loi de brumaire les a assimilés aux fabricants, soit dans son texte en leur attribuant expressément cette qualité, soit dans son esprit en les comprenant tacitement sous cette dénomination générale. Cette assimilation n'est pas dans le texte de la loi : est-elle dans son esprit ? Pas davantage, suivant nous.

Nulle part la loi de brumaire an 6 ne s'occupe des ouvriers travaillant chez les maîtres ; à plus forte raison n'a-t-elle pas réglementé la position des ouvriers en chambre ou à façon, dont l'existence ne s'est révélée que postérieurement à sa promulgation, le travail à façon étant un fait récent. L'administration des contributions indirectes en tombe elle-même d'accord avec nous, mais elle soutient que par cela seul que la loi de brumaire n'a pu ni prévoir leur existence, ni régir spécialement leur position, ces ouvriers sont soumis aux règles générales établies par cette loi. Ils travaillent dans

leur domicile, donc ils sont fabricants; et à ce titre astreints aux obligations prescrites par les articles 72, 74
et 78 de ladite loi. A cette prétention nous nous contenterons d'opposer deux raisons qui nous paraissent pé-
remptoires. Ces articles faits pour les fabricants ne sont
pas, dirons-nous, applicables aux ouvriers : 1° parce qu'il
y aurait impossibilité pour ces derniers d'en remplir les
prescriptions; 2° parce qu'il y aurait inutilité pour le public à ce qu'ils s'y soumissent. Cette impossibilité et cette
inutilité résultent clairement de l'examen du texte et des
motifs des art. 72, 74 et 78 eux-mêmes. En effet, lorsque
l'art. 72 enjoint au fabricant de se faire connaître aux administrations municipale et départementale, et de faire insculper son poinçon particulier dans ces deux administrations,
son but est de préserver les acheteurs contre le danger d'être
trompés sur la qualité des bijoux en forçant le fabricant
d'appliquer sur ses ouvrages un poinçon auquel s'attache sa
responsabilité personnelle. Or, la responsabilité de l'ouvrier
qui n'est pas propriétaire du métal précieux, qui ne prend
aucune part à sa composition, et qui par son travail en modifie
tout au plus la forme, où est-elle ? D'ailleurs le propriétaire
de la matière ne lui permettrait pas d'appliquer sur l'ouvrage façonné de ses mains son poinçon particulier.

L'art. 74 prescrit la tenue d'un registre destiné à recevoir l'inscription des matières et ouvrages d'or et d'argent
que l'on achète et que l'on vend; or l'ouvrier qui n'achète
ni ne vend qu'inscrira-t-il sur ce registre?

L'art. 78 exige l'affiche dans le lieu le plus apparent
de la boutique, d'un tableau renfermant les notions qu'il
importe aux consommateurs d'avoir. Or, à quoi bon l'exhi-

bition d'un pareil tableau dans l'atelier de l'ouvrier qui ne vend pas de bijoux et ne reçoit pas le public.

Les ouvriers à façon n'ont donc rien de commun avec les fabricants dont parlent ces articles.

Selon nous, c'est dans l'ensemble des obligations que les articles 72, 74 et 78 imposent aux *fabricants*, qu'il faut rechercher le sens de ce mot, en l'absence d'une définition expresse. Le *fabricant* sera celui qui, propriétaire du métal, présidera à sa composition, et pourra dès lors en certifier le titre par l'application du poinçon de maître, art 72 ; qui, donnant à cette matière la forme et le fini, pourra livrer les bijoux à la circulation, et sera tenu pour ce motif d'avoir un livre d'achat et de vente, art. 74 ; qui enfin se trouvant en rapport avec l'acheteur, devra avoir dans sa boutique le tableau prescrit art. 78. Hors de ces conditions point de *fabricants*; il est impossible, par conséquent, de comprendre sous cette dénomination l'ouvrier à façon qui ne commence ni ne finit les ouvrages, qui n'en est pas propriétaire, qui ne trafique pas des matières d'or et d argent, et qui n'a aucunes relations avec le public.

A l'appui de notre opinion, nous citerons un jugement du tribunal de la Seine, en date du 16 avril 1841, qui nous paraît faire une saine application des principes de la matière.

« Attendu que dans le langage ordinaire, la qualification de fabricant ne s'applique qu'à l'individu qui, dirigeant un atelier, travaille pour son compte, prépare la matière première, la transforme ou la fait transformer en ouvrage qu'il livre ensuite au commerce ; que le fait d'avoir coopéré à la fabrication d'un bijou ne peut entraîner pour l'ouvrier la qualification de fabricant, car dans ce cas tout ouvrier serait

fabricant, même celui qui travaille dans l'atelier de son maître ; attendu que si, dans la loi du 1er brumaire an 7 sur les
patentes, on distingue si l'ouvrier travaille dans son domicile,
ou s'il travaille dans le domicile de celui qui l'emploie, il est
certain que cette distinction n'a été introduite que pour assujettir à une patente de sixième classe l'ouvrier qui travaille
chez lui, lequel n'était précédemment assujetti à aucune patente, lorsque, par la même loi, l'orfèvre est soumis à une
patente de seconde classe ; attendu que cette distinction n'est
considérée dans aucun des articles de cette loi comme entraî-
nant nécessairement pour celui qui travaille à son domicile
pour le compte d'autrui la qualification de fabricant ; que d'ailleurs on ne peut pour interpréter une loi réglant une matière
spéciale tirer argument d'un principe posé dans une loi se
rapportant à une autre matière spéciale ; qu'ainsi, sous aucun
rapport, on ne peut dans l'espèce invoquer les dispositions
de la loi du 1er brumaire an 7 ; attendu que la loi du 19 brumaire an 6, dans l'article 72, s'est servie du terme *fabricant* ;
que rien ne fait penser que le législateur ait voulu donner à
cette expression une extension que cette qualification par
elle-même n'était pas de nature à entraîner ; attendu que si
l'on examine les obligations que le législateur a imposées par
cette loi à ceux qu'il qualifiait de fabricant, on reconnaîtra
que le législateur n'a pu réellement avoir en vue que le fabricant proprement dit ; attendu que la plupart des obligations imposées par la loi du 19 brumaire an 6, entraînent
nécessairement l'idée que celui auquel elles sont imposées
doit être propriétaire des matières dont il se sert, qu'il doit
les confectionner, les terminer et les vendre ; qu'en effet le
fabricant désigné par cette loi doit inscrire sur un livre les

matières achetées, le nom du vendeur et le titre de ces matières ; qu'il doit se les approprier par l'apposition d'un poinçon qui le rend responsable, et mentionner les ventes qu'il pourra faire sur des bordereaux qui lui seront remis par la régie des contributions indirectes, et qu'il doit remettre aux acheteurs ; attendu que s'il est à regretter que la loi n'ait pas assujetti à certaines formalités et obligations les ouvriers bijoutiers qui travaillent dans leur domicile pour autrui, on doit toutefois reconnaître que dans l'état actuel de la législation, les formalités prescrites par les art. 72 et suivants de la loi du 19 brumaire an 6, ne leur sont pas applicables ; attendu que du procès-verbal dressé, à la date du 27 février dernier, contre le sieur Banel, ne résulte pas la preuve que ledit Banel ait travaillé pour son compte, et qu'il doive être considéré comme fabricant ; — renvoie Banel des fins du procès-verbal, condamne la Régie aux dépens. »

Ne peuvent non plus être assimilés aux fabricants, et à ce titre soumis aux obligations prescrites par les art. 72 et suivants, le simple ouvrier graveur-ciseleur qui, en exerçant son industrie purement graphique et accessoire sur un bijou en cours de fabrication, comme il le ferait sur tout autre objet de quelque nature qu'il soit, ne saurait en rien modifier la matière précieuse soumise à sa main-d'œuvre ; ni le sertisseur dont l'art consistant à joindre à un bijou déjà confectionné, des pièces détachées de nature et de matières variées, presque toujours non métalliques, à l'aide d'opérations purement manuelles, sans emploi de forge, chalumeau ou autres moyens de mettre le métal en fusion, ne peut rien ajouter, rien retrancher au titre des bijoux à lui confiés (*C. R. de Paris, 17 juin 1843, 1ʳᵉ aff. Menessier; 2ᵉ aff. Mauge*);

ni l'estampeur, ni les apprêteurs, ni les tireurs d'or, ni les lamineurs, ni les découpeurs, ni les reperceuses, parce que ces différents ouvriers ne finissent pas les ouvrages, ni même les polisseuses, quoiqu'elles les achèvent et y mettent la dernière main.

Sous la dénomination de marchands d'or, la loi comprend tous ceux qui soit habituellement, soit accidentellement, trafiquent des matières et des ouvrages d'or et d'argent. Ainsi sont réputés marchands d'or non seulement les orfèvres, les horlogers, les monteurs de boîtes, mais aussi les quincailliers, les opticiens, les tabletiers, les fourbisseurs, et généralement ceux qui dans l'exercice de leur art emploient les métaux ouvrés ; le brocanteur qui achète des montres d'or ou d'argent (*Cass. 15 avril 1808, Boufart*) ; le changeur ou le prêteur sur gages chez lequel il est trouvé divers ouvrages d'or et d'argent non revêtus de la marque de garantie (*Cass., 27 juin 1812 ; 29 nivôse an 10, Trohé*) ; le simple particulier non patenté qui achète des objets de cette nature pour les revendre, fût-ce même à l'étranger, ou pour les refondre et en tirer ainsi un profit (*Cassat., 20 mai 1825, Dechoudens ; 2 juillet 1824, Abdalla Mansour ; 21 mars 1823, Castellan*) ; ceux qui parcourent les rues d'une ville, porteurs de vieux ouvrages d'or et d'argent qu'ils disent leur avoir été remis par divers particuliers à l'effet de les vendre ou de les mettre en gage ; ceux enfin qui exposent en vente sur la place publique d'une ville des ouvrages dorés.

72. Les anciens fabricants d'ouvrages d'or et d'argent, et ceux qui voudront exercer cette profession, sont tenus de se faire connaître à l'administration de département et à la municipalité du canton où ils résident, et de faire insculper dans ces deux administrations leur poinçon particulier avec leur nom, sur une planche de cuivre à ce destinée. L'administration de département veillera à ce que le même symbole ne soit pas employé par deux fabricants.

I. Motifs de cet article.

II. Il y a contravention au présent article encore que la déclaration ait été faite à l'une des deux administrations, si elle n'a été aussi faite à l'autre.

III. La répression de cette contravention est indépendante de sa constatation par un procès-verbal, et de la bonne foi du prévenu.

I. Le poinçon de l'orfèvre lui sert comme de signature et de garantie envers celui qui achète les ouvrages de sa fabrique ; lui seul assure la connaissance du fabricant sur lequel pèse la responsabilité du titre de l'ouvrage mis en circulation. Il fallait donc trouver un moyen d'empêcher ce fabricant de changer ou déguiser le poinçon qu'il aurait une fois adopté, et de méconnaître son empreinte sur les ouvrages défectueux ou à bas titre. D'un autre côté, les orfèvres devaient être préservés du danger dont la contrefaçon menaçait leur fortune et leur réputation, des faussaires pouvant contrefaire leurs poinçons pour les appliquer sur des bijoux à bas titre. L'insculpation atteint ce double but en constatant la forme et les différences spéciales de chaque poinçon.

L'empreinte originale de ce signe ainsi fixée immutablement et conservée sur des tables de cuivre, on peut toujours y avoir recours en cas de contestation ou de falsification, et vérifier, soit par voie de comparaison, soit par voie de rengrénement, si le poinçon représenté par le maître est bien celui qui a été insculpé.

A Paris, l'insculpation ainsi que les déclarations se font à la préfecture de police et au bureau de garantie.

II. Les déclarations à l'administration du département et à la mairie ont pour objet de signaler les marchands d'or et d'argent à la surveillance des employés à la garantie. On les considère comme tellement importantes, que l'orfèvre est passible de la peine portée par l'art. 80, même dans le cas où la formalité a été remplie pour partie, c'est-à-dire dans le cas où la déclaration a eu lieu à la municipalité, si elle n'a été aussi faite à l'administration du département et *vice versâ*. (*Cass., 30 mai 1806, Combes.*)

III. Lorsque de l'aveu de l'orfèvre il résulte qu'il n'a pas fait insculper son poinçon à la préfecture, la contravention existe indépendamment de l'existence de tout procès-verbal. Dès lors le tribunal ne peut se dispenser d'appliquer la loi sous aucun prétexte, et quelle que soit la bonne foi du prévenu. (*Même arrêt.*)

73. Quiconque se borne au commerce d'orfévrerie sans entreprendre la fabrication, n'est tenu que de faire sa déclaration à la municipalité de son canton, et est dispensé d'avoir un poinçon.

I. Motifs de cette disposition.
II. La loi reconnaît trois sortes de marchands d'or et d'argent.

I. L'obligation d'avoir un poinçon eût été inutilement imposée aux marchands d'or et d'argent qui n'achètent que des matières ouvrées, et ne se livrent pas à la fabrication. Quant à la déclaration à la municipalité, nous en avons indiqué le but sous l'art. 72. Le législateur ne pouvait pas plus permettre de surprendre la bonne foi des particuliers par un commerce clandestin que par une fabrication clandestine.

II. Du rapprochement des art. 73, 72 et 86, il résulte que la loi, bien qu'elle confonde habituellement sous la dénomination de marchands d'ouvrages d'or et d'argent tous les orfèvres, les range cependant en trois classes : les fabricants, les marchands non fabricants, et les joailliers. — Sous l'empire de l'ancienne jurisprudence, on appelait communément orfèvre celui qui ne se mêlait que de fabriquer ou vendre de la vaisselle d'argent ; orfèvre-bijoutier celui qui vendait ou fabriquait les bijoux d'or ; et orfèvre-joaillier celui qui vendait et mettait en œuvre les diamants, perles et pierres précieuses. Cependant, à en croire Pierre Le Roy, le nom d'orfèvres-joailliers, ou par extension orfèvres et joailliers, ne désignait pas primitivement deux états différents. Ceux qui exercent cet état, dit-il, ne doivent régulièrement travailler que l'or et l'argent, d'où leur vient le nom d'orfèvres, comme celui de joailliers y est joint à cause qu'ils ont seuls le droit d'employer les pierres précieuses et les perles sur les ouvrages d'orfévrerie. Ainsi le fait d'orfévrerie a toujours renfermé celui de la joaillerie de pierreries, et l'on peut dire que les orfèvres sont, en effet, aussi essentiel-

lement joailliers qu'ils sont nécessairement orfèvres.... De
l'union constante de ces deux objets de l'état des orfèvres
vient le double nom qui leur est donné, etc. (V. *Statuts et
priviléges du corps des marchands orfèvres-joailliers*, p. 5.)

74. Les fabricants et marchands d'or et d'argent ouvrés ou non ouvrés auront, un mois au
plus tard après la publication de la présente loi,
un registre coté et paraphé par l'administration
municipale, sur lequel ils inscriront la nature, le
nombre, le poids et le titre des matières et ouvrages d'or et d'argent qu'ils achèteront ou ven-
dront, avec les noms et demeures de ceux de qui
ils les auront achetés.

I. L'obligation de tenir des registres s'étend à tous ceux qui font
un commerce quelconque d'ouvrages ou matières d'or et d'argent.
II. Quels sont ceux que la jurisprudence y astreint d'une manière
spéciale?— Distinction.
III. Les fabricants, bien qu'ils aient des registres, sont en contravention s'ils négligent d'y inscrire leurs achats et ventes.
IV. Il n'y a d'excuse à cette contravention que la force majeure.
V. Motifs de cette rigueur.
VI. Les orfèvres et marchands d'or et d'argent sont aussi obligés
à rayer sur leurs registres les ouvrages qu'ils y avaient inscrits
comme destinés à être raccommodés.
VII. Peines applicables au défaut d'inscription.—Récidive.
VIII. La loi de brumaire n'a point abrogé les réglements locaux
relatifs à la tenue des registres.

I. Faciliter les exercices des employés de l'administration, donner une garantie aux acheteurs, prévenir les fraudes ou le recélé des pièces d'or et d'argent volées, tel est le triple objet de cette disposition. L'obligation qu'elle impose pèse sur toutes les personnes qui font un commerce quelconque d'ouvrages ou matières d'or et d'argent. En effet, l'art. 81 l'étend aux fabricants et marchands de galons, tissus, broderies ou autres ouvrages en fils d'or et d'argent ; l'art. 86 aux joailliers, l'art. 98 aux fabricants et marchands de doublé, l'art. 116 aux affineurs d'or ; enfin l'article 14 de la déclaration de janvier 1749, aux merciers, graveurs et autres travaillant et trafiquant des ouvrages d'or et d'argent. Ce dernier article, remis en vigueur par l'arrêté du Directoire du 16 prairial an 7 et l'ordonnance du 19 septembre 1821, est ainsi conçu :

« Enjoignons à tous orfèvres, joailliers, fourbisseurs, merciers, graveurs (1) et autres, travaillant et trafiquant des ouvrages d'or et d'argent, de tenir des registres cotés et paraphés par l'un des officiers de l'élection, dans lesquels ils enregistreront, jour par jour, par poids et espèces, la vaisselle et autres ouvrages vieux ou réputés vieux suivant l'art. 3, qu'ils achèteront pour leur compte ou pour les revendre ; ceux qui leur seront portés pour les raccommoder, ou donnés en nantissement pour modèle ou dépôt, ou sous quelque prétexte que ce puisse être, et ce à l'instant que lesdits ouvrages leur auront été apportés, ou qu'ils les auront achetés ; ils seront aussi tenus de faire men-

---

(1) Ces *graveurs* qui étaient de vrais fabricants, ne doivent pas être confondus avec les simples ouvriers auxquels on donne aujourd'hui ce nom.

tion dans lesdits enregistrements, de la nature et qualité des ouvrages et des armes qui y seront gravées, des noms et demeures des personnes à qui ils appartiennent, sans qu'ils puissent travailler aux ouvrages qui leur auront été apportés pour les raccommoder, qu'ils ne les aient portés sur leurs registres, le tout à peine de confiscation et de 300 livres d'amende.

II. Bien que nous ayons pris soin antérieurement de dire d'une manière générale quels sont ceux qui, comme fabricants ou marchands, sont astreints aux obligations prescrites par la loi de brumaire, nous croyons utile de rappeler ici quelles sont les personnes qui, aux termes de la jurisprudence, sont spécialement astreintes à tenir des registres. La Cour de cassation a rangé dans cette catégorie les marchands de montres en or et en argent, lors même qu'ils ne sont que simples raccommodeurs, en ne les obligeant toutefois à enregistrer les montres à raccommoder qu'autant qu'elles ne sont pas dument marquées (article 16, déclaration de 1749); les brocanteurs, lorsqu'ils achètent des montres et bijoux d'or et d'argent; les changeurs dans la même circonstance; enfin, les particuliers non commerçants eux-mêmes, toutes les fois qu'ils achètent une certaine quantité d'objets d'or ou d'argent, avec l'idée de spéculation, et pour en tirer parti soit en les refondant, soit en les revendant. (*Cass., 4 nov. 1819, Vaucher; 3 mars 1808, Podesta; 15 avril 1808, Boufart; 27 juin 1812, Adami; 20 mai 1825, Dechoudens; 2 juillet 1824, Abdalla Mansour; 21 mars 1823, Castellan.*)

Quant aux ouvriers qui travaillent les métaux précieux pour le compte d'autrui, on a fait une distinction suivant que l'industrie qu'ils exercent peut ou non modifier la composition de la matière soumise à la main-d'œuvre. Ainsi l'ouvrier qui travaille chez lui à la fabrication d'ouvrages d'or et d'argent doit avoir le registre prescrit par l'art. 74, parce que la Cour suprême a cru à tort, qu'il commençait et finissait les ouvrages. (*Cassat.*, *17 juin 1825, Porte*; *27 août 1831, Glaton.*; V. plus haut, p. 150.) (1).

L'ouvrier graveur et le sertisseur, au contraire, chargés seulement d'une partie du travail de la fabrication qui n'est pas de nature à influer sur le titre de l'ouvrage, sont exempts de cette formalité. (*C. R. de Paris, 17 juin 1843, Menessier, Maugé.*)

Par application du même principe, les polisseuses nous semblent devoir être également affranchies de cette obligation.

III. Les marchands et fabricants sont en contravention tout aussi bien pour avoir négligé d'inscrire sur leur registre les ventes et achats des objets de leur commerce, que pour avoir été trouvés dépourvus de registre. (*Cass., 15 février*

---

(1) La distinction entre les opérations qui peuvent modifier le titre et celles qui ne peùvent pas le modifier est plus spécieuse que solide.

Il faut bien reconnaître que pendant toutes les phases de la fabrication, des fraudes peuvent être pratiqués pour tromper sur la valeur intrinsèque du bijou. Quand la jurisprudence a tiré de là cette conséquence que tous les ouvriers prenant part à la fabrication devaient être surveillés par les préposés spéciaux, elle a eu raison; mais quand elle a décidé qu'il fallait, pour rendre cette surveillance praticable, regarder les ouvriers comme fabricants et les assujettir à toutes les obligations imposées aux fabricants, elle a eu tort.　　　　　(*Note de M. Paillottet.*)

1817, Griffe.) Toutefois il n'y aurait pas contravention par cela seul que l'inscription n'aurait pas été faite dans les termes de l'art. 74, le marchand manquant quelquefois des renseignements nécessaires. Par exemple, l'orfèvre à qui des objets d'or ou d'argent sont remis en commission, ou pour les raccommoder, n'est pas obligé de faire mention sur son registre du titre ni de la quantité de fin, il n'est tenu qu'à les inscrire. Ces détails ne sont point exigés. en effet, par l'art. 15 de la déclaration de 1749, qui, seule, l'astreint à porter sur ses registres les objets qu'il a en sa possession à un titre autre que d'achat ou de vente. (V. *Cass*, *10 mars 1809, Bancalari.*)

IV. La contravention aux dispositions des art. 74 et autres exigeant la tenue des registres et l'inscription sur ces registres des achats et ventes, existe par cela seul que sur la première réquisition des employés de la Régie, les registres n'ont pas été produits et l'inscription établie. La preuve de l'inscription ou d'un fait de force majeure, administrée postérieurement devant le tribunal, peut seule l'effacer. (*Cass., 10 juin 1830, Seillard.*) Aucune autre excuse, aucune circonstance atténuante, une fois la contravention légalement constatée, ne saurait amoindrir la peine ou en arrêter l'application.

Il suit de là que l'acquittement du délinquant ne saurait être motivé, ni sur l'allégation qu'il a perdu son registre et qu'il n'a d'ailleurs jusqu'alors vendu ni acheté de montres ; (*Cass., 4 novembre 1819, Vaucher.*)

Ni sur ce qu'il ne sait pas écrire ; (*Cass., 21 mars 1823, Castellan.*)

Ni sur ce qu'il a l'habitude de faire inscrire ses achats

et ventes par son ouvrier, à la négligence duquel est due l'omission ; (*Cass.*, *17 décembre 1812, Libbertz.*)

Ni sur ce que les objets n'étant pas encore revêtus de la marque de garantie, il n'aurait pu, comme le veut l'art. 74, faire mention sur le registre du titre de l'ouvrage ; (*Cass.*, *2 août 1821.*)

Ni sur ce qu'il doit revendre à l'étranger les objets non inscrits ; (*Cass.*, *20 mai 1825, Dechoudens.*)

Ni sur ce qu'il n'est pas muni d'une patente ; (*Cass.*, *21 mars 1823.*)

Ni sur ce que les objets trouvés chez lui ne lui appartiennent pas, et qu'il les a reçus à titre de nantissement, s'il ne justifie pas qu'il a été autorisé par le gouvernement à tenir une maison de prêt sur gages ; (*Cass.*, *27 juin 1812, Adami.*)

Ni sur la nature des conclusions des parties ; (*Cassat.*, *30 juillet 1819, Lardière.*)

Ni sur l'omission dans le procès-verbal constatant la contravention, de la mention soit de l'administration à la requête de laquelle il a été dressé, soit de la personne chargée des poursuites ; (*Cass.*, *18 avril 1822, Honoré Maubert.*)

Ni sur l'omission dans l'assignation de la mention spéciale du défaut d'inscription, si ce chef de prévention a été formellement constaté par le procès-verbal ; (*Cass.*, *17 septembre 1841, Palu.*)

Ni, enfin, sur la tolérance apportée par l'administration à l'exécution des dispositions relatives à l'inscription des achats et ventes sur les registres. (*Cass.*, *19 mai 1838, Marbouty.*)

V. Toutes ces décisions sont fondées sur ce que les dispositions relatives à la tenue des registres et à l'inscription sont générales et absolues ; qu'elles n'admettent ni distinction ni excuse ; que l'art. 14 de la déclaration de 1749, entre autres, veut impérieusement que l'enregistrement des ouvrages d'or et d'argent soit fait non seulement jour par jour, mais qu'il soit fait, en outre, à l'instant même où les ouvrages sont achetés ou apportés pour être raccommodés ; que l'exécution rigoureuse de cette mesure est d'autant plus indispensable, que, sans elle, tous ceux qui sont obligés de s'y conformer pourraient impunément s'y soustraire, en alléguant que les objets non enregistrés ne leur ont été apportés que le jour même de la visite des employés ; qu'il suffit d'ailleurs que la loi ait expressément voulu que l'enregistrement fût fait à l'instant, pour que l'on doive écarter toute espèce d'excuse qui ne serait pas fondée sur un fait de force majeure non contredit par le procès-verbal des employés, et qui aurait rendu l'enregistrement à l'instant physiquement impossible. (*Cass.*, *29 avril 1824, Lehucher ; 4 novembre 1819, Vaucher ; 20 février 1812, Benoist.*)

VI. Ce n'est pas seulement le défaut d'inscription qui constitue les orfèvres et autres en contravention, l'art. 16 de la déclaration de janvier 1749, les oblige encore à rayer sur leurs registres les ouvrages qui y auraient été portés en exécution de l'art. 14 précité, à mesure qu'ils les rendront, et au cas où ils ne rendraient pas en même temps tous ceux contenus en un seul article, à faire mention à la marge des pièces qu'ils auront rendues, par espèce, poids et qualités, et à représenter aux commis du fermier, lors de leurs visites, le surplus des pièces restant entre leurs mains, ou indiquer les ouvriers auxquels ils les auront donnés pour les raccommoder, le tout à peine de cent livres d'amende.

VII. Le défaut de registre ou d'inscription est puni par les art. 80 et 99 de la loi de brumaire, et par l'art. 14 de la déclaration de 1749.

La peine de la rédicive, prononcée par l'art. 80 de la loi de brumaire, est applicable au marchand d'or et d'argent qui, après une première condamnation pour n'avoir pas inscrit sur son registre des ouvrages par lui vendus, commet une nouvelle contravention de même nature, quel que soit le laps de temps écoulé entre le premier et le second jugement. (*Cass.*, *4 oct. 1821, Giot.*)

VIII. En outre des dispositions générales que nous venons de passer en revue, il peut exister des dispositions locales relatives aux registres des marchands d'or et d'argent. Ces réglements, maintenus par la loi des 19-22 juillet 1791, art. 29, tit. 1ᵉʳ, en tant qu'ils établissent des dispositions de sûreté, sont encore applicables, pourvu qu'ils soient conciliables avec la législation nouvelle, laquelle ne s'est spécialement occupée que de la surveillance du titre et de la perception des droits de garantie des matières et ouvrages d'or et d'argent.

La Cour suprême l'a ainsi jugé à l'occasion d'une sentence réglementaire du bailliage de Rouen du 27 janvier 1779, par un arrêt dont voici le texte :

« Vu les art. 408 et 413, C. instr. cr., en exécution desquels doivent être annulés tous arrêts et jugements en dernier ressort qui présentent la violation des règles de la compétence ; vu pareillement la sentence réglementaire du bailliage de Rouen, en date du 27 janvier 1779, qui enjoint à

tous brocanteurs de faire viser leurs registres tous les mois
par le commissaire de police de leur quartier, sous peine
de 10 fr. d'amende contre les refusants ou déloyaux. Ensemble les art. 137 et 139 du Code précité; attendu en droit
que l'art. 29, tit. 1er loi des 19-22 juill. 1791, a maintenu
les réglements alors existants qui établissaient des dispositions
de sûreté, notamment pour l'achat des matières d'or et d'argent; que la sentence précitée n'a donc pas cessé de conserver son autorité; qu'elle n'a pu, en effet, perdre sa
force par la promulgation de la loi de l'an 6, qui n'est
spécialement relative qu'à la surveillance du titre et à la
perception des droits de garantie; que l'art. 76 de cette loi,
qui oblige les fabricants et marchands des mêmes matières
à présenter leurs registres à l'autorité publique toutes les
fois qu'ils en seront requis, n'est ni expressément déroga-
toire à la disposition différente de la susdite sentence, ni
inconciliable avec celle-ci; que dès lors le tribunal de simple police était compétent, dans l'espèce, pour prononcer
sur la prévention résultant de ce que le bijoutier Poupardin
n'a pas soumis son registre au visa du commissaire de police
de son quartier; d'où il suit qu'en déclarant qu'il ne pouvait en connaître par le motif que ce fait ne serait punissable que des peines portées par la loi du 19 brumaire an
6, le jugement dénoncé a commis une violation expresse des
règles de la compétence, ainsi que des dispositions ci-dessus
visées. » (*Cass.*, *24 août 1838, Poupardin*; *Journ. du Palais*, *1839*, t. 1, p. 348.)

75. Ils ne pourront acheter que de personnes
connues ou ayant des répondants à eux connus.

Avant la loi de brumaire, cette précaution était également prescrite aux orfèvres par l'arrêt du parlement rendu en forme de réglement, le 26 janvier 1685, « à peine d'être procédé contre eux extraordinairement, comme recéleurs et complices, et de répondre en leurs propres et privés noms de dommages et intérêts des parties, et de restitution des choses volées si elles sont en nature, sinon la juste valeur. »

L'accomplissement de cette mesure aura pour effet de faire retrouver les choses perdues ou volées, ou d'empêcher ceux qui se les sont appropriées d'en tirer parti.

76. Ils sont tenus de présenter leurs registres à l'autorité publique toutes les fois qu'ils en sont requis.

Motifs. — C'est seulement par la représentation de ces registres que l'on peut s'assurer de l'exécution tant de l'article 74 que de l'article 75.

Les mesures prescrites par les articles 75 et 76 sont des mesures d'ordre, de sûreté publique et de police générale, auxquelles les marchands d'or et d'argent doivent se soumettre avec empressement. Elles sont applicables à tous les genres d'ouvrages, et à toutes les personnes qui trafiquent des matières d'or et d'argent.

77. Ils porteront au bureau de garantie dans l'arrondissement duquel ils sont placés, leurs ouvrages, pour y être essayés, titrés et marqués, ou, s'il y a lieu, être simplement revêtus de l'une des empreintes de poinçons prescrites à la deuxième section du titre 1er.

I. Les orfèvres sont tenus de porter au bureau de garantie pour y être marqués, tous les ouvrages qu'ils fabriquent ou raccommodent.

II. Cette obligation incombe à tous ceux qui trafiquent des ouvrages d'or et d'argent, sans exception.

III. Les notaires et commissaires-priseurs qui procèdent à des ventes de meubles, ne sont pas tenus de faire au préalable marquer des poinçons actuellement en usage les objets d'or et d'argent.

IV. Pour déterminer l'époque à laquelle les ouvrages d'or et d'argent doivent par les fabricants ou les marchands être portés au bureau de garantie, il faut faire une distinction.

V. L'art. 17 de la déclaration de 1749, qui ordonne aux orfèvres de porter au bureau de garantie les ouvrages d'occasion qu'ils achètent, dans les 24 heures, n'a point été abrogé.

VI. Avant que l'ordonnance de 1821 eut remis en vigueur cette déclaration, la Cour de cassation en faisait comme aujourd'hui l'application.

VII. En cas d'infraction à cette disposition, l'état de maladie du délinquant n'est pas une excuse.

VIII. Dans quels cas les ouvrages présentés au bureau peuvent être saisis.

IX. Renvoi aux art. 80 et 107 contenant la sanction de l'art. 77.

I. Tous les ouvrages que fabriquent et achètent les orfèvres, ou même ceux qu'ils raccommodent, s'ils y ajoutent des matières d'or ou d'argent, doivent être présentés au bureau de garantie. Il n'y a pas d'exception pour les ouvrages montés, ni même pour les objets que les fabricants ou marchands destinent à leur usage personnel, parce que, admettre ces derniers à l'exemption des droits et de la marque ce serait fournir au possesseur un moyen de se soustraire à ses obligations, et une excuse toujours prête pour le cas où il exposerait en vente des ouvrages à faux titre.

II. D'un autre côté, cette formalité est commune à tous les marchands d'or entre les mains desquels peuvent se trouver des ouvrages non marqués, ou marqués de poinçons qui ne sont plus en usage. Les couteliers ont voulu s'y soustraire à raison des objets qu'ils emploient à la garniture des couteaux ou des fourchettes, sous prétexte : 1° que les fabricants et les marchands d'or et d'argent étaient seuls assujettis à porter leurs ouvrages au bureau de la garantie du titre de ces métaux ; 2° que les viroles ou les médaillons une fois appliqués par le coutelier à des manches d'écaille, d'ébène ou d'ivoire, ne pouvaient, sans détérioration, souffrir l'application du poinçon ; 3° que les employés de la Régie refusaient même d'appliquer le poinçon à ces légères lames d'argent lorsqu'elles leur étaient présentées avant l'incrustation.

Mais cette prétention a été condamnée par l'arrêt de cassation du 2 juin 1806 (*aff. Hansothe*). La loi de brumaire n'admettant point d'exception à l'art. 77, a dit cette Cour, les ouvrages d'orfévrerie et d'argenterie, sans distinction et de toute espèce, sont soumis à l'essai et à la marque, de sorte que tout ouvrage d'or et d'argent achevé et non marqué trouvé chez un marchand doit être saisi (1).

III. Les notaires et les commissaires-priseurs qui procèdent à des ventes de meubles sont-ils tenus de faire marquer

---

(1) Les articles 77 et 107 n'admettent qu'une exception, c'est pour la joaillerie, V. art 86.

des poinçons actuels les objets d'or et d'argent ? La négative résulte d'une circulaire du 28 juin 1823. « J'ai cru devoir prendre les ordres de son excellence, y est-il dit, sur la question de savoir si les ouvrages exposés dans les ventes publiques doivent être marqués avant ou après la vente. Son excellence me répond, par la lettre du 11 de ce mois, qu'il suffit d'exiger des commissaires-priseurs une déclaration des effets d'or et d'argent qu'ils veulent mettre en vente, et que c'est seulement après l'adjudication que ces effets doivent être essayés, poinçonnés et soumis à la perception du droit, à moins que pour se dispenser de ces obligations l'adjudicataire ne déclare ne pas vouloir conserver dans leur forme les objets qui lui ont été adjugés, auquel cas, ils doivent être brisés par l'employé qui a été spécialement chargé d'assister à la vente. »

Nonobstant cette décision, le ministère public a cru devoir faire des poursuites contre les commissaires-priseurs pour avoir vendu des objets d'or et d'argent non revêtus du poinçon de garantie. Suivant lui, l'officier public qui avait présidé à ces ventes était passible des peines prononcées par la loi de brumaire, sauf son recours contre ses commettants.

Il devait être assimilé aux marchands dont parle la loi de brumaire, sans quoi il n'y aurait rien de plus facile que de mettre en vente des bijoux et de l'argenterie non poinçonnés, puisque il suffirait d'avoir recours à des officiers ministériels pour en opérer l'adjudication ; mais la Cour de cassation a fait justice de cette doctrine dans les termes suivants :

« La Cour, attendu qu'il résulte de l'ensemble de la loi du 19 brumaire an 6, que les obligations qu'elle prescrit sont uniquement imposées aux fabricants et marchands d'objets d'orfévrerie ; attendu qu'on ne saurait assimiler le domicile privé où s'effectue accidentellement une vente publique à un établissement destiné à ces sortes de ventes, et qu'on ne peut trouver d'ailleurs la sanction pénale de l'art. 28 dans l'art. 80 qui se réfère aux huit articles précédents, lesquels ne concernent que les fabricants ou marchands ; attendu que l'art. 77 n'impose qu'à ces deux classes de personnes l'obligation de porter au bureau de garantie leurs ouvrages pour y être essayés, titrés ou marqués ; attendu que l'art. 107 n'a également trait qu'aux fabricants et propriétaires des objets saisis ; attendu, au surplus, que l'omission faite par un commissaire-priseur de la déclaration préalable prescrite par la circulaire du 28 juin 1823, rend ce fonctionnaire passible des poursuites disciplinaires, ce qui ne laisse pas sans garantie les droits du trésor et l'intérêt de l'ordre public lié à la perception de ces droits, etc., —Rejette.» (*Cass.*, *25 février 1837, Salomon; J. P.,1838,* t. 1ᵉʳ, p. 83.)

IV. L'art. 77 ne fixant point de délai dans lequel les ouvrages d'or et d'argent doivent être portés au bureau de garantie, on a été amené à se demander quand les marchands d'or seraient tenus de remplir cette obligation. Pour résoudre cette question, une triple distinction est nécessaire.

1° Tant que les ouvrages en cours de fabrication ne sont pas achevés, le fabricant est le maître de les conserver dans cet état d'imperfection ; mais il ne peut les achever qu'au préalable il ne les ait présentés au bureau de garantie pour y être titrés, puisque aux termes de l'art. 107 et de la jurisprudence, il ne peut à aucun instant avoir dans son commerce ou pour son usage personnel, des ouvrages finis et non marqués, sans s'exposer à la saisie et à la confiscation (1).

2° Lorsque une recense générale est ordonnée, les marchands et fabricants sont tenus de soumettre à la marque des nouveaux poinçons ou poinçons de recense tous les ouvrages quels qu'ils soient qui font partie de leur commerce ou servent à leur usage, dans un délai habituellement déterminé par l'acte même du gouvernement qui ordonne cette recense. A l'expiration de ce délai, les ouvrages non recensés sont réputés non marqués. Si le marchand les présente spontanément au bureau de garantie, il sera tenu alors de payer le droit de marque, art. 82, 83 et 84, loi de brumaire an 6.

S'ils sont saisis chez le marchand ou fabricant avant d'être portés au bureau de garantie, ils seront confisqués, conformément à l'art. 107 de la même loi.

3° Quant aux ouvrages vieux et de hasard, s'ils sont marqués de poinçons en usage, ils ne sont sujets à aucune nouvelle marque; dans le cas contraire, ils doivent être portés au bureau de garantie dans les vingt-quatre heures qui suivront leur inscription sur le registre du marchand. Telle est la prescription de l'art. 17 de la déclaration du 26 janvier 1749, ainsi conçu : « Lesdits orfèvres et autres

---

(1) Il est des ouvrages qui ne reçoivent leur titre et leur poids définitif que d'une opération qui les achève : la mise en couleur.

Il est des fabriques où la bonne direction du travail fait éclore à chaque heure de la journée des ouvrages achevés.

L'application rigoureuse des art. 77 et 107 punit donc les bijoutiers de ne pas faire l'impossible.   (*Note de M. Paillottet.*)

travaillant et trafiquant des ouvrages d'or et d'argent, seront tenus de faire marquer et de payer les droits des ouvrages qu'ils achèteront pour leur compte, soit pour les revendre, soit pour leur usage particulier, et ce, dans les vingt-quatre heures après qu'ils auront porté lesdits ouvrages sur leurs registres, ainsi qu'il est prescrit ci-dessus. A l'égard des ouvrages qu'ils auront achetés et qui ne seront pas en état d'être vendus, ou qu'ils ne voudraient pas vendre ou prendre pour leur compte, ils seront tenus de les rompre et briser dans l'instant, en sorte que lesdits ouvrages soient hors d'état de servir à aucun usage : le tout à peine de confiscation et de 300 livres d'amende. » (**V.** *Ord. 19 septembre 1821.*)

V. Pour éviter l'application de l'amende portée par cette disposition, on a prétendu qu'elle avait été abrogée par la loi de brumaire, et que l'ordonnance du 19 septembre 1821 n'avait pu la faire revivre. Telle n'est point notre opinion. Une loi ne cesse d'être en vigueur qu'autant qu'elle est abrogée expressément ou qu'elle est inconciliable avec une loi postérieure. Or la loi du 19 brumaire, lorsque dans son art. 107 elle ordonne la confiscation de tout ouvrage achevé et non marqué qui sera trouvé chez un marchand ou fabricant, loin d'introduire un droit nouveau quant au délai qui avait été fixé par l'art. 17 de la déclaration de 1749, pour la marque des ouvrages d'or et d'argent que les orfèvres ou autres fabricants de ces sortes d'ouvrages étaient dans le cas d'acheter pour les revendre, ne fait que s'en référer à cette disposition, en condamnant d'une manière générale les contrevenants aux peines portées par la loi. Les dispositions pénales de la loi antérieure se trouvent ainsi maintenues, avec d'autant plus de raison que s'il n'y avait pas nécessité pour les marchands d'or de faire poinçonner lesdits ouvrages dans un délai fixe et extrêmement court, tel que la loi le détermine, l'obligation que la loi leur impose de ne pouvoir les revendre sans qu'ils soient marqués, pourrait être toujours éludée. (V. *C. R. de Lyon, 15 février 1827, Blanchon.*)

VI. Long-temps avant que l'ordonnance de 1821 eût remis expressément en vigueur la déclaration de 1749, la Cour de cassation jugeait que les objets de hasard en or et en argent, marqués de poinçons mis hors de service, étaient, par l'effet d'une récense, soumis comme les autres au droit de garantie, et devaient être confisqués, à moins que le marchand ne justifiât qu'il ne s'était pas écoulé un temps suffisant depuis qu'ils étaient entre ses mains, pour qu'on pût lui reprocher de n'avoir pas rempli cette formalité. (*Cass.*, *15 avril 1808, Boufart.*)

VII. L'orfèvre qui n'a pas fait marquer dans les vingt-quatre heures des ouvrages d'or et d'argent, ne peut être excusé sur ce que son état de maladie l'aurait empêché de se présenter dans les bureaux de garantie, la loi ne lui imposant pas l'obligation de s'y transporter en personne. (*Arrêt Blanchon.*)

VIII. Les ouvrages achevés et non marqués, ou marqués de poinçons actuellement hors d'usage, ne sont saisissables au moment de leur présentation au bureau de garantie, qu'autant qu'ils portent l'empreinte de faux poinçons, où qu'ils sont prohibés par des lois spéciales. (*Circul. du 1er octobre 1810.*)

IX. L'art. 77 ayant pour sanction les articles 107 et 80

de la présente loi, toutes les fois que les marchands d'or et d'argent sont en contravention pour n'avoir pas fait titrer et marquer leurs ouvrages, la confiscation et l'amende leur sont applicables, aux termes de ces dispositions. Ceci soit dit pour nous épargner la peine de reproduire, sous les articles 80 et 107, les hypothèses que nous venons d'examiner.

78. Ils mettront dans le lieu le plus apparent de leurs magasins ou boutiques, un tableau énonçant les articles de la présente loi relatifs aux titres et à la vente des ouvrages d'or.

I. Motifs de cette disposition.
II. La contravention à cet article, punie par l'art. 80, ne peut être excusée.

I. Cette mesure de police générale, imposée dans l'intérêt public aux marchands d'or et d'argent, était également prescrite par les anciennes ordonnances. Un tableau auquel étaient écrites les valeurs tant du marc d'or fin que du marc d'or à vingt-deux karats, et du marc d'argent à la *loi*, qui était le titre auquel les orfèvres pouvaient œuvrer avec leurs diminutions par onces, gros, deniers, etc., devait être tenu en lieu éminent de leurs boutiques, à ce que le prix des marcs d'or et d'argent ne fût excédé par lesdits orfèvres tant en vendant qu'en achetant les matières d'or et d'argent, soit en masse ou en ouvrage, et que tous sujets fussent certains de ce qu'ils auraient à payer pour chaque pièce d'orfévrerie, etc. (**V.** *Ord. du 20 décembre 1636, 4 avril 1789.*)

Le motif est à peu près le même aujourd'hui. L'affiche

de ce tableau, en apprenant à l'acheteur que l'or et l'argent peuvent être à différents titres, et que les différentes qualités se reconnaissent à des signes certains, le mettra à même de connaître ce qu'il achète en même temps qu'elle lui révèlera les obligations du bijoutier.

II. L'orfèvre dans la boutique duquel n'est point affiché le tableau prescrit par notre article est passible de l'amende édictée par l'article 80 de la présente loi, sans qu'il puisse s'y soustraire en donnant pour excuse que jusque là ce tableau a été affiché dans le lieu le plus apparent, et qu'il l'a affiché de nouvean en présence des employés (1). (*Cass.*, *10 janvier 1806, 1er octobre 1807, Ledime.*)

79. Ils remettront aux acheteurs, des bordereaux énonciatifs de l'espèce, du titre et du poids

(1) Dans aucun magasin de bijoux un peu élégant, on n'aperçoit à Paris le tableau que rend obligatoire l'art. 78.

La Régie sait que ce tableau ne rend véritablement aucun service au public : elle ne s'est pas du tout mise en peine de faire exé-cuter la loi sur ce point; mais cependant elle ne laisse pas tomber complètement en désuétude l'art. 78.

Si des employés, venus chez un assujetti avec la résolution bien arrêtée d'user envers lui de rigueur, n'y trouvent pas sujet à procès-verbal, l'absence du tableau, à laquelle partout ailleurs ils n'attacheraient aucune importance, devient à leurs yeux une belle et bonne contravention.

La même observation s'applique à l'article suivant.

En fait les art. 78 et 79 sont impropres à leur destination et réputés tels au sein du bureau de garantie, qui les restreint au rôle éventuel d'*adjuvans* de *succedanis*, en matière de contra-vention à constater par procès-verbal. (*Note de M. Paillottet.*)

des ouvrages qu'ils leur auront vendus, en désignant si ce sont des ouvrages neufs ou vieux.

Ces bordereaux, préparés d'avance, et qui seront fournis au fabricant ou marchand par la Régie de l'enregistrement, auront dans toute la république le même formulaire, qui sera imprimé; le vendeur y écrira à la main la désignation de l'ouvrage vendu, soit en or, soit en argent, son poids et son titre, distingué par ces mots *premier*, *second*, ou *troisième*, suivant la réalité; il y mettra de plus le nom de la commune où se fera la vente, avec la date et la signature.

I. Motifs.

II. L'absence de la signature du vendeur sur le bordereau ne constitue pas une contravention.

I. L'obligation de fournir aux acheteurs des bordereaux était aussi imposée aux orfèvres par les anciennes ordonnances, et comme un moyen propre à empêcher d'excéder le prix des matières en les vendant, ce prix étant alors limité par la loi; et comme une garantie du titre pour le cas de revente. Le bordereau devait indiquer le prix du métal précieux à part et le prix de la façon à part, de sorte que si le consommateur voulait ensuite revendre le bijou qu'il avait acheté, le bordereau à la main, il n'avait à faire le sacrifice que du prix de main-d'œuvre. Aujourd'hui que le prix de la matière n'est plus fixé par la législation, et que la bonté du titre des ouvrages est assurée par les poinçons qu'ils portent, le bordereau sert à constater, pour ainsi dire, les conditions de la vente. C'est une garantie ajoutée à celle que le poinçon du fabricant donne au consommateur. Ce dernier pourra, au moyen de ce bordereau, établir l'origine des ouvrages par lui achetés, soit vis-à-vis de l'orfèvre, en cas qu'il ait été trompé, soit vis-à-vis de tous autres et suivant les circonstances.

II. Si tel est le motif de la loi, il semble que la signature du vendeur doive à peine de nullité être apposée sur le bordereau. Cependant, sous prétexte que la loi n'a pas prononcé la peine de nullité, la Cour de cassation a jugé qu'on ne peut faire résulter une contravention de ce qu'un bordereau trouvé chez un orfèvre pour des ouvrages qu'il a achetés, n'est pas revêtu de la signature du marchand ou fabricant. (*Cass.*, *25 frimaire an 13.*)

Il est à remarquer que depuis long-temps la Régie ne fournit plus ces bordereaux.

80. Les contrevenants à l'une des dispositions prescrites dans les huit articles précédents seront condamnés pour la première fois à une amende de deux cents francs ; pour la seconde, à une amende de cinq cents francs, avec affiche, à leurs frais, de la condamnation, dans toute l'étendue du département ; la troisième fois, l'amende sera de mille francs, et le commerce de l'orfévrerie leur sera interdit, sous peine de confiscation de tous les objets de leur commerce.

1. La pénalité établie par notre article, est vicieuse en ce qu'elle est la même pour des délits qui n'ont pas tous la même gravité.

II. L'art. 80 est applicable au cas où les orfèvres n'auraient pas soumis à la marque les articles de leur commerce.

III. Nécessité d'une première récidive pour l'affiche du jugement, et d'une seconde pour l'interdiction du commmerce.

IV. Ce qu'il faut entendre par récidive.

V. La Cour de cassation a jugé qu'il y avait récidive à quelque distance que le second fait soit placé du premier ; mais cet arrêt ne nous paraît pas fondé.

VI. L'art. 80 n'admet pas d'autre excuse que celle tirée de la force majeure.

VII. Les amendes qu'il prononce ne peuvent être modérées, conformément à l'art. 463 du C. P.

VIII. Mais il n'autorise pas le cumul des peines prohibé par l'art. 365 du Code d'instruction criminelle.

IX. Le décès du prévenu éteint l'action publique en ce qui touche l'amende, parce que l'amende est une peine.

X. Mais il ne l'éteint pas en ce qui touche la confiscation.

XI. Et les frais de la procédure.

XII. De la prescription en matière de garantie.

XIII. Pourquoi nous avons soulevé ces questions de pénalité sous l'art. 80.

I. Les huit articles auxquels il est fait ici allusion, prescrivent aux fabricants et marchands d'or de faire une déclaration à la mairie et à la préfecture, et de faire insculper dans ces deux administrations leur poinçon particulier ; d'avoir un registre coté et paraphé, et d'y inscrire en détail leurs achats et ventes ; de n'acheter que de personnes connues ; de présenter leurs registres à l'autorité ; de porter au bureau de garantie leurs ouvrages pour y être marqués ; de placer un extrait de la loi dans le lieu le plus apparent du magasin ; et enfin de remettre des bordereaux aux acheteurs. De ces prescriptions, les unes ont plus d'importance, les autres moins, et pourtant au lieu de punir leur infraction, eu égard à leur gravité, l'art. 80 les punit de la même peine. Cette seule observation suffit pour faire apprécier le mérite de la pénalité de la loi de brumaire an 6.

II. On a prétendu à une autre époque que les pénalités de notre art. 80 n'étaient plus applicables au cas où les orfèvres n'auraient pas soumis au poinçon les articles de leur commerce. La raison de douter gisait dans l'art. 76 de la loi du 5 ventôse an 12, qui prononçait dans cette hypothèse, outre la confiscation, la condamnation du contrevenant à une amende égale au quadruple des droits fraudés ; mais les doutes se sont évanouis en présence des décisions de la Cour de cassation portant que cette disposition de la loi de ventôse avait été elle-même rapportée par le décret du 28 floréal an 13, qui, à cet égard, a expressément remis en vigueur les dispositions pénales de la loi du 19 brumaire an 6. Aujourd'hui leur application n'est plus même contestée. (V. *Cass.*, *3 janvier 1806, Chezeau ; 27 juin 1817, Griffe.*)

III. Aux termes de notre article, l'affiche du jugement et l'interdiction du commerce de bijouterie ne peuvent être prononcées, la première, qu'autant que le contrevenant se trouve en rédicive, la seconde qu'autant qu'il est en rédicive pour la seconde fois. L'arrêt qui ordonnerait l'affiche lors d'une première condamnation, ou l'interdiction du commerce de la bijouterie lors d'une première rédicive, tomberait donc nécessairement sous la censure de la Cour suprême. (*Cass.*, *9 vendém. an 8, Grivelet*).

IV. La sévérité de peines telles que l'affiche du jugement et l'interdiction du commerce de l'orfévrerie, nous mettent dans la nécessité de rechercher avec soin quels sont les éléments de la récidive. La récidive consiste dans la réitération d'un fait puni par la loi : elle suppose l'identité, ou du moins une nature commune entre les délits qui la constituent. On la considère comme une circonstance susceptible d'aggraver la mesure du châtiment dont le fait est passible en lui-même, parce qu'elle est le symptôme d'une perversité plus active, l'indice d'un péril social plus imminent. L'inefficacité de la première peine a paru nécessiter une peine nouvelle plus rigoureuse. Or l'impuissance de la peine ordinaire ne peut être démontrée, la preuve que cette peine ne suffit pas à prévenir la rechute du délinquant n'est acquise, qu'autant qu'une première condamnation a précédé le second délit. C'est l'avertissement résultant de cette condamnation qui seul légitime l'aggravation pénale. Le fait d'une première condamnation est donc une circonstance élémentaire de la récidive légale; ni la perpétration successive de plusieurs délits de même nature, ni les poursuites effectuées à l'occasion de faits antérieurs à celui qui motive la condamnation, ne suffiraient pour la constituer.

Une condamnation par défaut ne serait même pas suffisante. « Par *condamnation*, disent les auteurs de la *Théorie du Code pénal*, il faut entendre celle qui résulte d'un jugement ou arrêt définitif; car tant qu'une voie de recours est ouverte contre une décision judiciaire, cette décision ne peut avoir un effet légal. » (V. t. 1ᵉʳ, p. 409 et suiv.)

V. La récidive existe-t-elle à quelque distance que le second fait soit placé du premier? La Cour de cassation s'est prononcée pour l'affirmative dans une espèce où il s'agissait d'un orfèvre qui, condamné en 1815 pour n'avoir pas inscrit sur son registre des ouvrages par lui vendus, avait commis, en 1821, une contravention identique. « Attendu,

a-t-elle dit, que le sieur Giot n'a pas pu, ainsi qu'il l'a prétendu dans la requête d'intervention, éviter la peine de la
récidive sur le motif que, depuis le jugement de sa première condamnation du 27 décembre 1815, jusqu'à la date
des nouvelles poursuites, il s'était écoulé un temps suffisant
pour la prescription ; que la prescription ne peut s'appliquer qu'aux délits non poursuivis et nullement aux délits
jugés et punis ; que ni le Code pénal, ni la loi du 19 brumaire an 6, spéciale à la matière, n'ont d'ailleurs fixé
aucun laps de temps après lequel la peine de récidive ne
serait plus encourue pour un nouveau délit ; que les dispositions de l'art. 483 du Code pénal n'étant relatives
qu'aux contraventions de simple police, ne peuvent être
étendues aux délits de police correctionnelle ; Casse. » (*4 octobre 1821, Nicolas Giot.*)

Nous ne saurions donner à cet arrêt notre approbation.
Nous ne comprenons pas pour notre part, que dans
le cas de poursuites exercées contre un bijoutier dans la
boutique duquel ne s'est pas trouvé affiché le tableau prescrit par la loi, il faille, sous prétexte que vingt ans auparavant il a commis la même contravention, réunir deux actions séparées par une si longue carrière, pour en tirer la
preuve de cette obstination criminelle que la loi redoute, et
qu'elle frappe d'une peine plus rigoureuse. Les anciens jurisconsultes ne faisaient pas remonter la récidive au delà de
trois ans. La loi du 25 frimaire an 8 avait adopté cette
règle, en ne faisant courir les trois années qu'à compter du
jour de l'expiration de la peine. Les art. 608 du Code de brumaire et 483 du Code pénal, en matière de contraventions,
ont été jusqu'à exiger pour la récidive que les deux contra-

ventions eussent été commises dans la même année. Pourquoi, en considérant comme des délits les faits prévus par la loi de brumaire, qui ne sont pour la plupart, que des contraventions matérielles, ne limiter pas au moins l'application de la récidive au cas où les deux délits auraient été commis dans l'intervalle de trois ans, temps voulu pour la prescription de l'action née de ces délits, de même que l'art. 483 la limite au cas où les deux contraventions se sont produites dans l'intervalle nécessaire pour la prescription de l'action à laquelle elles peuvent donner lieu ?

VI. Les dispositions pénales édictées par la loi de brumaire an 6 sont absolues ; elles n'admettent dans leur application, ni les exceptions, ni les excuses tirées soit d'une circonstance étrangère au fait constitutif de la contravention, soit de l'ignorance de la loi, soit de la bonne foi, etc. (*V. Cass.*, *30 mai 1806, Combes; 2 octobre 1818. V. aussi art. 74 et 107.*)

VII. Les amendes que prononcent ces mêmes dispositions ne peuvent être non plus modérées en vertu de l'art. 463 du Code pénal. En effet, cet article n'a trait qu'aux délits qui, d'après le même Code, emportent l'emprisonnement ; or les délits en matière de garantie ne rentrent pas dans cette classe. D'ailleurs un décret du 1er germinal an 13, applicable à la garantie et maintenu par l'art. 484 du Code pénal, comme loi spéciale, défend aux juges, à peine d'en répondre en leur propre et privé nom, de modérer les confiscations et amendes, ni en ordonner l'emploi au préjudice de la Régie... art. 34. (**V.** *Cass., 23 avril 1824, Collette;* Contrà, *Carnot, 463, C. pén., t. 2, p. 527.*)

L'administration seule, ou plutôt le ministre des finances, peut, en raison des circonstances, adoucir la rigueur des condamnations par la remise totale ou partielle de la peine une fois prononcée. (*Circ. min. du 16 février 1823.*)

VIII. Si l'art. 463, C. P. n'est pas applicable en matière de garantie, il en est autrement de l'art. 365, Inst. crim., qui prohibe le cumul des peines. Cet article, en effet, nous paraît régir les lois spéciales aussi bien que les lois pénales du droit commun. En conséquence, l'orfèvre qui serait convaincu de plusieurs délits prévus et punis par la loi de brumaire, ne serait passible que de la peine la plus forte. (V. dans ce sens, *Douai, 26 nov. 1841.*)

IX. La mort du prévenu arrêterait-elle les poursuites en matière de contravention aux lois sur la garantie? En principe, l'action publique est éteinte par le décès du prévenu, bien que des poursuites aient été commencées ou qu'un jugement ait été rendu, si ce jugement n'est pas encore passé en force de chose jugée; la raison en est que toute peine est personnelle. Mais en matière de lois fiscales, on a voulu assimiler les peines à de simples dommages-intérêts : d'où il suit que la solution de notre question est subordonnée à celle de savoir si les amendes encourues pour ces sortes de contraventions sont des *peines*, ou si elles ne sont que de simples *réparations civiles.*

En général, les amendes sont de véritables peines : les art. 600 et 601 du Code de brumaire, les art. 9 et 464 du Code pénal, leur reconnaissent formellement ce caractère. Il faudrait donc, pour qu'une amende cessât d'être une peine et se convertît en réparation civile, une exception établie par une loi formelle. A défaut de cette exception qui n'existe pas, l'administration des contributions indirectes fonde sa prétention sur le système général de l'administration en matière de contributions indirectes. Deux considérations sont principalement invoquées par elle : la première c'est qu'elle a le droit de poursuivre elle-même la condamnation des contrevenants; la seconde, qu'elle n'exerce véritablement qu'une action civile en réparation du dommage que la contravention a occasionné au trésor. A la première considération nous répondrons avec la Cour de cassation « que cette attribution est fondée sur ce que les amendes font partie des intérêts fiscaux qui sont confiés à sa surveillance; mais que son action, en cette partie, n'en est pas moins soumise aux règles qui concernent les actions publiques (9 déc. 1813). A la seconde, nous répondrons avec M. Merlin, *Répertoire*, v° Tabac, que si ces amendes n'étaient que des réparations civiles, elles ne seraient pas *fixes;* qu'elles dépendraient, quant à leur taux, du plus ou du moins de dommage que le trésor public aurait éprouvé; qu'alors il arriverait souvent qu'elles se réduiraient à rien, parce qu'elles s'appliquent bien plus à des contraventions non suivies de dommage réel qu'à des contraventions qui ont déjà porté un préjudice.

La Cour de cassation, le 9 décembre 1813, a rendu dans ce sens un arrêt qui peut s'appliquer à toute espèce de contraventions aux lois fiscales ; le voici :

« Attendu qu'en matière de contravention aux lois fiscales, comme dans toutes les autres matières, les amendes ont un caractère pénal; qu'elles sont donc personnelles; que l'action s'en éteint donc par le décès du contrevenant, lorsqu'il a lieu avant que la condamnation ait été prononcée;

que si l'administration a le droit de poursuivre cette peine, c'est qu'elle en a reçu l'attribution de la loi; que cette attribution est fondée sur ce que les amendes font partie des intérêts fiscaux qui sont confiés à sa surveillance; mais que son action en cette partie n'en est pas moins soumise aux règles qui concernent les actions publiques; qu'en jugeant que cette action de la régie aux fins de la condamnation à l'amende de 1,000 fr., ne pouvait être exercée contre Ferdinand Vanbrabant, en qualité d'héritier de son père, prévenu de contravention, qui était décédé dans le cours de l'instance d'appel, et avant qu'aucune condamnation eût été prononcée contre lui, la Cour impériale de Bruxelles a fait une juste application des lois de la matière; Rejette. »

« On ne peut nier, dit M. Mangin, à la suite de cet arrêt, que le caractère principal et dominant de ces amendes ne soit pénal. Des amendes fixes, des amendes encourues sur la seule présomption légale d'un dommage essuyé par l'État, sont essentiellement des peines. Il est à remarquer d'ailleurs qu'elles sont toujours prononcées par les tribunaux correctionnels..... Or il est de principe que les tribunaux correctionnels ne peuvent connaître des réparations civiles qu'accessoirement à un délit, et en appliquant à ce délit les peines émises par la loi. Ces contraventions sont donc des *délits*, et la répression que ces tribunaux prononcent est une peine. Or cette répression consiste en une amende; donc cette amende est une véritable *peine*. (*De l'Action publique*, n° 279.)

X. Le décès du prévenu n'éteint pas l'action publique en ce qui touche la *confiscation* des choses saisies. « Attendu, dit la Cour de cassation, que la confiscation d'une marchandise prohibée n'a rien de personnel, qu'elle affecte la marchandise; qu'elle doit donc l'atteindre en quelque main qu'elle se trouve. (*Cass.*, *9 déc. 1813.*) En effet, ce n'est pas le délinquant que la loi veut punir par cette confiscation; en règle générale, ce sont des objets nuisibles au commerce qu'elle veut atteindre et supprimer. (**V.** *Merlin*, t. 17, p. 10.)

XI. Quant à la condamnation aux frais, elle n'a jamais été considérée comme une peine, mais comme la restitution des avances faites par l'État pour parvenir à la découverte du délinquant et à son châtiment, d'où il suit que les poursuites peuvent être continuées pour savoir à la charge de qui ils retomberont. (**V.** *Mangin*, nº 281.)

XII. Les infractions à la loi de brumaire étant rangées parmi les délits, la prescription leur est applicable comme aux délits ordinaires. En conséquence, l'action publique ou civile qui en résulte sera éteinte après trois ans révolus, à partir du jour où elles auront été commises. Les peines dont elles sont passibles se prescriront par cinq années révolues, à compter de la date de l'arrêt ou du jugement rendu en dernier ressort qui les auront portées; et à l'égard des peines prononcées par les tribunaux de première instance, à compter du jour où les jugements ne pourront plus être attaqués par la voie de l'appel. (Art. 636 et 638, *C. instr. crim.*)

XIII. Nous avons cru devoir réunir ces questions dont l'influence sur l'application et l'exécution des peines est si grande, sous l'art. 80, parce que le plus grand nombre des prescriptions de la loi de brumaire ont leur sanction dans cet article, qui tire de là une véritable importance.

81. Les art. 73, 74, 75, 76, 78, 79 et 80 sont applicables aux fabricants et aux marchands de galons, tissus, broderies ou autres ouvrages en fils d'or et d'argent.

Ceux qui vendraient pour fins des ouvrages en or ou argent faux, encourront, outre la restitution de droit à celui qu'ils auraient trompé, une amende qui sera de deux cents francs pour la première fois ; de quatre cents francs pour la seconde fois avec affiche de la condamnation, aux frais du délinquant dans tout le département ; et la troisième fois, une amende de mille francs avec interdiction de tout commerce d'or et d'argent.

I. Nouvel exemple des vices qui travaillent le système pénal de la loi de brumaire.

II. L'art. 423 du C. P. supplée à l'insuffisance de notre art. 81.

III. Le marchand qui vend pour fins des ouvrages en or ou en argent faux peut aussi, suivant les circonstances, tomber sous l'application de l'art. 405, C. P.

I. S'il était besoin de démontrer combien est vicieux et incohérent le système pénal de la loi de brumaire, on atteindrait amplement ce but par la simple comparaison des peines édictées par les articles 80 et 81, avec les délits qu'ils ont pour objet de réprimer. Que par une circonstance indépendante de la volonté du fabricant, le tableau prescrit par l'article 78 ne se trouve pas dans l'endroit le plus apparent de sa boutique au moment où entrent chez lui les employés du bureau de la garantie, s'il y a rédicive, il est passible d'une amende de 500 fr., aux termes de l'art. 80 ; qu'il vende pour fins des ouvrages en or ou en argent faux, encore qu'il soit également condamné pour la seconde fois, l'amende ne sera que de 400 fr. aux termes de l'article 81. Comme on le voit, le marchand qui a commis une simple contravention est plus puni que celui qui a commis un véritable délit. Une semblable interversion dans les peines, qui indique le plus complet oubli des principes élémentaires du droit criminel, eût suffi pour déconsidérer une loi meilleure.

II. Heureusement l'article 423 du Code pénal est venu rassurer les consciences en proportionnant les peines à l'immoralité des faits. Cet article ne punit pas nommément, il est vrai, celui qui vend pour fins des ouvrages en or ou en argent faux ; mais il frappe d'un emprisonnement de trois mois au moins, d'un an au plus, et d'une amende qui ne pourra excéder le quart des restitutions et dommages-intérêts, ni être au dessous de cinquante francs, quiconque aura trompé l'acheteur sur la nature de toutes marchandises, ce qui comprend notre hypothèse.

III. Si pour tromper l'acheteur sur la nature des marchandises le marchand emploie des manœuvres frauduleuses de la nature de celles qu'énumère l'art. 405, C. P., c'est la peine de cinq ans d'emprisonnement, prononcée par cet article, qui est applicable, et non plus celle de trois mois à un an d'emprisonnement, édictée par l'art. 423. Le fait constitue alors une escroquerie.

82. Les fabricants et marchands orfèvres sont tenus, dans le délai de six mois, à compter de la publication de la présente loi, de porter au bureau de la garantie de leur arrondissement leurs ouvrages neufs d'or, d'argent et de vermeil, marqués des anciens poinçons, pour y faire mettre l'empreinte d'un poinçon de recense, qui sera déterminé par l'administration des Monnaies.

Ces ouvrages d'ancienne fabrication ne seront soumis à d'autre vérification préalable que celle de la marque et des poinçons anciens, et cette vérification sera sans frais ; mais le délai expiré, les ouvrages seront soumis à l'essai, titrés s'il y a lieu, et paieront le droit de garantie.

Lorsqu'à raison d'infidélités et d'abus, les anciens poinçons ont été biffés et remplacés par d'autres poinçons de forme nouvelle, il n'y a plus de moyens de vérification sûre, puisque le rengrennement et la comparaison sont devenus impossibles ; c'est pourquoi les bijoux répandus dans le commerce doivent être considérés comme non marqués. Cependant, comme les fabricants avaient satisfait à la loi et aux intérêts du trésor en faisant marquer leurs ouvrages des poinçons alors en usage, et en acquittant les droits, on a dû leur accorder un délai, pendant lequel ils pourraient gratuitement faire apposer sur ces mêmes ouvrages les marques nouvelles.

Cette disposition, ainsi que l'art. 84, qui est basé sur les mêmes motifs, reçoivent leur application toutes les fois qu'une nouvelle recense est ordonnée. (V. *art. 11.*)

83. Les ouvrages non revêtus de l'ancien poinçon, qui opérait la décharge, seront pareillement présentés au bureau de garantie de l'arrondissement, à l'effet d'être marqués du poinçon du titre et de celui du bureau. Ces ouvrages paieront alors le droit de garantie.

84. Ces droits seront pareillement exigibles pour les ouvrages dits de *hasard,* qui, après le même délai fixé par l'art. 82, ne se trouveraient marqués que des anciens poinçons.

85. La loi garantit les conditions des engagements respectifs des orfèvres et de leurs élèves.

Ces contrats sont aujourd'hui réglés par le Code civil.

86. Les joailliers ne sont pas tenus de porter au bureau de garantie les ouvrages montés en pierres fines ou fausses et en perles, ni ceux émaillés dans toutes les parties, ou auxquels sont adaptés des cristaux ; mais ils auront un registre coté et paraphé comme celui des marchands et fabricants d'ouvrages d'or et d'argent, à l'effet d'y inscrire, jour par jour, les ventes et les achats qu'ils auront faits.

I. L'art. 86 a été interprété par l'arrêté du 1er messidor an 6.

II. C'est aux tribunaux et aux Cours royales qu'il appartient de décider si les bijoux saisis dans l'espèce qui leur est soumise, sont capables ou incapables de supporter l'empreinte des poinçons, sans détérioration.

III. Conséquence de leur déclaration à cet égard.

IV. Les tribunaux ne peuvent ni valider la saisie, ni acquitter le saisi, sans avoir déclaré que les ouvrages étaient ou n'étaient pas de nature à supporter la marque.

V. Au surplus l'impossibilité n'est que relative.

VI. Liste des objets impossibles à marquer.

I. Cette disposition, toute en faveur des joailliers, a eu besoin dès sa promulgation d'être interprétée, à cause des abus qu'elle avait introduits dans la fabrication. Les joailliers, forts de ce que certains bijoux montés en pierres ou émaillés, étaient dispensés de l'essai et du droit par cet article, réglèrent à leur gré la quantité de fin et établirent leurs ouvrages à bas titre, sous prétexte qu'ils ne vendaient pas la matière au poids. Tolérer ces pièces indument alliées, quelques formes délicates qu'elles affectassent d'ailleurs, ou quelle que fût la nature des corps étrangers qui en couvrissent la surface, c'était évidemment contrevenir à l'esprit de la loi de brumaire, intitulée : *Loi relative à la surveillance du titre des matières et ouvrages d'or et d'argent.* Il y avait donc nécessité de restreindre l'extension abusive que l'on s'efforçait de donner à l'art. 86. D'un autre côté, il fallait, pour ménager l'industrie et la mode, laisser subsister les bijoux même trop délicats pour supporter l'empreinte de petits poinçons. De là l'arrêté du 1er messidor an 6, portant : « Le Directoire exécutif étant informé que par une fausse interprétation des art. 86 et 87 de la loi de brumaire, les joailliers, marchands et fabricants orfèvres, prétendent que les ouvrages d'or et d'argent, de quelque poids et de quelque forme qu'ils soient, doivent être dispensés de l'essai, ainsi que du paiement dudit droit lorsqu'ils ont, sur quelque partie de leur surface, des pierres ou des perles fines ou fausses, de l'émail et des cristaux; et voulant faire cesser une erreur aussi contraire à l'esprit et aux dispositions de la loi précitée, que préjudiciable au commerce national, à l'intérêt des citoyens et aux revenus de l'État, arrête :

Art. 1ᵉʳ. — « Les ouvrages de joaillerie dont la monture est très légère et contient des pierres ou perles fines ou fausses, des cristaux, dont la surface est entièrement émaillée, ou enfin qui ne pourrait supporter l'empreinte des poinçons sans détérioration, continueront d'être seuls dispensés de l'essai et du paiement du droit de garantie qui a remplacé ceux du contrôle et de marque des ouvrages d'or et d'argent.

Art. 2. — Tous les ouvrages de joaillerie et d'orfévrerie, sans distinction ni exception, auxquels seront adaptés, en quelque nombre que ce soit, des pierres ou des perles fines ou fausses, des cristaux, ou qui seront émaillés, seront sujets à l'essai et au paiement du droit dont il s'agit, ainsi qu'il est prescrit par la loi précitée.

II. Il n'y eut plus dès lors de difficulté que sur la question de savoir quels sont les bijoux incapables de supporter *l'empreinte des poinçons sans détérioration*. L'administration des contributions indirectes prétendit qu'il n'appartenait qu'à l'administration des Monnaies de la résoudre. (V. *Mémorial des Contributions indirectes*.) Mais on répondit que si c'était là un point de fait sur lequel les tribunaux auraient égard aux consultations de cette administration, nulle loi ne les forçait du moins de faire de son appréciation la base de leurs jugements. Les tribunaux consacrèrent

cette dernière opinion; et comme ils fondaient leurs jugements sur un fait dont la connaissance était étrangère à la
Cour de cassation, cette Cour ne pouvait les annuler, aucune loi n'ayant été violée. Toute cette doctrine se trouve
dans l'arrêt suivant :

« La Cour, considérant qu'en condamnant le sieur Ledime à l'amende de 200 fr. et aux dépens (*pour n'avoir
pas affiché le tableau dans sa boutique*), la Cour de justice
criminelle du département du Morbihan a fait une juste
application des art. 78 et 80 de la loi du 19 brumaire an 6,
relative aux droits de garantie des matières d'or et d'argent; que ladite Cour ayant reconnu en fait que les bagues
nommées alliances, dont il s'agissait dans la même affaire,
n'étaient pas susceptibles de recevoir, sans détérioration, la
marque de garantie prescrite par ladite loi, a également fait
une juste application de l'arrêté du gouvernement du 1er
messidor an 6, en déclarant que le défaut de marque, par
rapport à ces objets, n'entraînait aucune peine; qu'il n'est
pas dans les attributions de la Cour d'apprécier les déclarations des Cours de justice criminelle sur des faits de ce
genre, etc. (*Cass., 1er oct. 1807, Ledime.*)

III. Ainsi les Cours royales apprécient d'une manière
souveraine la possibilité ou l'impossibilité d'apposer sur le
bijou la marque du poinçon sans le détériorer. *Dans le second cas, elles annulent la saisie et toutes les poursuites;
dans le premier, elles prononcent la confiscation et l'a-
mende.* (*Bruxelles, 7 juillet 1825.*)

Elles ne peuvent refuser d'appliquer cette double peine,
lorsqu'il est constant que l'ouvrage non marqué pouvait
l'être sans dommage, sous prétexte que l'arrêté du 1er mes-

sidor an 6 ne prononce aucune pénalité; cet arrêté, qui n'a d'autre objet que de déterminer le mode d'exécution des art. 86 et 87 de la loi de brumaire, ne contenant aucune dérogation aux peines établies par la loi de brumaire. (*Cass., 15 fev. 1817; Griffe.*)

IV. Les tribunaux ne sauraient non plus, sans s'exposer à voir casser leurs jugements, valider la saisie ou acquitter le saisi, lorsqu'il n'est pas constaté que les ouvrages étaient ou n'étaient pas de nature à supporter la marque. Jugé qu'un tribunal contrevient à la loi, en donnant main-levée d'une saisie d'ouvrages d'orfévrerie et de bijouterie montés en pierres, perles ou cristaux non revêtus de la marque de garantie, sans qu'il ait été constaté que ces ouvrages ne sont pas susceptibles de la recevoir sans détérioration, seul cas où la loi les dispense de cette marque. (*Cass., 4 sept. 1813; Lauzac.*)

Jugé d'autre part que, s'il est établi devant la Cour de cassation, par un avis de l'administration des Monnaies, que des objets d'or et d'argent ne sont pas de nature à être poinçonnés, l'arrêt qui prononce la confiscation et l'amende doit être cassé. (*Cass., 10 mars 1810; Cherrier.*)

V. Au surplus, l'impossibilité de soumettre à la marque certains ouvrages délicats n'est qu'une impossibilité relative; car l'adoption d'instruments plus parfaits peut permettre d'assujettir graduellement à la marque des objets qui précédemment n'auraient pu la supporter. C'est ce qui est arrivé pour les jaserons, les chaînes et les chaînettes, dont la plupart sont aujourd'hui soumis à la marque. Quant aux ouvrages tellement délicats qu'il est impossible, malgré le perfectionnemeut de l'art, de titrer sans les détériorer, ils doivent, après l'essai, être brisés, s'ils ne sont pas au moins au dernier des titres fixés par la loi.

VI. **La** liste des objets dispensés de la marque, à cause de leur ténuité, a été dressée ainsi qu'il suit :

Anneaux (petits) de suspension et d'emmaillement ;

Bagues en écaille ;

Boîtes (petites) pour cheveux et cordonnets (1) ;

Boutons de chemises en nacre garnis d'or ou d'argent ;

Ciseaux de nacre et autre matière à sabots d'or et d'argent ;

Clochettes pour pendeloques en verre, jais, corail, etc. ;

Coulants cylindriques et à pans (2) ;

Cuvettes de coutellerie en argent ;

Écussons de coutellerie, or et argent ;

Écussons incrustés sur tabatières, etc. ;

Incrustations ;

Montures pour bijoux de nacre, etc. ;

Rosaces de couvercle soudées ;

Sondes à poitrine ;

Stylets, dits porte-mèches ;

Id. dits à panaris ;

Id. dits à aiguilles ;

Têtes de crayons et de porte-crayons (3) ;

Viroles de couteaux, canifs, cravaches, etc.

87. Ils seront tenus, comme les fabricants et marchands orfèvres, de donner aux acheteurs

---

(1, 2, 3) Ceux qui ont 4 millimètres de diamètre d'ouverture et au-dessous. (V. Reybaud, *Traité de la garantie.*)

un bordereau, qui sera également fourni par la Régie de l'enregistrement, et sur lequel ils décriront la nature, la forme de chaque ouvrage, ainsi que la qualité des pierres dont il sera composé, et qui sera daté et signé par eux.

Nous ne pouvons que rappeler, à l'occasion de cette disposition, ce que nous avons dit sur l'art. 79.

88. La contravention aux deux articles précédents sera punie des mêmes peines portées en pareil cas contre les marchands orfèvres.

V. art. 80.

89. Il est aussi interdit aux joailliers de mêler dans les mêmes ouvrages des pierres fausses avec les fines, sans le déclarer aux acheteurs, à peine de restituer la valeur qu'auraient eue les pierres si elles avaient été fines, et de payer en outre une amende de trois cents francs; l'amende sera triple la seconde fois, et la condamnation affichée dans tout le département aux frais du délinquant : la troisième fois, il sera déclaré incapable d'exercer la joaillerie, et les effets composant son magasin seront confisqués.

L'art. 423, C. P., est applicable dans l'hypothèse de notre art. 89.

L'art. 423 du Code pénal, que nous avons eu l'occasion de citer plusieurs fois déjà, punit d'un emprisonnement de trois mois à un an, le marchand qui aurait trompé l'acheteur sur la *qualité* d'une pierre fausse vendue pour fine. Si la pierre sans être fausse, n'est pas de la qualité convenue, l'art. 423, C. P., n'est plus applicable; si, sans être fausse, elle est d'une autre nature, ce fait reprend le caractère de délit, et c'est la disposition de cet article, relative aux marchandises en général, que l'on applique.

90. Lorsqu'un orfèvre mourra, son poinçon sera remis, dans l'espace de cinq décades après le décès, au bureau de garantie de son arrondissement, pour y être biffé de suite.

Pendant ce temps, le dépositaire du poinçon sera responsable de l'usage qui en sera fait, comme le sont les fabricants en exercice.

Motifs. — Cette précaution prévient l'abus qu'on pourrait faire du poinçon d'un fabricant après sa mort. Sous l'empire de l'ancienne jurisprudence, pour constater la rupture du poinçon du maître en la maison commune, on remplissait les formalités suivantes :

La veuve ou les héritiers du défunt représentant son poinçon, les Gardes commençaient par le rengrenner dans l'empreinte originale de son insculpation sur la table de cuivre, afin de s'assurer que le poinçon rapporté était véritablement celui qui avait été donné au maître lors de sa réception. Puis ils le réinsculpaient de nouveau sur la même table à côté de la première empreinte. Ils l'imprimaient ensuite sur le registre au noir de la fumée d'une chandelle ; après quoi ils le faisaient difformer en leur présence de manière qu'il n'en pût désormais être fait aucun usage. Procès-verbal était dressé du tout sur le même registre, et la veuve où celui qui avait assisté à la rupture y apposait sa signature.

91 Si un orfèvre ou fabricant quitte le commerce, il remettra son poinçon au bureau de garantie de l'arrondissement pour y être biffé devant lui ; s'il veut s'absenter pour plus de six mois, il déposera son poinçon au bureau de garantie, et le contrôleur fera poinçonner les ouvrages fabriqués chez lui en son absence.

Motifs. — Cette disposition montre quelle importance le législateur attache au poinçon du maître, qu'on ne peut en effet prodiguer sans le priver de sa valeur comme moyen de garantie. Il a craint que le fabricant, sur le point de s'absenter, ne fût pas assez bien conseillé par son intérêt personnel dans le choix du dépositaire de son poinçon ; il a choisi pour lui et lui a donné un fidèle dépositaire dans la personne du contrôleur de la garantie.

Quant au fabricant qui quitte le commerce, il cesse de travailler : il n'a plus, par conséquent, à faire aucun usage de son poinçon ; pour en prévenir l'abus, le plus court est de l'anéantir. Ces dispositions réglementaires et de simple police sont à la fois dans l'intérêt du fabricant et dans l'intérêt de la garantie.

SECTION II.

Des obligations des marchands d'ouvrages d'or et d'argent, ambulants.

92. Les marchands d'ouvrages d'or et d'argent, ambulants ou venant s'établir en foire, sont tenus, à leur arrivée dans une commune, de se présenter à l'administration municipale, ou à l'agent de cette administration dans les lieux où elle ne réside pas, et de lui montrer les bordereaux des orfèvres qui leur auront vendu les ouvrages d'or et d'argent dont ils sont porteurs.

A l'égard des ouvrages qu'ils auraient acquis antérieurement à la présente loi, ou seulement deux mois après sa publication, ils seront tenus de les déclarer au bureau de garantie de l'arrondissement pour les faire marquer de suite, soit du poinçon de vieux, soit de celui de recense, suivant l'espèce des objets ; et cette obligation remplie les dispensera de justifier de l'origine desdits ouvrages.

I. Motif.

II. Il y a contravention lors même que le marchand ambulant n'a pas étalé ni vendu, s'il a négligé de se transporter, dès son arrivée, à la municipalité.

III. C'est à lui à prouver qu'il a rempli cette formalité.

I. Ces précautions extraordinaires sont nécessitées par le genre de commerce auquel ces marchands se livrent. Si des obligations moins rigoureuses leur étaient imposées, il serait bien difficile d'assurer la garantie de leurs ouvrages.

II. La contravention à cet article n'est pas encourue seulement lorsque le marchand, avant d'avoir fait sa déclaration à la mairie, vend ou expose en vente sur la place publique des ouvrages d'or et d'argent ou simplement dorés (*Cass.*, *18 octobre 1811, Velaliani; 7 novembre 1811, Gallegari.*): tenu qu'il est de se présenter à l'administration municipale du moment de son arrivée, ou du moins un temps moral après son arrivée dans la commune avec ses marchandises, il se trouve en contravention par le simple retard de remplir ces devoirs préalables ; autrement la loi serait impuissante contre la fraude de ces industriels, qui ne sont pas dans l'habitude d'étaler leurs marchandises. (*C. supérieure de Bruxelles, 6 novembre 1822, Vautelée.*)

III. C'est au marchand à justifier de l'accomplissement de cette formalité, chaque fois qu'il en est requis, et non au ministère public à faire la preuve contraire. (*Même arrêt.*)

93. La municipalité ou l'agent municipal fera examiner les marques de ces ouvrages par des orfèvres ou, à défaut, par des personnes connaissant les marques et poinçons, afin d'en constater la légitimité.

I. Motifs.—Concours des employés de la Régie avec les officiers municipaux.

II. Auxquels de ces employés appartient la surveillance sur les foires et marchés.

III. Ils doivent se faire assister par un officier de police.

I. Si cet article a mis les marchands forains ambulants sous la surveillance des administrations municipales, c'est que leur commerce se fait en parcourant rapidement toute la France, et sans que l'on soit prévenu à l'avance de leur passage dans les communes, les foires et les marchés, et que, d'un autre côté, les bureaux de garantie ne sont pas assez multipliés pour les avoir mis exclusivement sous celle des employés. Mais cette attribution, donnée aux commissaires de police ou aux maires et à leurs adjoints, n'exclut point la surveillance générale que la loi attribue aux employés de la garantie sur les ouvrages d'or et d'argent de tous les marchands sans distinction, art. 71, 104 et 105. Les employés de la garantie et autres, quel que soit leur grade dans la Régie des contributions indirectes, sont donc chargés de vérifier, concurremment avec les officiers municipaux, les ouvrages des marchands qui s'établissent sur les foires et marchés, pour assurer l'exécution des lois et réglements sur le commerce de l'orfévrerie.

II. C'est aux employés des recettes rurales qu'il appartient de procéder à cette vérification, sauf les cas d'urgence reconnus par le directeur des contributions indirectes, où les contrôleurs de la garantie, placés sous ses ordres comme tous les autres employés de la Régie, peuvent exercer la surveillance chez les marchands d'or et d'argent établis ou vendant sur les foires et marchés hors de leur résidence. (V. *Ordonnance du 5 mai 1820.*)

III. Pour exiger des marchands ambulants la représentation des ouvrages d'or et d'argent, afin de les examiner et de rapporter procès-verbal des contraventions, les employés de la Régie doivent se faire assister par un officier de police.

94. L'administration municipale ou son agent fera saisir et remettre au tribunal de police correctionnelle du canton, les ouvrages d'or et d'argent qui ne seraient point accompagnés de bordereaux, ou ne seraient point marqués du poinçon de vieux ou de recense, ainsi qu'il est prescrit à l'art. 92, ou les ouvrages dont les marques paraîtraient contrefaites, ou enfin ceux qui n'auraient pas été déclarés, conformément audit art. 92.

Le tribunal de police correctionnelle appliquera aux délits des marchands ambulants les mêmes peines portées dans la présente loi contre les orfèvres, pour des contraventions semblables.

L'obligation imposée aux marchands ambulants de représenter les bordereaux n'a pas de sanction.

De l'examen attentif de cet article, il résulte que la contravention à l'obligation qu'impose l'art. 92 aux marchands ambulants d'ouvrages d'or et d'argent, de présenter aux autorités de chaque commune où ils arrivent les bordereaux des orfèvres qui leur ont vendu les ouvrages dont ils sont porteurs, n'est réprimée par aucune disposition pénale ; car, si l'art. 94, quand il ordonne la saisie des objets qui ne seraient pas accompagnés de bordereaux, et leur dépôt au greffe du tribunal de police correctionnelle, suppose dans son paragraphe premier que le défaut de déclaration ou d'exhibition des bordereaux d'achats tombe sous le coup d'une pénalité, il ne renvoie par son deuxième paragraphe à l'art. 80, relatif aux peines à infliger aux orfèvres, que pour des contraventions *semblables* à celles qui y sont réprimées. Or, vainement on parcourt les huit articles qui précédent ce dernier, on n'y trouve aucune disposition qui impose aux orfèvres l'obligation prescrite aux marchands ambulants par l'art. 92. L'application de l'art. 80 se trouve donc restreinte aux contraventions ordinaires sur la marque et le poinçonnage des matières d'or et d'argent; et comme en matière pénale, on ne peut étendre le texte de la loi au delà de l'hypothèse qu'il a formellement prévue, il en résulte que le défaut de présentation des bordereaux n'est passible d'aucune peine. (**V.** *Douai, 24 février 1832, Picard; Journal du Palais.*)

TITRE VII.

—

De la fabrication du plaqué et doublé d'or et 'arg ent sur tous métaux.

95. Quiconque veut plaquer ou doubler l'or et l'argent sur le cuivre ou sur tout autre métal est tenu d'en faire la déclaration à sa municipalité, à l'administration de son département, et à celle des Monnaies.

Motifs. — L'industrie du plaqué et du doublé est née d'hier en France. Les difficultés que rencontrent tous les genres de fabrication à leur commencement, jointes à la concurrence dont était menacée cette industrie par le commerce des Anglais, désireux de tirer de notre pays de riches tributs en échange de légères valeurs et de faibles moyens, ont mis le législateur dans la nécessité de la soutenir et de l'encourager. Pour lui assurer la préférence sur l'industrie étrangère, la loi du 10 brumaire an 5, commença par prohiber l'importation en France des ouvrages de plaqué et de doublé en argent et en or, venant de l'étranger ; les ouvrages doublés et plaqués sortis de nos ateliers, furent exemptés des droits de contrôle, et la loi du 19 brumaire an 6 se contenta d'organiser une surveillance de simple garantie pour conserver à nos fabriques la confiance dont elles avaient besoin en prévenant le danger des fraudes et des abus, qui auraient été de nature à discréditer ce genre de fabrication. Au nombre des mesures de précaution qu'elle a prises, se trouve l'obligation pour le fabricant de se faire connaître aux autorités susceptibles de le surveiller.

96. Il peut employer l'or et l'argent dans telle proportion qu'il le juge convenable.

Motifs. — Le mérite de l'industrie du plaqué et du doublé consistant précisément à obtenir un produit qui, sous la plus faible valeur, présente l'aspect d'un objet précieux, c'est vers ce but que tendent tous les efforts et l'habileté du fabricant. On conçoit dès lors combien doivent être variées es combinaisons auxquelles donne naissance cette fabricaon, surtout si l'on considère que l'extrême ductilité de l'or et de l'argent permet à l'art de transformer en ouvrages brillants et pleins d'éclat, des masses de cuivre ou de fer recouvertes de parties extrêmement faibles de ces métaux recherchés. La loi a donc dû laisser aux fabricants dans ce genre de commerce toute la latitude qu'exigeaient les procédés qui lui sont propres. Elle n'a point fixé de titre obligé ; elle ne pouvait même déterminer les proportions dans lesquelles le mélange du métal précieux avec le fer, le cuivre ou tout autre métal commun s'opérerait, parce que les épreuves et les procédés auxquels il aurait fallu recourir pour séparer les métaux unis, auraient détruit ou détérioré l'ouvrage ainsi doublé. Mais si la quantité d'or et d'argent qui entre dans les ouvrages doublés ou plaqués n'est pas, comme le titre des ouvrages d'or et d'argent, assurée par l'empreinte des poinçons de l'État, la loi a dû suppléer au moins à ces garanties par la responsabilité personnelle et directe de marchands et fabricants ; c'est ce qu'elle s'est proposé dans les art. 8, 14 et 97 de la présente loi.

97. Il est tenu de mettre sur chacun de ses ouvrages son poinçon particulier qui a dû être déterminé par l'administration des Monnaies, ainsi qu'il est dit art. 14 de la présente loi. Il ajoutera à l'empreinte de ce poinçon celle de chiffres indicatifs de la quantité d'or ou d'argent contenue dans l'ouvrage, sur lequel il aura en outre empreint en toutes lettres, le mot *doublé*.

I. Motifs.

II. On doit soumettre à la marque non seulement les feuilles de doublé et de plaqué, mais encore tous les ouvrages qui en sont formés.

III. Peu importe que ces ouvrages soient ou non fabriqués en totalité de plaqué ou de doublé.

IV. La loi ne règle pas la dimension des lettres formant le mot *doublé*.

I. Cette disposition a un triple objet : 1° elle avertit le public qu'un ouvrage qui a toutes les apparences d'un ouvrage d'or ou d'argent, est composé intérieurement d'un autre métal ; 2° elle lui fait connaître la quantité de fin contenue dans chaque pièce, et lui donne pour garantie de l'exactitude des proportions indiquées par le chiffre, la marque du fabricant ; 3° elle le met à même de distinguer les ouvrages doublés et plaqués fabriqués en France, tant des ouvrages d'or et d'argent au titre légal, que des ouvrages doublés et plaqués fabriqués à l'étranger.

II. La question la plus grave qui puisse s'élever à l'occasion de cet article, est celle de savoir si la marque doit être apposée sur tous les ouvrages formés d'une même feuille de doublé, ou s'il suffit qu'elle ait été appliquée au préalable sur cette feuille elle-même.

Au dire de l'administration, cette lame doublée, disposée à faire des ouvrages, n'a pas besoin d'être préalablement empreinte des poinçons prescrits ; mais le contraire nous paraît résulter d'un arrêt du 16 avril 1812, qui déclare en même temps, d'une manière formelle, que tous les ouvrages qui en sont formés doivent être aussi marqués. Cet arrêt a été rendu dans les circonstances suivantes :

Des lanternes avaient été saisies pour défaut de marque, chez le sieur Feichter. Traduit devant le tribunal de police correctionnelle, le prévenu prétendit que c'était au fabricant et non à lui, simple marchand, que l'obligation de la marque était imposée. De leur côté, les sieurs Malpa, Blondelet et Schétiens, fabricants de lanternes, soutinrent que la loi de brumaire ne l'imposait qu'à ceux qui fabriquent les feuilles de doublé et de plaqué, et non à ceux qui ne font qu'employer ces feuilles à d'autres ouvrages. —Toute la difficulté gisait dans le sens de ces mots employés par la loi : *Fabricants de doublé ou de plaqué, fabricants d'ouvrages plaqués ou doublés.* M. Merlin, qui portait la parole devant la Cour de cassation dans cette affaire, s'adressa à l'administration des Monnaies pour savoir ce qu'on entendait dans l'usage par ces expressions. L'administration répondit : « Dans la pensée du législateur, dans l'esprit de la loi et dans le langage de l'art, dont on a transporté les termes dans la loi, ces mots : *fabricants de doublé*, sont les synonymes et l'expression abrégée de : *fabricants d'ouvrages doublés*, comme le mot orfèvre, pris dans la signification la plus étendue, embrasse les *fabricants* d'ouvrages d'or et d'argent de toute espèce. Ces mots *fabricants de doublé*, comme ceux fabricants d'ouvrages doublés, comprennent *généralement* tous ceux qui fabriquent des objets de toute nature *doublés* ou *plaqués* en or ou en argent. » Ainsi cette dénomination s'applique aussi bien à ceux qui fabriquent une seule espèce d'ouvrages, par exemple des ouvrages de table uniquement, des ouvrages pour les tabletiers, des mors de brides, des baguettes de voiture, qu'à ceux qui réunissent tous les genres de fabrication dans leurs ateliers.

« Les lames qui entrent dans les ouvrages doublés de cuivre ne sont pas de pur argent ni de pur or ; ce sont des

parties de cuivre ou autre métal, doublées d'or ou d'argent
que l'on a tirées pour en former des lames ou feuilles doublées, disposées à en faire des ouvrages.

« A l'égard des lames dont on se sert pour les ouvrages
en fer que l'on veut plaquer en or ou en argent, elles sont
de pur argent ou de pur or, parce que le procédé pour doubler le fer est différent, ce métal ne pouvant se prêter au
même travail.

« Tous ces fabricants sont rangés dans le même ordre, sous
la même dénomination de *fabricants de doublés*, et soumis
aux mêmes déclarations et à la même surveillance, parce
qu'ils peuvent d'un jour et d'un instant à l'autre, mettre
eux-mêmes en œuvre la feuille *doublée* qu'ils ont *préparée*.
Mais cette lame doublée, disposée à faire des *ouvrages*, n'est
pas assujettie préalablement aux marques des poinçons prescrits non plus que la plaque laminée en argent qui sert aux
orfèvres à fabriquer des ouvrages ; elle serait inutile pour la
garantie de l'ouvrier. »

A l'appui de cette thèse le jurisconsulte invoquait les art.
8, 14, 95, 96 et 97 de la loi de brumaire.

L'art. 8 établit un poinçon pour les *ouvrages doublés ou
plaqués d'or et d'argent !* ce n'est donc pas pour les lames
qui entrent dans ces ouvrages et servent à les plaquer ou
doubler ; et, en effet, nous venons de voir que ces lames ne
sont assujetties à aucune marque.

L'art. 14 qui se sert des mots *fabricants de doublé et de
plaqué*, désigne évidemment, non l'ouvrier qui fabrique des
lames d'argent ou d'or servant à plaquer ou doubler certains
ouvrages, mais l'ouvrier qui emploie ces lames dans les
ouvrages de sa fabrication ; et ce qui le prouve démonstra-

tivement, c'est que l'article impose au fabricant dont il parle, l'obligation d'inscrire sur *chacun de ses ouvrages* des chiffres indicatifs de la quantité d'or et d'argent qu'il contient, obligation qui a évidemment pour but d'instruire le public à qui ces ouvrages sont vendus, de leur valeur réelle ; obligation qui ne pourrait pas remplir ce but, si les chiffres dont ils auraient été marqués lorsqu'ils ne formaient qu'une matière première, ne se retrouvaient plus que dans une très faible partie des ouvrages auxquels on en aurait fait l'application.

L'art. 97 porte également que le poinçon du fabricant sera apposé sur chacun des ouvrages ; il ne parle point seulement des lames.

Les art. 95 et 96 comprennent tout aussi bien les fabricants de simples lames servant à doubler ou plaquer, que les ouvrages doublés ou plaqués, mais la raison en est qu'ils peuvent les mettre en œuvre d'un instant à l'autre.

« Mais ce qui rend la chose bien plus sensible, c'est l'obligation que la loi impose au fabricant dont elle parle, d'imprimer en toutes lettres sur chacun de ses ouvrages le mot *doublé*. Bien évidemment cette empreinte a pour objet d'annoncer que l'ouvrage qui la porte n'est pas de pur or ou de pur argent, qu'il n'est que doublé d'argent ou d'or, et que son intérieur est composé d'un autre métal. Cependant nous venons de voir que les lames servant à doubler ou plaquer le fer, sont toujours ou de pur argent ou de pur or, et assurément la loi ne pourrait pas, sans une absurdité manifeste, exiger que ces lames fussent empreintes au moment de leur fabrication et avant leur mise en œuvre, du mot doublé, car se serait exiger qu'elles annonçassent ce qui n'est pas ; ce serait exiger un mensonge de la part de celui qui les fabrique, à son détriment. Mais, d'un autre côté, la loi veut que l'empreinte du mot *doublé* se trouve en toutes lettres sur chacun des ouvrages qui sont l'objet de l'art. 97 ; donc elle veut que cette empreinte se trouve sur les ouvrages en fer, comme sur les ouvrages en cuivre plaqué en or ou en argent ; donc ce n'est pas de simples lames servant à plaquer ou doubler qu'il est question dans cet article ; donc il n'est question dans cet article que des ouvrages auxquels on applique ces lames, après leur fabrication pour les doubler ou plaquer. »

Après avoir entendu ce réquisitoire, dont nous ne citons ou analysons qu'une partie, la Cour, vu les art. 8, 14, 95, 96, 97, 98 et 99, loi de brumaire an 6, relative à la garantie des matières d'or et d'argent ; attendu que la loi précitée a nécessairement compris dans ses dispositions, non seulement les simples lames ou feuilles de doublé et plaqué, mais aussi tous les autres ouvrages qui sont fabriqués, soit en entier, soit en partie avec ces feuilles ; qu'en effet, les marques dont la loi a voulu que les ouvrages doublés et plaqués fussent revêtus, ont évidemment pour objet d'avertir les acheteurs que, malgré leur apparence extérieure, ces ouvrages ne sont pas de pur or ou argent, qu'ils ne sont que plus ou moins légèrement doublés de ces matières précieuses, et que leur intérieur est d'un métal beaucoup plus grossier ; que la loi aurait donc manqué son principal objet, la garantie du public, si elle n'avait voulu soumettre à la marque que les simples feuilles de doublé et de plaqué qui ne sont qu'une espèce de matière première, et qu'elle n'y eût pas voulu soumettre tous les autres ouvrages qui se fabriquent avec ces feuilles, et qui sont destinés à l'usage immédiat des acheteurs; qu'il suit de là, par une conséquence nécessaire, qu'aucun ouvrage doublé ou plaqué et non revêtu des poinçons ordonnés par la loi, ne peut être mis dans le commerce; que ces marques, jugées nécessaires par la loi pour distinguer les ouvrages doublés et plaqués d'avec ceux qui sont fabriqués d'une manière homogène d'or et d'argent, doivent donc être apposées aux ouvrages de la première espèce, non seulement par ceux qui fabriquent les simples feuilles, mais aussi par ceux qui emploient ces feuilles à la fabrication d'autres ouvrages; que ces derniers ne peuvent se dispenser de cette obligation sous prétexte qu'ils ne peuvent pas connaître la quantité d'or ou d'argent que contiennent les feuilles, à la fabrication desquelles ils n'ont pas concouru, puisqu'ils peuvent acquérir cette connaissance, soit par les chiffres indicatifs de ladite quantité que les fabricants sont tenus d'y apposer, soit par la décomposition d'une parcelle de la feuille doublée ou plaquée; et que la vérification à cet égard n'est pas plus difficile que celle que peut faire un orfèvre relativement au titre d'une plaque d'or ou d'argent laminé qu'il emploie à ses ouvrages. Considérant dans l'espèce, etc., que le marchand devait être considéré de droit avoir fabriqué ces ouvrages par cela seul qu'il n'en indique pas les fabricants, etc. (*Cass.*, *affaire Feichter.* — **V.** aussi la séance du Conseil d'État du 29 déc. 1812, séance dans laquelle on adopta la doctrine de la Cour de cassation.)

III. De cet arrêt et d'un autre arrêt rendu dans la même affaire, il résulte que ceux qui emploient les feuilles de doublé et de plaqué à la fabrication d'ouvrages spéciaux, doivent soumettre à la marque ces ouvrages, qu'ils soient fabriqués en entier de plaqué ou doublé, ou qu'ils ne le soient qu'en partie. (*Cass.*, *28 nov. 1811, Feichter*, V. *Journ. du Palais.*)

IV. La loi n'ayant pas réglé la dimension des lettres formant le mot *doublé*, qui doit être empreint sur chaque ouvrage, le fabricant ne saurait être poursuivi sous prétexte que ce mot a été inscrit divisément et en deux parties infiniment petites, sur des objets en cuivre doublé d'or, ayant toutes les apparences d'ouvrages qui ont acquitté les droits d'essai et de garantie. La loi est satisfaite dès que la présence de l'empreinte du poinçon de doublé est établie.

Quant aux menus ouvrages doublés ou plaqués, qui n'offriraient pas une surface assez considérable pour recevoir l'inscription du mot doublé ou l'empreinte du poinçon du fabricant, la fabrication n'en peut être permise.

98. Le fabricant de doublé transcrira, jour par jour, les ventes qu'il aura faites, sur un registre coté et paraphé par l'administration municipale. Il lui sera fourni, par la Régie de l'enregistrement des bordereaux en blanc, comme aux orfèvres et joailliers ; et il sera tenu de remettre à chaque acheteur un de ces bordereaux daté et signé par lui, et rempli de la désignation de l'ouvrage, de son poids et de la quantité d'or et d'argent qui y est contenue.

Cet article ne fait que reproduire à la charge des fabricants de doublé et de plaqué les obligations que les articles 74 et 79 avaient déjà imposées aux fabricants et marchands d'or et d'argent.

99. En cas de contravention aux deux articles précédents, les ouvrages sur lesquels portera la contravention seront confisqués, et en outre le délinquant sera condamné à une amende qui sera, pour la première fois, de dix fois la valeur des objets confisqués ; pour la seconde fois, du double de la première, avec affiche de la condamnation dans toute l'étendue du département, aux frais du délinquant ; enfin la troisième fois, l'amende sera quadruple de la première, et le commerce, ainsi que la fabrication d'or et d'argent seront interdits au délinquant, sous peine de confiscation de tous les objets de son commerce.

100. Le fabricant de doublé est assujetti, comme le marchand orfèvre, et sous les mêmes peines, à n'acheter des matières ou ouvrages d'or et d'argent que des personnes connues ou ayant des répondants à eux connus.

Les obligations des fabricants de plaqué et de doublé étant à peu près les mêmes que celles des orfèvres, ils doivent être, comme ces derniers, soumis à la surveillance des employés des bureaux de garantie. Mais ce qui donne à la section qui leur est consacrée une physionomie particulière, c'est qu'il n'y est point question du droit fiscal : tous les articles en sont rédigés dans le seul intérêt du public ; tous ont pour but d'empêcher que le public soit trompé sur la quantité de fin. Cette exemption des droits de marque et de garantie, nous l'avons dit en commençant, avait pour but et a eu pour résultat d'encourager cette industrie naissante. Elle est arrivée sous cette législation, à imiter à s'y méprendre, les plus utiles et même les plus beaux ouvrages d'orfévrerie.

TITRE VIII.

Des formes à observer dans les recherches, saisies et poursuites relatives aux contraventions à la présente loi.

101. Lorsque les employés d'un bureau de garantie auront connaissance d'une fabrication illicite de poinçons, le receveur et le contrôleur, accompagnés d'un officier municipal (1), se transporteront dans l'endroit ou chez le particulier qui leur aura été indiqué, et y saisiront les faux

---

(1) Cet officier est aujourd'hui suppléé par le maire, son adjoint ou par le commissaire de police. V. L. 22 pluviôse an 8.

poinçons, les ouvrages et lingots qui en seraient
marqués, ou enfin les ouvrages achevés et dépourvus de marque qui s'y trouveraient ; ils
pourront se faire accompagner, au besoin, par
l'essayeur ou par un de ses agents.

I. Objet des *visites* ou *recherches.* — Chez qui elles peuvent être
faites.

II. Ces visites peuvent être faites et les contraventions constatées
en matière de garantie, tant par les préposés aux bureaux de
garantie, que par les employés de l'administration des contributions indirectes, —

III. A la charge par ces derniers de remplir les formalités prescrites par la loi de brumaire.—Il est indifférent que les employés
qui dressent procès-verbal appartiennent l'un à la garantie,
l'autre aux contributions indirectes.

IV. Mais les poursuites seraient nulles si les employés qui y procèdent, n'étaient revêtus l'un du grade de receveur, l'autre du
grade de contrôleur.

V. Ce grade est également exigé dans le cas où le nombre des
employés de la garantie a été augmenté conformément à l'art. 36
de la loi de brumaire.

VI. Il n'est acquis aux employés que du jour de la prestation de
serment.

VII. Les maires, les adjoints et les commissaires de police ne
sont compétens pour constater les contraventions en matière
de garantie, qu'autant qu'il s'agit des contraventions commises
par les marchands ambulants ou les commis-voyageurs.

VIII. Les employés des douanes n'ont pas qualité pour dresser
des procès-verbaux en cette matière.

IX. Formalités à remplir par les agents de l'administration des
contributions indirectes, lorsqu'ils se proposent de faire des visites chez les particuliers non marchands.—Nécessité de l'ordre
par écrit émané d'un employé du grade de contrôleur au moins.

X. Cet ordre peut être donné indifféremment par un contrôleur de ville ou un contrôleur ambulant.

XI. Les employés de la garantie ou de la Régie ne peuvent se faire accompagner par des agents de police subalternes, à défaut d'officiers municipaux ou de commissaires de police.

XII. L'officier municipal ou le commissaire de police requis, doit être présent depuis le commencement jusqu'à la fin de la visite.

XIII. Il n'est pas nécessaire que son assistance ait été requise par écrit.

XIV. La nullité résultant de l'absence d'un ordre par écrit d'un employé supérieur ou de l'absence d'un officier municipal, n'est pas couverte par le défaut d'opposition de la part du particulier soumis à la visite.

XV. Le refus fait par un assujetti de soumettre ses marchandises à la vérification des employés, n'est pas punissable.

XVI. Mais la résistance aux préposés pourrait au contraire être punie comme rébellion.

I. Pour assurer l'observation des règles fixées par la loi, et l'exécution des réglements de l'orfévrerie, le législateur avait deux moyens : l'un préventif, la surveillance ; l'autre correctif, l'application de la pénalité établie. L'art. 101 a pour objet de régler l'emploi du premier moyen. Il autorise les *visites*, dont le but est de vérifier avec soin tous les objets d'or et d'argent en la possession des redevables, afin de reconnaître la légalité des marques et des contre-marques qui constatent l'exactitude du titre et l'acquittement des droits. Sous l'ancienne jurisprudence, les gardes de l'orfévrerie et les fermiers de la marque d'or, chargés de cette vérification, avaient la faculté d'étendre leurs exercices jusqu'aux maisons royales et autres lieux privilégiés où il y avait des orfèvres ; aujourd'hui, les employés de la garantie peuvent aussi faire des *recherches*, non seulement chez les orfèvres, les marchands d'or et d'argent, dans les monts-de-piété, les maisons de nantissement, les bureaux de changeurs et autres établissements de ce genre, mais même chez les particuliers non marchands; partout, en un mot, où la Régie soupçonne la détention de matières d'or et d'argent en contravention à la loi, la fabrication clandestine ou la confection illicite de poinçons. — Notre article n'apporte à l'exercice de leur droit aucune autre condition que de se faire accompagner d'un officier municipal; cependant ils doivent avoir soin de ne faire de perquisitions que sur des soupçons graves; car, légitimées uniquement par la nécessité, de telles recherches, si elles étaient trop fréquentes, pourraient alarmer tous les citoyens sur l'état et le sort de leur propriété, et jeter le trouble dans la société.

II. L'article 101, en tant qu'il charge exclusivement les receveurs et contrôleurs des bureaux de garantie des visites et de la constatation des contraventions en matière de garantie, a été modifié par les art. 76, 81 et 84 de la loi du 5 ventôse an 12, qui autorisent les employés de la Régie des droits réunis (aujourd'hui l'administration des contributions indirectes) à faire ces mêmes visites, à constater les mêmes contraventions. (V. *Cass.*, *17 ventôse an 13; Journ. du Palais.*)

III. Cette dérogation à notre article se retrouve également dans le décret du 28 floréal an 13, avec cette différence qu'en admettant les préposés de l'administration des contributions indirectes *eux-mêmes ou concurremment avec les employés des bureaux de garantie*, à constater les délits et contraventions à la loi du 19 brumaire an 6, et poursuivre la condamnation des peines encourues, ce décret les astreint *à remplir les formalités prescrites par cette loi.* D'où cette double conséquence : 1° que les préposés de l'administration des contributions indirectes ont bien le droit de procéder eux-mêmes aux visites, et de dresser procès-verbal des contraventions en matière d'or et d'argent, sans l'assistance des employés des bureaux de garantie, mais en remplissant les formalités prescrites par la loi de brumaire ; c'est-à-dire en ayant soin de se présenter au nombre de deux, revêtus l'un du grade de receveur, l'autre du grade de contrôleur, et de se faire assister d'un officier municipal. (V. *Cass., 26 janvier 1809, Van-Rooy*) ; 2° que les visites peuvent être faites, et les procès-verbaux dressés par deux employés du grade qui vient d'être énoncé, quand même l'un appartiendrait au bureau de garantie, et l'autre aux contributions indirectes. C'est ce qui avait eu lieu dans l'espèce jugée par l'arrêt de cassation du 17 vent. an 13.

IV. Mais si le concours des préposés au bureau de garantie et des employés de l'administration des contributions indirectes dans le même procès-verbal est indifférent pour la validité de cet acte, il n'en est pas de même du grade de ces employés : ce grade est la condition dont la loi fait dépendre leur compétence, et la validité des procès-verbaux lui est subordonnée. Le procès-verbal dressé en l'absence d'un receveur sera donc nul dans tous les cas. Cette doctrine, conforme à la jurisprudence de la Cour de cassation, a été consacrée par un arrêt de la Cour de Nîmes, rendu dans une espèce où le procès-verbal de saisie avait été rédigé par deux contrôleurs, mais en l'absence d'un receveur. Voici les termes de cet arrêt : « Attendu qu'aux termes des art. 101 et 105, les saisies, recherches et autres poursuites relatives aux contraventions à ladite loi, doivent être faites à la fois par le receveur et le contrôleur du bureau de garantie assistés d'un officier municipal ; que ces dispositions sont impératives ; qu'elles sont d'ailleurs constitutives de la qualité et du pouvoir de ces employés qui n'existe que dans leur réunion ; que tous procès-verbaux en cette matière où n'assistent pas à la fois ces deux employés, doivent être déclarés nuls, puisqu'il n'y a pas de nullité plus forte et plus viscérale que l'absence du pouvoir de la part de ceux qui exercent un acte d'autorité ; et qu'ici on ne peut dire qu'un contrôleur sans un receveur, pas plus que ce dernier sans le premier, soient investis par la loi du pouvoir de verbaliser ; attendu qu'il importe peu que le décret du 28 floréal an 13 ait permis aux employés des contributions indirectes de procéder eux-mêmes ou concurremment avec ceux de la garantie ; que cette participation de pouvoirs n'a nullement abrogé ni modifié les dispositions de la loi de l'an 6, en ce qui touche l'attribution du pouvoir donné aux employés de la garantie, etc. (*Nîmes, 13 janvier 1831, Acabat, Cass., 9 vend. an 8, Bauve ; 17 août 1822, Maubert.*)

« Il existe cependant un arrêt du 24 septembre 1830, dit Mangin, qui a considéré comme régulier un procès-verbal dressé par deux contrôleurs d'un bureau de garantie qui n'étaient pas assistés d'un receveur ; cet arrêt ne peut s'expliquer que par cette circonstance, que le moyen de nullité n'avait été invoqué ni devant la Cour qui avait rendu l'arrêt attaqué, ni devant la Cour de cassation. » (V. *Traité des procés-verbaux*, p. 384.)

V. A Paris et dans les communes populeuses où le ministre des finances est autorisé par la loi du 19 brumaire art. 36, à augmenter le nombre des employés, la faculté de verbaliser et de saisir ne peut également être accordée qu'à ceux des employés qui auraient des commissions spéciales de receveur et de contrôleur. D'où il suit que s'ils agissent sans justifier de cette qualité qui, seule, peut leur conférer un pouvoir légal, leur procès-verbal et les saisies auxquelles ils auront procédé seront nuls. (*Cass., 9 vendémiaire, an 8, Bauve.*)

VI. La qualité de receveur et de contrôleur n'étant acquise à ces employés qu'à partir de la prestation de serment, les procès-verbaux et autres actes de poursuite qu'ils auraient dressés avant d'avoir rempli cette formalité, seraient également nuls, comme entachés d'une usurpation de pouvoirs. (*Même arrêt.*)

VII. De l'art. 101 de la loi de brumaire et des autres dispositions que nous avons parcourues, il résulte que les contraventions en matière de garantie d'or et d'argent ne peuvent être constatées que par des employés, soit des contributions indirectes, soit des bureaux de garantie. Cependant, comme les maires, les adjoints ou les commissaires de police sont appelés à assister ces préposés, on en a conclu qu'ils étaient compétents pour constater seuls et par eux-mêmes, les délits de cette nature. Ces fonctionnaires, a-t-on dit, en leur qualité d'officiers de police judiciaire, ont pouvoir pour dresser des procès-verbaux de tous faits qui constituent des délits ou contraventions aux lois ou réglements d'ordre public. Les préposés de l'administration des contributions et du bureau de garantie n'ont qu'une capacité exceptionnelle pour dresser des procès-verbaux dans les matières spéciales qui se trouvent dans leurs attributions; mais ce droit particulier et limité n'est pas exclusif de celui qui appartient d'une manière générale aux officiers de police judiciaire et principalement aux commissaires de police.

Il était facile de répondre que du pouvoir accordé par l'art. 9 du C. d'inst. crim. aux commissaires de police, il ne résulte nullement que ces fonctionnaires aient la faculté de constater les contraventions spéciales à la loi du 19 brumaire an 6. Il s'agit d'une loi fiscale, et en cette matière il y a des agents spéciaux seuls chargés de constater et de faire réprimer les contraventions, soit parce qu'on ne suppose qu'en eux seuls les connaissances nécessaires pour saisir et discerner les infractions, soit parce qu'on a craint d'abandonner les fabricants et marchands d'or aux visites incessantes de tous les officiers de police judiciaire, ce qui aurait fait dégénérer en tracasseries une mesure de précaution légitime. Aussi la Cour de cassation a-t-elle considéré comme non légalement constatées les contraventions constatées spécialement par des commissaires de police :

« Vu l'art. 474, C. P., qui veut que dans toutes les matières non réglées par le Code, les Cours et Tribunaux se conforment aux lois et réglements particuliers qui les régissent, a-t-elle dit : — Considérant que la garantie d'or et d'argent est une matière qui n'a pas été réglée par le Code pénal; mais qu'elle est régie par des lois et réglements particuliers et spéciaux, auxquels conséquemment les Cours et Tribunaux sont tenus de se conformer; — vu les art. 71, 92, 93, 94, 101, 102 et 105, L. de brumaire an 6, relative à la garantie des matières d'or et d'argent; — vu aussi l'art. 1ᵉʳ, décret du 28 floréal an 13, portant que les employés des contributions indirectes pourront eux-mêmes ou concurremment avec ceux du bureau de garantie constater les délits et contraventions à la loi de brumaire, et poursuivre la condamnation des peines encourues, en remplissant les formalités prescrites par cette loi; — considérant qu'il résulte des dispositions de ces divers articles que les contraventions en matière de garantie d'or et d'argent, à l'exception seulement de celles qui seraient commises par les marchands ambulants ou venant s'établir en foire, lesquelles peuvent être constatées par les municipalités et leurs agents, doivent être constatées par des procès-verbaux dressés par les employés, soit des bureaux de garantie, soit des contributions indirectes, etc. » (*Cass.*, *15 avril 1826, Balet.*)

On peut donc tenir pour constant que les municipalités et leurs agents, remplacés aujourd'hui par les maires, les adjoints et les commissaires de police, ne sont compétents que par exception et seulement pour les contraventions commises par les marchands ambulants, ou bien encore par les commis voyageurs. Leur compétence, à cet égard, est basée sur ce que le commerce de ces marchands se faisant pour ainsi dire en courant, les employés de la Régie ou de la garantie n'arriveraient jamais à temps pour constater les contraventions auxquelles ils pourraient se livrer.

VIII. Les préposés des douanes sont également sans qualité pour dresser des procès-verbaux en matière de garantie, aucune loi ni décret ne leur ayant attribué le droit de constater les contraventions à la loi de brumaire, qui a été spécialement réservé par la loi du 5 ventôse an 12 et le décret de floréal an 13, aux employés tant des bureaux de garantie que des contributions indirectes. (V. *Cass.*, *18 août 1827, Poncet ; Journal du Palais.*)

IX. Les employés des contributions indirectes, dans les visites qu'ils font chez les particuliers non marchands, sont astreints à quelques formalités spéciales prescrites par l'article 237 de la loi du 28 avril 1816, ainsi conçu : « En cas de soupçon de fraude à l'égard des particuliers non sujets à l'exercice, les employés pourront faire des visites dans l'intérieur de leurs habitations en se faisant assister du juge de paix, du maire, de son adjoint, ou du commissaire de police, lesquels seront tenus de déférer à la réquisition qui leur en sera faite, et qui sera transcrite en tête du procès-verbal. Mais ces visites *ne pourront* avoir lieu que d'après l'ordre d'un employé supérieur du grade de contrôleur au moins, qui rendra compte des motifs au directeur du département. » La Cour de cassation, par interprétation de cet article, a décidé que d'après les expressions *ne pourront*, dont il se sert, expressions qui sont en même temps prohibitives et absolues, il est de principe certain que la loi a défendu aux employés des contributions indirectes de s'introduire chez un particulier non sujet aux exercices, suspect de fraude, sans être munis de l'ordre par écrit d'un employé supérieur du grade de contrôleur au moins, sauf le cas où l'un des employés verbalisants a lui-même le grade de contrôleur, parce qu'alors l'ordre serait inutile.

X. Elle a jugé, dans la même espèce, qu'il n'y a point à distinguer entre les contrôleurs de ville et les contrôleurs ambulants. (*Cass.*, *24 septembre 1830, Courtois et autres.*)

XI. Les employés des bureaux de garantie ou des contributions indirectes qui, lorsqu'ils se transportent chez un orfèvre ou bijoutier pour s'y livrer à leurs exercices, doivent être toujours, aux termes des art. 101 de la loi de brumaire et 237 de la loi de 1816, accompagnés d'un officier municipal ou d'un commissaire de police, pourraient-ils, à défaut de ces officiers, se faire accompagner par des agents de police subalternes? Nous ne le pensons pas. La loi ne donnant qualité qu'aux officiers municipaux et commissaires de police pour assister les employés dans les visites qu'ils font, ils ne sauraient être remplacés, à peine de nullité des procès-verbaux, par les agents de police subalternes dont il est mention dans la loi du 22 juillet 1791, tit. 1er, art. 12, agents qui ne tiennent de la loi aucun caractère pour ces sortes d'opérations. (V. *Cass.*, *12 juillet 1834, Blet; 2 octobre 1818, Cusson; Journal du Palais.*)

XII. Il est indispensable que l'officier municipal ou le commissaire de police, dont l'assistance est requise par la loi, soit présent depuis le commencement jusqu'à la fin de la visite, qu'il surveille toutes les opérations et ne se retire qu'après la rédaction du procès-verbal. La raison en est que l'obligation imposée aux employés de se faire assister dans leurs visites par un officier municipal est une mesure d'ordre et de police, prise principalement dans l'intérêt des assujettis, et qui a pour objet la sûreté et la conservation des ouvrages précieux sujets à la recherche des employés de l'administration. (V. *Cass., 12 juillet 1834, Blet.*)

XIII. « Il n'est pas nécessaire, suivant Mangin, que l'assistance du fonctionnaire qui a été présent aux opérations des employés ait été requise par écrit; il suffit que cette assistance soit attestée par le procès-verbal. » — Cette

opinion est également celle de Merlin. (**V.** *Mangin, Traité
des proc.-verb.*, p. 387; *Merlin, Rép.*, t. 3, p. 515; *Conf.*,
cass., 25 *fructid. an* 13 ; 27 *germ. an* 9, *Godard.*)

XIV. Lorsque les employés n'ont pas le grade voulu par
la loi pour verbaliser, qu'ils ne sont pas munis de l'ordre
par écrit d'un employé supérieur, ou qu'ils ne sont pas assistés d'un officier municipal, le résultat de leurs visites et
leurs procès-verbaux sont nuls, tout le monde en tombe
d'accord. Mais on a douté si le vice de leurs opérations n'était
pas couvert par le défaut d'opposition de la part du particulier qui a subi la visite? Nous n'hésitons pas à nous prononcer pour la négative.

La présence d'un fonctionnaire public, loin d'être requise
uniquement pour protéger les employés en cas de refus ou
de violence, l'est aussi pour rappeler les employés, si besoin
est, aux dispositions de la loi, pour certifier l'exactitude des
faits et des dires du redevable , pour rétablir les faits ou
dires omis, pour donner une certitude légale aux énonciations contenues dans un procès-verbal lors de la rédaction duquel le saisi est privé de toute assistance extérieure; enfin pour assurer au domicile du citoyen le respect qui lui est dû. Ce dernier motif fût-il le seul, qu'il
serait encore permis de se demander si le citoyen peut
valablement renoncer à cette garantie. Il ne lui appartient
pas d'aliéner sa liberté individuelle, de renoncer à la sûreté
de sa personne, au droit de décliner la contrainte par corps,
pourquoi donc l'inviolabilité de son domicile, du sanctuaire
de la famille, lui serait-elle moins précieuse? Elle n'est pas
moins sacrée aux yeux du législateur, car toutes les consti-
tutions antérieures à la Restauration ont placé la sûreté du

domicile au nombre des garanties qu'elles assuraient aux Français. Les conditions auxquelles doivent se conformer les agents de l'autorité pour pénétrer dans un domicile, ont toujours été considérées comme d'ordre public aussi bien que celles qui leur sont imposées pour l'arrestation d'un citoyen.

« Valider le procès-verbal d'une visite domiciliaire faite sans que l'assistance d'un fonctionnaire public ait été requise, le valider par cela seul qu'il n'apparaît pas que le prévenu ait réclamé contre l'envahissement illégal de son domicile, dit Mangin, c'est frustrer les citoyens de la garantie que la loi a créée en leur faveur; car la loi n'a mis à leur disposition aucun moyen par lequel ils puissent s'opposer à cette visite. Les agents des administrations se présentent habituellement à l'improviste, comment les repousser ? Sera-ce par une protestation ? Mais qui constatera cette protestation si les employés refusent d'y accéder ? Le redevable, l'inculpé osera-t-il toujours faire entendre ses réclamations à des hommes dont les dires font foi jusqu'à la preuve contraire, souvent jusqu'à inscription de faux, et qui peuvent compromettre son état et sa fortune? L'individu dont le domicile est ainsi assailli ne jouit réellement pas d'une liberté assez entière pour que l'on puisse induire de son silence qu'il a consenti à se priver de la protection que la loi voulait qu'il trouvât dans le fonctionnaire dont les agents devaient être accompagnés. » (V. *Traité des procès-verbaux.*)

XV. Le refus fait par un assujetti de représenter aux employés du bureau de garantie les ouvrages d'or et d'argent qu'il a en sa possession, n'est puni ni même prévu par aucune disposition de loi. Ce refus autorise seulement les préposés à se pourvoir par les voies de droit, à l'effet de se procurer l'ouverture des coffres et armoires du redevable. S'ils se bornent à consigner dans un procès-verbal la résistance passive de l'exercé, comme il n'y a pas de corps de délit constaté, il n'y a lieu à l'application d'aucune peine. (*Paris, 29 nivôse an 10, Trohé.*)

XVI. Quant à la résistance active aux préposés qui se présentent pour remplir la mission qu'ils tiennent de la loi, elle pourrait, suivant les circonstances, donner lieu à l'application des peines portées contre la rébellion. (*Cod. pén.*, *art. 209; L. 28 avril 1816, art. 238.*)

102. Il sera dressé à l'instant et sans déplacer, procès-verbal de la saisie et de ses causes, lequel contiendra les dires de toutes les personnes intéressées, et sera signé d'elles : ledit procès-verbal sera remis dans le délai d'une décade au plus, au commissionnaire du Directoire exécutif (1) près le tribunal de police correctionnelle, qui demeure chargé de faire la poursuite, également dans le délai d'une décade.

I. En présence de qui peut être dressé ce procès-verbal.
II. Ce qu'il doit contenir pour être valable.
III. Les formalités prescrites pour la rédaction des procès-verbaux en matière de garantie d'or et d'argent, doivent être remplies à peine de nullité.

(1) Aujourd'hui le procureur du roi.

IV. Spécialement le procès-verbal est nul pour n'avoir pas été fait sans déplacer.

V. Mais les procès-verbaux seraient valables, si l'inobservation des formalités provenait d'une force majeure ou du fait de la partie.

VI. Au surplus, les procès-verbaux en matière de garantie ne sont pas soumis à d'autres conditions que celles imposées par la loi de brumaire an 6.—Conséquences.

VII. La nullité d'un procès-verbal n'empêche pas le tribunal de prononcer la confiscation des matières ou bijoux saisis en contravention.

VIII. Non plus que de condamner le prévenu aux frais des poursuites.

IX. Mais elle empêche le juge de prononcer l'amende ou l'emprisonnement.

X. Les procès-verbaux dressés par les employés à la surveillance de la garantie des matières et ouvrages d'or et d'argent, font foi jusqu'à inscription de faux.

XI. Conséquences de cette proposition.

XII. Mais ils ne font foi qu'en ce qui concerne les énonciations de faits matériels de contravention, et nullement des faits ou qualifications dont l'appréciation dépend des règles de l'art.

XIII. Suite.

XIV. A plus forte raison ne forment-ils pas une preuve irrécusable des faits et délits étrangers à la garantie, de la rébellion, par exemple.

XV. Si, malgré l'existence d'un procès-verbal, il a été procédé à une instruction sans opposition de la part de la Régie, cette administration ne saurait, postérieurement au jugement, tirer delà un moyen de cassation.

XVI. La nécessité pour les employés de remettre leur procès-verbal dans les dix jours de sa date au procureur du roi, n'est pas imposée à peine de nullité, suivant la Cour de cassation.—Critique de cette opinion.

XVII. Le ministère public peut poursuivre la répression des contraventions en matière de garantie ;

XVIII. Mais seulement dans le cas où remise lui a été faite, soit par les employés du bureau de garantie, soit par les préposés des contributions indirectes, du procès-verbal constatant ces contraventions.

XIX. Il peut poursuivre sur la remise des procès-verbaux dressés par les maires ou adjoints contre les marchands ambulants.

XX. L'administration des contributions indirectes concourt avec le ministère public à la répression des contraventions.

XXI. Cette administration peut par conséquent attaquer, par appel ou par cassation, un jugement qui rejette ses prétentions.

XXII. L'appel se forme par déclaration au greffe.

XXIII. Tribunaux compétents pour connaître des contraventions à la garantie.

XXIV. Le tribunal compétent est celui du lieu où la contravention a été constatée.

XXV. Indemnité due par la Régie lorsque la saisie n'est pas validée par le tribunal.

XXVI. La Régie est en outre responsable des pertes et détériorations.

I. Le procès-verbal est rédigé en présence du redevable, de sa femme, de ses enfants, de ses domestiques; en un mot, des personnes qui dans les affaires ordinaires de la vie représentent le maître pendant son absence.

II. Il doit contenir l'indication du lieu où il a été rédigé, pour que l'on sache s'il a été dressé à l'instant et sans déplacer. Il constate en outre: 1° la saisie des objets en contravention; 2° les causes de cette saisie; 3° les dires de toutes les parties intéressées et la signature de ces parties; 4° la mise des faux poinçons et ouvrages saisis sous les cachets de l'officier municipal qui assiste les employés, des employés, et de celui chez lequel la saisie aura été pratiquée. (V. *Mangin, Traité des procès-verbaux*, p. 389.)

III. Bien que la loi garde le silence à cet égard, la Cour

de cassation a jugé que les formalités prescrites pour la rédaction des procès-verbaux en matière de garantie d'or et d'argent doivent être remplies, à peine de nullité, « attendu qu'il est de principe que tout acte dans lequel n'ont pas été observées les formalités prescrites par la loi est nul, si ce n'est dans les cas où l'application de ce principe a été expressément restreinte par la loi elle-même ; que la loi du 19 brumaire an 6, en prescrivant les formalités relatives aux procès-verbaux dressés en matière de garantie d'or et d'argent, n'ayant pas restreint l'effet que leur omission devait produire, il s'ensuit que cette omission doit opérer la nullité desdits procès-verbaux. (*Cass.*, 2 *décembre 1824, Belicard, Journ. du Palais.*)

IV. Ce même arrêt, faisant application de ce principe, a décidé que le procès-verbal était nul pour n'avoir pas été fait sans déplacer. La Cour de cassation s'est constamment maintenue dans cette jurisprudence, « attendu que l'omission de cette formalité essentielle, prescrite impérieusement par l'art. 102, à l'accomplissement de laquelle il n'a été mis obstacle, ni par un cas de force majeure, ni par le fait du prévenu, mais qui a eu pour unique cause de la part des employés que leurs opérations n'étaient pas terminées, entraînait la nullité dudit procès-verbal. (*Cass., 1er août 1834, Moreux.*)

Spécialement le procès-verbal qui, au lieu d'avoir été dressé à l'instant même de la saisie et sans déplacer, ne l'a été qu'au domicile du commissaire de police, est nul si rien n'établit que les saisissants aient été dans la nécessité de se transporter chez ce fonctionnaire. (*Cass., 24 février 1832; Picard.*)

V. Lorsque l'obstacle à l'accomplissement de la formalité voulue par l'art. 102 n'est pas dans le fait ou dans l'omission des préposés aux visites, il n'y a plus lieu à la nullité du procès-verbal. Par exemple, si la rédaction du procès-verbal de saisie est interrompue ou remise à un autre moment, par suite de l'obligation où se trouve le commissaire de police qui accompagne les employés, de déférer à un ordre supérieur qu'il vient de recevoir, on ne peut opposer que le procès-verbal n'a pas été fait de suite et sans déplacement, car « s'il est de principe que tout acte dans lequel les formalités prescrites par la loi n'ont pas été observées, doit être déclaré nul, il n'en peut être de même lorsque l'inobservation de ces formalités est la conséquence d'une force majeure ou provient du fait de la partie. » (*Cass., 12 juillet 1834, Blet.*)

VI. Au surplus, les procès-verbaux en matière de garantie ne sont point soumis à d'autres conditions que celles imposées par la loi de brumaire an 6. Les formalités voulues par la loi du 5 ventôse an 12, pour les procès-verbaux en matière de droits réunis, ne leur sont point applicables, lors même qu'ils sont dressés par des employés des contributions indirectes. La raison de cette décision se trouve dans le décret du 28 floréal an 13, portant que les délits et contraventions en matière de garantie peuvent être valablement constatés en *remplissant les formalités exigées* à cet égard par la loi de brumaire. (V. *Cass., 18 avril 1822, Honoré Maubert; 17 novembre 1808, Germain; 26 janvier 1809, Van Rooy.*)

En conséquence, les procès-verbaux en cette matière ne peuvent être annulés:

1° Pour omission de la mention, soit de l'administration à la requête de laquelle ils ont été dressés, soit de la personne chargée des poursuites. (*Cass., 18 avril 1822, Maubert.*)

2° Pour défaut d'affirmation. (*Cass., 26 janvier 1809; Metz, 9 août 1819, N.*)

3° Pour omission dans la copie délivrée au prévenu, de la signature apposée sur l'original par le commissaire de police qui a assisté à la visite des préposés de l'administration. (*Cass., 17 novembre 1808.*)

4° Pour insuffisance dans la désignation de la demeure des employés, lorsqu'au lieu de désigner la rue et le numéro de la maison qu'ils habitent, ils se sont contentés d'indiquer le lieu de leur résidence. (*Cass., 24 septembre 1830; Courtois.*)

5° Pour substitution de la part d'un employé signataire du procès-verbal, d'un *surnom* sous lequel il est généralement connu à son *nom propre*. (*Cass., 30 janvier 1824, Bazin.*)

6° Pour défaut de lecture du contenu du procès-verbal à la partie immédiatement après sa rédaction. (*Cass., 25 février 1813, Holst.*)

VII. Il est de jurisprudence constante que la nullité d'un procès-verbal de contravention aux lois sur la garantie des matières d'or et d'argent n'empêche pas que le tribunal ne doive prononcer la confiscation des objets saisis en contravention. (*Cass., 18 nivôse an 9, Nesme; 17 ventôse an 13, Augé; 5 septembre 1806, Monnier; 17 novembre 1809, Germain; 20 août 1813, Oring; 2 octobre 1818, Cusson; 2 décembre 1824, Bélicard; 12 juillet 1834, Blet.*)

Cette vérité se fonde sur l'art. 34 du décret du 1er germinal an 13, qui oblige le tribunal à prononcer non seulement la confiscation des choses prohibées, mais même la confiscation de tous objets saisis en contravention, nonobstant la nullité du procès-verbal de saisie, pourvu que la contravention se trouve suffisamment établie par l'instruction. Il résulte évidemment de cet article que la confiscation n'a pas besoin d'être appuyée sur un procès-verbal, et qu'elle devra être prononcée toutes les fois que la preuve de la contravention sera acquise au débat, soit par l'aveu du prévenu, soit par tout autre moyen. D'où il suit qu'en cette matière les tribunaux ne peuvent sans violer la loi rejeter, en cas de nullité des procès-verbaux pour vices de forme, les autres preuves existantes ou celles qu'on offre de leur administrer. (*Cass.*, *18 nivôse an 9, Nesmes; 12 juillet 1834, Blet; 6 mai 1842, Meurgey.*)

VIII. L'absence d'un procès-verbal de saisie ou son irrégularité n'influe pas davantage sur la condamnation du prévenu aux frais des poursuites. Le tribunal, tout en prononçant la nullité du procès-verbal et le renvoi du prévenu, peut, sans violer l'art. 194, Inst. crim., condamner le saisi aux frais si la contravention a d'ailleurs été constatée par l'instruction, et indépendamment du procès-verbal de saisie. (*Cass.*, *2 décembre 1842, Bélicard.*)

IX. L'action en condamnation du prévenu aux peines de l'amende ou de l'emprisonnement, ne peut au contraire être intentée qu'autant que la saisie et la contravention ont été constatées par un procès-verbal régulier : le procès-verbal est le fondement nécessaire de cette action. Cela est si vrai, que, comme nous le verrons plus bas, le ministère public, chargé des poursuites, ne peut intenter lui-même cette action s'il ne lui a été fait remise par les préposés du bureau de garantie ou des contributions indirectes, d'un procès-verbal constatant la contravention. (*Art. 102, loi de brumaire an 6, et 1er décret 20 floréal an 12; Mangin, Traité des procès-verbaux*, p. 12 et suivantes ; — V. aussi *Legraverend*, t. 1er, p. 219 ; *Merlin, Rép.*, v° *Saisie pour contraventions; Bourguignon, Jurisprud. du Code crim.*, t. 1, p. 113, qui professent des opinions différentes.)

X. Aux termes des art. 80, 81, 83 et 84 de la loi du 5 ventôse an 12, les procès-verbaux dressés par les employés à la surveillance de la garantie des matières et ouvrages d'or et d'argent font foi en justice jusqu'à inscription de faux. On avait prétendu que le décret du 28 floréal an 13 avait rapporté ces dispositions ; mais on a jugé, avec raison, que ce décret avait seulement abrogé l'art. 76 de ladite loi, au regard des peines qu'il prononçait contre les contraventions à la marque d'or et d'argent, en rétablissant celles qui étaient auparavant édictées par la loi du 19 brumaire an 6 ; d'où la onséquence que les procès-verbaux émanés des préposés à a surveillance de la garantie des matières d'or et d'argent font foi en justice jusqu'à inscription de faux, aujourd'hui comme avant le décret de floréal. (*Cass., 17 décembre 1812, Libbertz ; 25 février 1813, Holst ; 27 août 1813, Manderbard ; 24 septembre 1830, Glaton.*)

XI. Il suffira donc que la contravention soit constatée par un procès-verbal pour que la peine doive être nécessairement appliquée. Jugé, en effet, d'une manière spéciale : 1° que s'il est établi par un procès-verbal régulier que des montres d'or et d'argent, qui n'étaient pas revêtues du poinçon prescrit par la loi, ont été saisies chez un individu pourvu d'une patente d'horloger, les tribunaux ne peuvent, sans violer la loi, refuser de prononcer contre lui l'amende et la confiscation. (*Cass.*, *2 janvier 1806, Moulin.*)

2° Que s'il est établi par un procès-verbal régulier que les préposés du bureau de garantie ont trouvé entiers, chez un bijoutier des ouvrages qui devaient être brisés, aux termes de l'ordonnance de 1749, le tribunal ne peut se dispenser d'ordonner qu'ils seront brisés et rompus, sous le prétexte que, d'après un rapport d'experts, ils doivent être considérés comme rompus. (*Cass.*, *10 juin 1830, Seillard.*)

3° Que si un procès-verbal régulier constate des faits caractéristiques de la profession de fabricant d'orfévrerie, il y a violation de la foi due au procès-verbal jusqu'à inscription de faux, dans l'arrêt qui, appréciant les faits, décide que l'individu à la charge de qui ces faits sont établis n'est pas fabricant. (*Cass.*, *27 août 1831, Glaton.*)

XII. Foi n'est due néanmoins, jusqu'à inscription de faux, aux procès-verbaux des employés, qu'en ce qui concerne les énonciations de faits matériels de contravention qui tombent sous leurs sens lors des visites et exercices. Le même respect n'est point commandé par les assertions de ces procès-verbaux, basées sur des faits ou qualifications dont l'appréciation peut dépendre des règles de l'art. En conséquence, les juges peuvent, sans violer la foi qui est due à l'énonciation affirmative d'un procès-verbal de saisie, ordonner une vérification par experts, à l'effet de savoir si des objets non marqués sont ou non achevés. La Cour de Cassation a consacré cette opinion en ces termes :

« Attendu que, dans l'espèce, il s'agissait d'une pareille

qualification, et qu'il en résultait que la question du délit était de savoir si les ouvrages d'or et d'argent saisis comme non marqués étaient ou non achevés ; — que la partie saisie et poursuivie avait le droit d'opposer à l'imputation qui lui était faite de n'avoir pas fait marquer des ouvrages achevés, le genre de preuve qui pouvait établir sa justification ; que cette preuve ne peut résulter que d'une vérification de l'état de fini des ouvrages saisis, par un homme de l'art ; que les tribunaux, juges de l'existence et de la répression du délit, avaient spécialement et nécessairement le droit d'ordonner cette vérification, etc. » (*Cass.*, *2 juin 1806, Gueffier Dubuisson.*)

XIII. Le tribunal peut ordonner cette vérification lors même que, de l'aveu du prévenu, consigné dans le procès-verbal de saisie, il résulte que les objets saisis sont achevés. En effet, son aveu, non plus que sa dénégation postérieure, ne peuvent changer la nature et la qualité d'ouvrages placés sous la main de la justice par la saisie, et dont par suite, le véritable état peut toujours être vérifié. (*Cass.*, *16 juillet 1824, Granger.*)

XIV. A plus forte raison, ces procès-verbaux ne peuvent-ils former une preuve absolue et irréfragable des délits de rébellion commis envers les employés, et les prévenus sont-ils admissibles à détruire, par la preuve contraire, le contenu de ces procès-verbaux. C'est le cas d'appliquer le principe que la foi due aux procès-verbaux des préposés des administrations publiques est limitée aux faits que ces agents sont spécialement chargés de surveiller. Les violences exercées envers eux ne participent évidemment en rien à la nature de ces faits ; la raison ni l'équité ne pouvaient permettre d'attacher une égale force aux procès-verbaux, en tant qu'ils relatent des faits dans lesquels les préposés peuvent avoir un intérêt personnel. — C'est pourquoi, malgré les énonciations formelles du procès-verbal, le prévenu doit être admis à établir par tous les moyens possibles la preuve de son innocence. (*Cass.*, *2 octobre 1818.*)

XV. Si malgré l'existence d'un procès-verbal il a été fait une instruction, l'administration des contributions indirectes qui n'a pas excipé en première instance de l'incompétence de la chambre du conseil, ne peut se faire un moyen de cassation de ce qu'il a été procédé par cette voie, la loi ne lui ayant pas interdit de consentir à ce mode d'information. La Cour de cassation l'a ainsi décidé dans une espèce où l'arrêt attaqué déclarait toutefois « que c'était postérieurement au procès-verbal et durant l'instruction que le prévenu (auquel on reprochait de n'avoir pas inscrit sur son registre ses achats et ventes) avait justifié de cette inscription par son registre », ce qui nous donne l'occasion de remarquer que l'on est toujours admis à établir, par tous les moyens possibles, les faits justificatifs ou atténuants, postérieurs au procès-verbal, pourvu qu'ils n'aient rien d'inconciliable avec ce qui s'était passé au moment de la saisie. (*Cass.*, *10 juin 1830, Seillard.*)

XVI. L'art. 102 qui s'occupe des énonciations que doit contenir le procès-verbal, exige que ce procès-verbal soit remis dans les dix jours de sa date au procureur du roi, et que ce magistrat fasse ses diligences également dans les dix jours à partir de cette remise; l'inaccomplissement de cette formalité entraîne-t-il la nullité des poursuites? La Cour suprême s'est prononcée pour la négative, « attendu a-t-elle dit, qu'en ordonnant que les procès-verbaux de saisie soient remis dans les dix jours au procureur du roi pour qu'il poursuive dans les dix jours suivants, l'article précité n'attache à l'inobservation de ces délais ni la peine de nullité ni celle de la déchéance; que cette disposition de la loi est une simple injonction au ministère public, ayant pour objet l'accélération des poursuites; mais que leur retard ne peut mettre les contrevenants à l'abri des peines qu'ils auraient encourues. (*Cass.*, *29 mai 1813*, *Pavie*.)

Cet arrêt ne nous paraît point à l'abri de toute critique. La loi de brumaire ne prononce pas non plus la nullité ou la déchéance pour le cas où l'une des conditions prescrites pour la validité du procès-verbal n'a pas été remplie, et pourtant la même Cour n'a pas hésité à y suppléer, par ce motif que l'effet de cette omission n'ayant pas été restreint par ladite loi, il s'ensuit que l'omission doit opérer la nullité des procès-verbaux. Dans quelle disposition légale la Cour a-t-elle donc puisé cette distinction entre les effets qui doivent résulter de l'omission de deux formalités également prescrites par le même article?

XVII. Le ministère public tient de la loi de brumaire le droit d'exercer les poursuites en cas de contravention, puisqu'en ordonnant de lui remettre le procès-verbal elle déclare qu'il demeure « *chargé de la poursuite* » : cette attribution exclusive ne permettait même d'élever aucune contestation sur sa compétence. Mais on a prétendu qu'il avait été dépouillé de ce droit par la loi de l'an 12 qui, en organisant la Régie des droits réunis, avait placé dans ses attributions les droits de garantie, et par le décret du 1er germinal an 13, qui autorise la Régie et ses préposés à poursuivre généralement les contraventions aux différents droits placés dans leurs attributions. Il a fallu que la Cour de cassation jugeât que ces dispositions, au lieu de déroger aux dispositions particulières de la loi de brumaire, n'avaient fait qu'appeler l'administration des contributions indirectes au partage d'une attribution que le ministère public avait eue jusque là exclusivement ; « considérant, ajoute-t-elle, que les dispositions de la loi sur la surveillance des titres et ouvrages d'or et d'argent intéressent principalement l'ordre social et la sûreté publique ; que le ministère public a incontestablement sous ce rapport le droit de poursuivre la répression des contraventions à ces dispositions ; que l'exercice de ce droit de poursuite n'a rien de contradictoire au droit que la loi donne généralement à la Régie de poursuivre, dans son intérêt, toutes les contraventions aux droits réunis ; qu'il en résulte, au contraire, dans cette partie, une garantie de plus, et pour l'ordre social et pour la perception des droits attribués à la Régie ; que, par conséquent, la Cour dont l'arrêt est attaqué, en annulant la procédure par l'unique raison que la citation originaire avait été donnée à la requête du procureur du tribunal de première instance, a formellement violé l'art. 102, et fait une fausse application du décret de germinal. (*Cass.*, *13 février 1806, Jarrin ; Mangin, Traité de l'action publique*, tit. 1ᵉʳ, n° 42.)

XVIII. Seulement le ministère public ne peut poursuivre que sur la remise, soit par les employés du bureau de garantie, soit par les préposés des contributions indirectes, du procès-verbal constatant ces contraventions. La divergence d'opinions qui s'est manifestée entre les auteurs les plus recommandables, nous fait une nécessité de nous appe-

santir sur ce point. M. Legraverend, entre autres, enseigne
que dans les matières spéciales, comme dans toutes les matières, le défaut de procès-verbal, ou la nullité de celui qui
a été rédigé, ne met point obstacle à la poursuite et à la condamnation du prévenu, si la preuve existe d'ailleurs, indépendamment de tout procès-verbal. (V. t. Ier, p. 219.
Suivant M. Merlin, au contraire, point de procès-verbal,
point de saisie, point d'action. (*Répert.*, v° *Saisie pour
contraventions.*) M. Bourguignon, qui ne partage ni l'une
ni l'autre de ces opinions, fait une distinction : en l'absence
d'un procès-verbal, s'il n'y a pas de corps de délit, ni de
commencement de preuve, et que le témoignage soit l'u-
nique moyen d'établir la contravention, l'action doit être
repoussée ; mais s'il existe de forts indices, un commencement de preuves écrites, l'action répressive pourra être
exercée, et la preuve par témoins pourra même être admise
comme supplétive, ainsi que dans les cas où le procès-verbal
est nul. (*Jurisp. du Code crim.*, t. 1er, p. 113.)

L'opinion d'aucun de ces auteurs ne nous paraît devoir
être suivie. Suivant nous, il faut faire une distinction fondée
sur la nature de chacune des deux actions auxquelles donnent lieu les infractions à la loi de brumaire, dont l'une
est une action en confiscation des choses saisies en contravention, l'autre en condamnation du prévenu aux peines
pécuniaires ou corporelles prononcées par la loi. La première
de ces actions ne peut avoir pour base que la saisie des
choses en contravention ; l'absence ou l'existence d'un procès-verbal pour son exercice est indifférente, ainsi que nous
l'avons conclu plus haut, des termes de l'art. 34 du décret
du 1er germinal an 13. La deuxième ne peut avoir pour

base qu'un procès-verbal régulier qui constate cette saisie et les causes qui y ont donné lieu. « En effet, dit M. Mangin, en matière d'infraction aux lois sur la garantie des ouvrages d'or et d'argent, le ministère public qui est chargé de la poursuite ne peut l'intenter que par la remise qui lui est faite par les préposés du bureau de garantie ou des contributions indirectes, d'un procès-verbal constatant la contravention. Cette vérité résulte des art. 102 de brumaire et 1er du décret du 20 floréal an 12. Il est évident par là qu'à défaut de procès-verbal le ministère public n'a pas d'action, et qu'il en est de même si le procès-verbal est entaché de nullité. » (*Traité des procès-verbaux*, p. 12 et suiv.; *De l'action publique*, n° 42.)

La jurisprudence de la Cour de cassation est conforme à cette doctrine. Plusieurs fois elle a jugé que le ministère public ne peut poursuivre les contraventions à la loi de brumaire an 6, que sur les procès-verbaux des employés constatant ces contraventions, et qu'un tribunal ne viole aucune loi en s'abstenant de prononcer une condamnation sur la réquisition du ministère public, à raison d'une contravention qui n'est établie par aucun procès-verbal. (*Cass.*, *5 novembre 1825, Rattier ; Conf., 15 avril 1826, Balet ; Contrà, Metz, 28 mai 1821, Groff; 18 août 1827, Poncet.*)

XIX. S'il s'agit de contraventions commises par les marchands ambulants d'ouvrages d'or ou d'argent en venant s'établir en foire, le ministère public peut en poursuivre la répression sur la remise des procès-verbaux dressés par les maires, adjoints ou commissaires de police.

XX. A peine la Cour de cassation avait-elle reconnu au ministère public le droit qui lui était dénié, de demander

concurremment avec l'administration des contributions indirectes, la répression des contraventions à la garantie, que
le droit de provoquer la condamnation aux peines encourues par la loi, était contesté à cette administration. La Cour
de cassation consacra de nouveau la concurrence dans l'exercice de l'action en répression au profit de la Régie, par
arrêt du 22 mai 1807 (*aff. Bay*). Mais déjà une circulaire,
à la date du 10 février 1807, avait fait cesser cette concurrence, en défendant à la Régie d'intervenir, même civilement, dans les poursuites en cette matière.

Lorsque le décret du 1er germinal avait chargé les employés des droits réunis de la *poursuite des condamnations*,
il n'avait point entendu comprendre sous ces expressions,
disait-on, le droit d'intenter l'action tendant à la condamnation des contrevenants aux peines portées par la loi de brumaire, puisque l'art. 102 de cette loi, à laquelle ce décret
renvoie et ne déroge pas, attribue l'action et la poursuite
au ministère public. Cette poursuite ne doit s'entendre que
de la poursuite par les employés des droits réunis du recouvrement des amendes et confiscations ou autres condamnations prononcées pour contravention à la loi, parce
qu'ils sont chargés de l'encaissement du montant des
condamnations après le jugement, comme partie dépendant de la perception du droit de garantie établi par la
même loi. Cette interprétation, en désaccord avec les arrêts
de cassation des 13 février 1806 et 22 mai 1807, était évidemment erronée. Cependant, ce n'est qu'après longues
années que la circulaire qui la contenait a été rapportée.
Aujourd'hui les poursuites peuvent être intentées par la
Régie en concurrence avec le ministère public, de telle sorte

que les directeurs pourraient même, à défaut du ministère public, soit sur son refus, soit pour tout autre cause, exercer les poursuites sans ce concours. (V. *Circ. du 17 juin 1830.*)

XXI. Du moment que l'administration des contributions a qualité pour poursuivre le prévenu devant le tribunal de première instance, elle l'a nécessairement aussi pour attaquer le jugement qui rejette ses poursuites soit par la voie de l'appel, soit par la voie de la cassation. (*Merlin*, *v° Marque et contrôle, n° 23; Cass., 22 mai 1807, Bay.*)

Mais elle ne peut ni transiger ni par conséquent arrêter les poursuites commencées. (V. *Déc. du 28 floréal an 13; Cass., 3 janvier 1806.*)

XXII. Quant à l'appel, il doit être formé par déclaration au greffe, et non par exploit de notification, le dixième jour au plus tard après celui qui a suivi la prononciation du jugement attaqué, sous peine de déchéance. (*Cass., 9 juin 1809, Sègre.*)

XXIII. Aux termes de l'art. 102, c'est devant le tribunal de police correctionnelle que doivent être portées les contraventions ; mais il est possible qu'une autre juridiction en connaisse. En cas de poursuites pour corruption pratiquée sur un employé des bureaux de garantie qui, moyennant récompense, marque comme étant au titre légal des bijoux fourrés, le délit est soumis, en même temps que le crime dont il n'est que l'accessoire, à la Cour d'assises, conformément au droit commun. En cas de difficulté, non point sur le montant du droit d'essai et de garantie, mais sur la question de savoir si le droit est dû, c'est le tribunal civil qui seul est compétent. (V. *Cass., 4 août 1806, Laderrière; 2 juin 1806, Hansothe.*)

XXIV. Le tribunal de police correctionnelle compétent pour connaître d'une contravention en matière d'or et d'argent, est celui du lieu où cette contravention a été constatée. La règle générale posée dans les art. 23 et 63, Instruction criminelle, qui attribuent la connaissance exclusive des crimes et délits au juge d'instruction et par suite au tribunal correctionnel : 1° du lieu où le délit aura été commis, 2° du lieu de la résidence du prévenu, et 3° du lieu où il pourra être trouvé, ne doit pas recevoir ici son application, la loi de brumaire spéciale à la matière ayant statué différemment sur la compétence. (V. *Cass.*, *14 février 1840; J. P.*, t. 2, p. 604, *aff. Bernier.*)

XXV. Si le tribunal juge la saisie mal fondée, il pourra condamner la Régie non seulement aux frais du procès et à ceux de fourrière, le cas échéant, mais encore à une indemnité proportionnée à la valeur des objets, dont le saisi aura été privé pendant le temps de la saisie, jusqu'à la remise ou l'offre qui en aura été faite. Le législateur pour éviter l'arbitraire et empêcher qu'il ne soit prononcé des condamnations outrées contre la Régie et préjudiciables au trésor public, a fixé lui-même cette indemnité à 1 fr. pour cent par mois de la valeur desdits objets. (V. *Décret, 1er germinal an 13, art. 29.*)

XXVI. « Si par l'effet de la saisie et leur dépôt dans un lieu et à la garde d'un dépositaire qui n'aurait pas été choisi ou indiqué par le saisi, les objets saisis avaient dépéri avant leur remise ou les offres valables de les remettre, la Régie pourra être condamnée d'en payer la valeur ou l'indemnité de leur dépérissement. » (*Art. 30, même décret.*)

Cette indemnité peut être déterminée par un deuxième

jugement, si la détérioration est postérieure au jugement qui a annulé la saisie. (V. *Cass.*, *23 janvier 1821.*)

103. Les poinçons, ouvrages ou objets saisis, seront mis sous le cachet de l'officier municipal, des employés du bureau de garantie présents, et de celui chez lequel la saisie aura été faite, pour être déposés, sans délai, au greffe du tribunal de police correctionnelle.

I. Les objets saisis ne peuvent être laissés à la garde du prévenu.
II. L'inobservation des formalités prescrites par l'art. 103 entraîne la nullité des poursuites, —
III. A moins qu'elle ne soit le résultat de la force majeure.

I. Les objets saisis ne peuvent, sous aucun prétexte, être laissés à la garde du prévenu ni d'une caution. Depuis le moment où ils ont été mis dans une boîte ou paquet ficelé, sous le cachet du prévenu, des employés et de l'officier de police qui a accompagné les employés, ils doivent rester entre les mains de ce magistrat jusqu'à l'effectuation du dépôt au greffe.

II. La loi de brumaire, avons-nous dit plus haut, n'ayant point restreint l'effet que peut produire l'omission d'une des formalités exigées par elle pour la validité du procès-verbal, cette omission doit en entraîner la nullité. Ainsi lorsqu'il sera établi que les objets saisis n'ont pas été mis à l'instant sous le cachet de l'officier municipal qui accompagnait les employés dans leur visite, et que d'ailleurs l'obstacle à l'accomplissement de cette formalité ne provient pas du fait du saisi, le procès-verbal doit être annulé. La Cour de cassation l'a ainsi jugé dans l'hypothèse suivante : « Le 25 août 1823, les employés des contributions indirectes, assistés du maire de l'endroit, s'étant transportés au village de Balme, chez le sieur Bélicard, bijoutier, y trouvèrent plusieurs ouvrages d'or en contravention. La nuit survint ; les employés renfermèrent les bijoux saisis dans une boîte cachetée, et remirent cette boîte entre les mains du maire, sans que ce fonctionnaire y apposât son cachet. Le lendemain 26 l'opération se continua, la vérification fut faite en l'absence de Bélicard qui n'arriva qu'au moment où elle se terminait. Refus de sa part de mettre son cachet sur la boîte. Le maire y appliqua néanmoins le sien, ainsi que les employés, et ceux-ci continuèrent les poursuites. Mais le tribunal auquel la contestation fut soumise prononça la nullité du procès-verbal ; la Cour royale maintint le jugement, et la Cour de cassation rejeta le pourvoi du ministère public contre cet arrêt. (V. *Cass., 2 décembre 1824, Bélicard.*)

III. Par application du même principe, le procès-verba serait nul si les objets saisis n'avaient pas été déposés *sans délai* au greffe du tribunal de police correctionnelle. Cependant il faudrait bien tenir compte aux employés de l'impossibilité où ils se seraient trouvés de se conformer à cette prescription de la loi. Le saisi ne pourrait, par exemple, se faire un moyen de nullité de ce que le dépôt, au lieu de se faire immédiatement au greffe du tribunal, aurait été fait au domicile particulier du greffier, encore que lui-même n'ait pas été appelé à cette remise et que le procès-verbal ne la mentionne point, s'il était établi en fait que le procès-verbal n'a été terminé qu'après l'heure de la fermeture du greffe, et que dès son ouverture le dépôt a été effectué. (*Metz, 3 septembre 1821, Nathan Gouguenheim; Journal du Palais.*)

104. Dans le cas où le tribunal prononcerait la confiscation des objets saisis, ils seront remis au receveur de la Régie de l'enregistrement pour être vendus.

Il sera prélevé, sur le prix qui en proviendra un dixième, qui sera donné à celui qui aura le premier dénoncé le délit, et un second dixième partageable, par portions égales, entre les employés du bureau de garantie. Le surplus, ainsi que les amendes, seront versés dans la caisse du receveur de l'enregistrement.

Le receveur de la Régie est chargé de faire vendre tels qu'ils sont les objets susceptibles d'être livrés au commerce ; quant aux bijoux à bas titre ou marqués de poinçons faux, ils doivent être brisés.

La prime d'un dixième accordée à la délation, source de vexations et d'investigations tracassières, nous a été léguée par le réglement général du 30 décembre 1679.

L'excès de zèle de la part des employés stimulés par l'appât de cette prime, est tellement à craindre, qu'une circulaire du 4 octobre 1822, n° 58, a cru nécessaire de leur enjoindre de ne pas perdre de vue que tous ceux qui se livrent au commerce des ouvrages d'or et d'argent, forment par la nature même de ce commerce, de son importance, une classe toute particulière de contribuables qui méritent les plus grands égards.

105. Les mêmes formes et dispositions prescrites par les quatre articles précédents auront lieu pour toutes les recherches, saisies et poursuites relatives aux contraventions à la présente loi.

106. Les recherches ne pourront être faites qu'en se conformant à l'art. 359 de la Constitution.

Les employés du bureau de garantie ne sont pas assujettis dans leurs *visites*, aux mesures indiquées par l'art. 76 de la Constitution de l'an 8, subtitué à l'art. 359, dont il est ici question.

Cet article de la Constitution de l'an 3, porte : « La maison de chaque citoyen est un asile inviolable : pendant la nuit nul n'a le droit d'y entrer que dans le cas d'incendie, d'inondation ou de réclamation venant de l'intérieur de la maison.

« Pendant le jour, on peut y exécuter les ordres des autorités constituées.

« Aucune visite domiciliaire ne peut avoir lieu qu'en vertu d'une loi, et pour la personne ou l'objet expressément désigné dans l'acte qui ordonne la visite. »

Cette disposition, reproduite en termes presque identiques par la Constitution de l'an 8, art. 76, a pour objet d'assurer aux citoyens la paisible jouissance de leur domicile. Les conditions qu'elle exige pour que l'administration puisse pénétrer en cas de nécessité dans le sanctuaire de la famille, mettent la généralité des citoyens à l'abri des vexations qu'ils pourraient avoir à redouter accidentellement de l'autorité si elle devenait inquiète et persécutrice. Mais la loi n'aurait-elle pas dû établir quelques garanties de plus que celles de droit commun, au profit des fabricants et marchands d'ouvrages d'or et d'argent, dans le but d'adoucir les formes des recherches qu'elle leur fait une nécessité de subir *habituellement et fréquemment*, c'est-à-dire au gré des employés? — Tel n'est pas sans doute le sentiment de la Cour de cassation, car elle a jugé que les préposés de la garantie ont, par la nature même de leurs fonctions, le droit de faire des recherches chez les orfèvres et bijoutiers sans être assujettis aux mesures indiquées par l'art. 76 de la Constitution de l'an 8, lui-même, attendu qu'autrement leur surveillance serait illusoire, et que toutes les contraventions prévues par la loi du 19 brumaire an 6 resteraient impunies; que prétendre que ces employés soient assujettis aux mesures indiquées par l'art. 76 de la Constitution, c'est de la part des premiers juges s'être livré à une erreur d'autant plus évidente que la loi accorde à ces employés la faculté d'entrer chez les individus sujets à cette surveillance. (*Cass., 25 fructidor au 13, Marseille.*)

107. Tout ouvrage d'or et d'argent achevé et non marqué trouvé chez un marchand ou fabricant, sera saisi, et donnera lieu aux poursuites par devant le tribunal de police correctionnelle. Les propriétaires des objets saisis encourront la confiscation de ces objets, et en outre les autres peines portées par la loi.

I. Ce qu'on doit entendre par ouvrages achevés dans le sens de l'art. 107.

II. Les marchands et fabricants d'ouvrages d'or ou d'argent ne peuvent à aucun instant en avoir chez eux d'achevés et non marqués.

III. En cas d'expertise ordonnée pour rechercher si les ouvrages saisis sont ou non achevés, les tribunaux ne sont pas tenus de la confier à l'administration des Monnaies, ni de se conformer à l'avis de cette administration.

IV. Le fabricant saisi ne peut échapper à la peine qu'en établissant que ses ouvrages n'étaient pas finis : aucune autre excuse n'est admissible.—Nombreux exemples.

V. Les excuses présentées par les marchands n'ont pas été plus favorablement accueillies. — Exemples.

VI. Critique de la jurisprudence trop rigoureuse, suivant nous, à l'égard des marchands.

VII. Les marchands et fabricants chez lesquels ont été trouvés des ouvrages d'or et d'argent achevés et non marqués, sont passibles des peines portées par les art. 80 et 107 de la loi de brumaire, et non de celles édictées par la loi du 5 ventôse an 12.

VIII. L'amende et la confiscation prononcées par les art. 80 et 107, sont également applicables aux marchands possesseurs d'ouvrages non empreints des poinçons de forme nouvelle après le délai de la recense, ces ouvrages étant réputés non marqués.

IX. Il n'importe point pour l'application de ces peines que les ouvrages non revêtus du poinçon de recense soient trouvés dans un lieu plus ou moins apparent de la boutique, s'ils ne sont brisés.

X. Il n'importe pas davantage qu'ils soient destinés à l'usage personnel du marchand.

XI. Sont aussi réputés non marqués les ouvrages qui ne porteraient pas sur le revers, au côté opposé à la marque des poinçons de titre ou de recense, l'empreinte du poinçon bigorne ou
de contre-marque.

XII. De même que les boîtes de montres neuves non recensées,
etc.

XIII. L'art. 107 ne serait pourtant pas applicable, s'il y avait eu
de la part du marchand impossibilité de soumettre à la recense
les ouvrages saisis.

XIV. La confiscation des bijoux mis en vente sans être marqués
doit être prononcée toutes les fois qu'une condamnation inter-
vient contre le prévenu.

XV. La confiscation de la boîte d'une montre n'entraîne pas la
confiscation du mouvement de cette montre.

XVI. Non plus que la confiscation d'un ouvrage d'or ou d'argent,
garni de diamants ou d'autres pierres, n'entraîne la confiscation de ces pierres ou diamants.

XVII. Les ouvrages non marqués ne peuvent être confisqués,
s'ils sont la propriété de particuliers non fabricants ni marchands.

XVIII. Pénalités auxquelles fait allusion l'art. 107 *in fine*.

I. Les ouvrages d'or et d'argent sont *achevés* dans le sens
de cet article, lorsque les pièces qui en dépendent sont
réunies, qu'ils sont entièrement finis et qu'ils peuvent être
mis dans le commerce. — Les ouvrages garnis de pierres
ou de perles fines ou fausses, ne sont achevés qu'autant que
les pierres, perles ou autres corps étrangers, sont incrustés
ou enchâssés dans l'or ou l'argent qui doit les recevoir. L'or
et l'argent, sans leur garniture, ne composeraient point un
ouvrage complet; ce n'est qu'après leur réunion que le
bijou peut être saisi et confisqué comme ouvrage achevé,
parce qu'alors seulement il peut être livré aux consommateurs.

II. Si la loi avait attendu pour soumettre les ouvrages d'orfévrerie au contrôle et au paiement du droit de garantie, qu'ils fussent parvenus à ce degré de perfection, les fabricants se fussent livrés à la fraude avec autant de facilité que d'impunité, les immunités des simples particuliers s'opposant, une fois les bijoux tombés entre leurs mains, à la poursuite et à la constatation de délits de cette nature. Aussi a-t-elle voulu qu'ils fussent apportés au bureau de garantie avant leur entière confection et dès qu'ils seraient empreints de la marque du fabricant, sauf au contrôleur à exiger des redevables qu'ils polissent ou brunissent la place où doivent être appliqués les poinçons de titre et de garantie, afin qu'ils ne puissent, en les finissant, faire subir aux empreintes aucune altération. Cette intention du législateur, la Cour de cassation la fait ressortir de la combinaison des articles 23, 48 et 107 de la loi de brumaire. « Considérant, a-t-elle dit, que la disposition de ce dernier article, qui défend aux marchands et fabricants d'avoir chez eux des ouvrages d'or et d'argent achevés et non marqués, est générale et absolue, qu'elle est d'ailleurs une conséquence immédiate et nécessaire des articles 23 et 48 précités, puisque, d'une part, et d'après ledit article 23, les ouvrages venant de l'étranger doivent, à leur entrée sur le territoire français, être présentés aux employés des douanes et envoyés au bureau de garantie le plus voisin pour y être marqués, et que, d'autre part, et suivant ledit article 48, les ouvrages fabriqués en France doivent recevoir les marques de garantie avant leur pleine et entière confection, qu'ainsi tous les ouvrages d'or et d'argent, soit qu'ils proviennent des fabriques étrangères, soit qu'ils proviennent des fabriques intérieures, doivent, avant

d'être mis dans le commerce ou exposés en vente, être revêtus des marques de garantie prescrites par la loi ; d'où il
suit que les marchands et fabricants d'ouvrages d'or et d'argent ne peuvent, dans aucun cas et à aucun instant, en recevoir ou en avoir chez eux d'achevés et non marqués, etc. (1). (*Cass., 2 août 1821, aff. Sarrazin; 9 mai
1813, Fischer; Cour supérieure de Bruxelles, 7 juille
1825, etc.*)

(1) Il est véritablement impossible de voir dans l'art. 48 une
autre limite que celle qu'il pose pour empêcher les ouvrages
d'être présentés au bureau de garantie *trop tôt*, c'est-à-dire n'étant point assez avancés vers leur achèvement.

En effet, de graves inconvénients résulteraient d'une présentation prématurée. Après l'apposition des marques, on pourrait
pratiquer sur les ouvrages les fraudes de l'entage et du fourré
sans que ces opérations frauduleuses laissassent des traces appréciables et distinctes de celles qu'offrirait une fabrication loyale.
Toutes les modifications à la surface des marques paraîtraient
une conséquence naturelle de l'achèvement. Il n'en est pas ainsi
lorsque la limite salutaire posée par l'art. 48 est bien comprise
par les essayeurs.

La Régie a essayé d'établir que l'art. 48 avait pour objet d'empêcher les ouvrages d'être présentés au bureau de garantie trop
tard. S'il est vrai qu'elle ait réussi devant la Cour de cassation,
il nous semble qu'un pareil succès, trop sujet à critique, ne devrait
pas durer.

Quant à l'art. 107, qu'on le considère comme ayant pour objet
d'empêcher les bijoux d'arriver trop tard au bureau de garantie,
à la bonne heure ; pourvu que toutes les conditions de cet article
soient observées et que la saisie des bijoux achevés ne soit
point pratiquée ailleurs que chez les assujettis.

S'il est très difficile aux bijoutiers de combattre l'*interprétation*
fort rigoureuse adoptée par la jurisprudence sur l'art. 107, il

III. On comprend de quelle importance il est pour les fabricants d'établir, en cas de saisie, que les objets dépourvus de marque n'étaient pas finis, puisque la loi n'ordonnant la confiscation des ouvrages qu'autant qu'ils sont achevés et qu'ils se trouvent dans cet état chez un marchand ou fabricant, le tribunal ne pourra la prononcer si l'existence de ces deux conditions n'est ni reconnue ni légalement établie. Cette importance peut grandir encore à raison des circonstances spéciales qui se rattachent à la saisie. L'on a vu, par exemple, l'administration des contributions indirectes demander la confiscation de boîtes de montres présentées à l'essai, sous prétexte qu'elles étaient terminées avant d'être soumises au contrôle, et n'avaient été dépolies que pour faire croire qu'elles étaient non achevées. Elle soutenait que les ouvrages présentés au contrôle de garantie ne doivent être ni simplement ébauchés, ni complètement achevés, et demandait à faire la preuve que, dans l'espèce, il y avait eu

leur serait facile au contraire de prouver que cet article exige d'eux, en beaucoup de cas, l'*impossible* ou la soumission à l'*injuste*.

Les ouvrages dont un certain mode d'achèvement change le poids et le titre, seront-ils soumis à l'essai et à la perception avant que l'achèvement ait eu lieu?

Des ouvrages que certains procédés expéditifs de fabrication font naître en peu d'instants et à toute heure du jour, devront-ils être, au fur et à mesure de leur éclosion portés un à un et processionnellement au bureau de garantie? et puis les y présentera-t-on même aux jours et heures où ce bureau est fermé?

Destiné à régir les gros ouvrages, l'orfévrerie, l'art. 107, reproduction d'une disposition de l'ancien régime, serait peut-être irréprochable. Appliqué aux menus ouvrages de la bijouterie, il ne soutient pas l'examen.   (*Vote de M. Paillottet.*)

achèvement complet. La Cour royale rejeta, il est vrai, cette demande, en s'appuyant sur ce que le procès-verbal ne mentionnant pas que les boîtes fussent achevées et non marquées, les faits tels qu'ils étaient exposés ne rendraient le marchand passible d'aucune peine, mais la Cour suprême cassa son arrêt. (*6 mai 1842.*) L'appréciation du fait de l'achèvement était ici extrêmement délicate. Il était du plus grand intérêt de savoir à qui elle devait être confiée. On a prétendu que la solution de cette question subordonnée à la partie d'art, relevait de l'administration de la Monnaie, et que l'expertise devait être faite par l'essayeur. Cette opinion a prévalu en Belgique, où les Cours et tribunaux sont liés par les décisions du collége des conseillers et maîtres généraux des Monnaies, sur toutes les questions relatives au titre et à l'essai des ouvrages ou espèces d'or et d'argent, de sorte qu'ils ne peuvent se dispenser de consulter ce collége, ni admettre aucun autre genre de preuve (*C. de Bruxelles, 22 novembre 1825*); mais elle a été proscrite par la Cour de cassation. Plusieurs fois cette Cour a eu l'occasion de décider, en effet, qu'en cas d'expertise ordonnée pour rechercher si les ouvrages saisis étaient ou non achevés, aucune disposition n'oblige les tribunaux à la confier à l'administration des Monnaies, ni de se conformer à l'avis de cette administration, notamment dans l'espèce suivante :

Le sieur Chenal soutenait, devant le tribunal de Lyon, que des bijoux saisis sur lui comme non marqués, n'étaient pas achevés. Le tribunal ordonna une expertise, dont il chargea l'administration de la Monnaie. La vérification opérée par elle n'étant pas assez concluante pour déterminer la conviction des juges, ceux-ci, par un nouveau jugement, nommèrent d'autres experts. — Appel de la part de la Régie; confirmation sur l'appel. — Pourvoi.

La Régie voyait dans l'arrêt dénoncé la violation des art. 37, 58 et 65, aux termes desquels l'administration des Monnaies était seule compétente pour faire la vérification ordonnée. « Le rapport de cette administration, ajoutait-elle, pouvait seul faire foi aux yeux de la loi, les experts nouvellement nommés étant sans caractère. » La Cour suprême fit justice de cette prétention, en rejetant le pourvoi, attendu que les tribunaux, juges de l'existence et de la répression des délits et contraventions en matière de garantie d'or et d'argent, ont essentiellement et nécessairement le droit de soumettre à la vérification des experts les faits contestés, dont l'appréciation peut dépendre des règles de l'art ; qu'aucune disposition légale ne les oblige de ne soumettre cette vérification qu'à l'administration des Monnaies; que du droit de surveiller les bureaux de garantie, relativement à la partie de l'art que l'art. 37 de la loi du 19 brum. an 6 attribue à ladite administration ne résulte nullement celui de prononcer exclusivement et souverainement sur les faits de cette nature, et d'astreindre ainsi les tribunaux à se conformer à son avis, contrairement au principe établi dans l'art. 323, C. pr. (*Cass., 13 mars 1824; Conf., 12 juin 1806, Gueffier Dubuisson.*)

Cette décision nous paraît fondée. En l'absence d'une disposition spéciale, on ne peut appliquer que le droit commun; or il est de principe, en matière de procédure, que les juges nomment d'office les experts si les parties n'en sont pas convenues, et qu'en cas d'insuffisance de la première vérification, il leur appartient également de nommer de nouveaux experts, sans être astreints, en définitive, à se conformer à leur rapport lorsque leur conviction s'y oppose. (*Art. 305, 322, 323, C. pr. civ.*)

Si, par exception à ce principe général, applicable à toutes les matières et particulièrement à l'espèce présente , on admettait que les juges sont forcés de donner leur adhésion à l'avis de l'administration des Monnaies, il en résulterait que leur conscience ne serait plus libre, puisqu'il leur faudrait, dans certains cas, subordonner leur opinion à celle de cette administration.

La décision sera la même pour le cas où il s'agira de savoir si des objets saisis pouvaient ou non être marqués sans détérioration.

IV. Du principe antérieurement émis, que la disposition de l'art. 107, qui défend aux marchands et fabricants d'avoir chez eux des ouvrages d'or et d'argent achevés et non marqués, est générale et absolue, il suit que le fabricant saisi ne peut échapper à la peine qui le menace, qu'au moyen d'établir que ces ouvrages n'étaient pas finis ; toute autre excuse, quelle que soit sa nature , a été constamment proscrite par la jurisprudence.

1er Exemple. — Des bijoutiers ont allégué leur bonne foi ; ils n'avaient , disaient-ils, eu s'abstenant de présenter immédiatement leurs ouvrages à la marque, aucune intention de fraude ; on leur a répondu que cette excuse, à l'aide de laquelle on parviendrait facilement à éluder les mesures de précaution que la loi a crues nécessaires pour assurer son exécution, ne pouvait être admise, et ils ont été condamnés. (*Cour supérieure de Bruxelles, 7 juillet 1825 ; Cass.. 21 avril 1827, Philibert Prost.*)

2ᵉ Exemple. — D'autres ont allégué l'impossibilité où ils avaient été de les porter au bureau de garantie, parce qu'ils ne venaient que d'être achevés au moment où ils avaient été saisis pour défaut de marque ; on leur a répondu que , d'après les art. 48 et 77, ils étaient tenus de les porter au bureau de garantie avant qu'ils fussent entièrement achevés, et ils ont été condamnés. (*Cass.*, *9 mai 1823, Fischer.*)

3ᵉ Exemple. — Même réponse, suivie du même résultat, à ceux qui opposent que les objets ont été saisis dans leur appartement au moment qu'ils en sortaient pour les aller faire marquer (1). (*Cass.*, *18 nivose an 9, Nesme*)

4ᵉ Exemple. — M. Desange, fabricant d'ouvrages d'or et d'argent, à Clermont-Ferrand, traduit en police correctionnelle, pour avoir été trouvé possesseur d'épingles garnies de pierreries, de bagues et de cadenas en or non marqués, quoique achevés, invoquait l'usage où l'on était, dans cette ville, de ne présenter ces objets au bureau de garantie qu'après leur achèvement. L'essayeur, le contrôleur et le receveur du bureau de garantie, appelés à l'audience, déclaraient qu'en effet les frêles ouvrages dont il était question ne se présentaient au bureau de garantie, pour y être mar-

(1) La Cour royale de Paris a jugé récemment, que les bijoutiers n'étaient pas obligés de porter leurs ouvrages au bureau de garantie avant leur entier achèvement, et qu'ils n'étaient passibles d'aucune peine, si la Régie ne prouvait pas qu'ils eussent conservé les bijoux saisis un seul instant chez eux avant de les porter au contrôle ; mais on nous assure que cet arrêt a été de la part de la Régie, l'objet d'un pourvoi en cassation. (*V. Paris*, *12 juin 1844 aff. Betouille*; *J. P.*, t. **2**, 1844, p. 85.)

qués, qu'après qu'ils étaient entièrement finis et polis, sans quoi la marque serait nécessairement altérée par l'effet du poli à donner à ces sortes de petits bijoux. Ce système fut accueilli par le tribunal de Clermont, dont le jugement fut confirmé par la Cour de Riom. Mais l'arrêt de cette Cour fut cassé. Le motif en est que la seule exception à la règle que les ouvrages d'or doivent être présentés à l'essai avant d'être finis, est celle consacrée par l'arrêté du gouvernement du 1er messidor an 6, relatif aux bijoux trop inconsistants pour supporter la marque sans détérioration. A l'égard donc de tous les ouvrages d'or et d'argent, dont l'impossibilité absolue de recevoir la marque de garantie sans détérioration n'est pas légalement prouvée, les marchands et fabricants de ces ouvrages sont tenus de se conformer aux prescriptions de l'art. 77; et, en cas de contravention, il y a lieu de les condamner aux peines prononcées par les art. 80 et 107 de la loi de brumaire an 6. (*Cass., 10 novembre 1815.*)

5ᵉ Exemple. — Un autre fabricant faisait observer que les objets saisis (des bagues) ayant été présentés au bureau d'essai, avaient pu, à raison de leur petit volume, échapper à l'attention des employés, et que, le droit étant minime, il n'avait pas intérêt à frauder; il n'en a pas moins été condamné, attendu que ces considérations, toutes d'équité, ne sauraient dispenser de l'application stricte d'une loi spéciale qui prescrit des formalités matérielles et prononce des peines pour le seul fait de leur inobservation; et que, sous ce second point de vue aussi, il était interdit à la Cour royale d'admettre des excuses qui ne se trouveraient pas dans la loi. (*Cass., 19 mai 1838, Marbouty.*)

6ᵉ Exemple. — Enfin le fabricant ne saurait s'excuser sur

ce que les ouvrages non marqués, à l'occasion desquels on le poursuit, ont été saisis non chez lui, mais chez une tierce personne. La Cour de cassation l'a ainsi décidé dans une espèce d'autant plus délicate, que la contravention n'avait pu être constatée contre le délinquant personnellement par aucun procès-verbal. Toutefois, comme elle a compris tout le danger dont une pareille doctrine menace les bijoutiers auxquels la contravention est imputée, puisqu'ils pourraient être victimes d'une substitution ou d'une fausse déclaration de la part de l'acheteur dans les mains duquel les objets non poinçonnés auraient été saisis, elle a déclaré que des peines ne pourraient être prononcées, dans ce cas, contre le fabricant vendeur, qu'autant que le fait de la vente serait certain, et que l'identité des objets serait avouée ou établie. Au surplus, voici les termes mêmes de son arrêt :

« La Cour, sur l'unique moyen de cassation invoqué par l'administration des contributions indirectes à l'appui de son pourvoi, fondé sur la violation des art. 77, 79, 80 et 107 de la loi de l'an 6 ;

« Attendu que la disposition de ce dernier article, qui défend aux marchands et fabricants d'avoir chez eux des ouvrages d'or et d'argent achevés et non marqués, est générale et absolue ; qu'elle est une conséquence naturelle de l'art. 48 de la même loi, d'après lequel tous les ouvrages susceptibles de la marque de garantie doivent être portés au bureau avant d'être entièrement achevés; qu'il suit de ces dispositions et de celles des art. 77 et 79 que les marchands et fabricants d'ouvrages d'or et d'argent ne peuvent à aucun instant quelconque en avoir chez eux d'achevés et non marqués, et à plus forte raison de les mettre dans le commerce ou les exposer en vente, sans contrevenir expressément à la loi ;

« Attendu qu'il est constaté en fait, par le procès-verbal du 12 nov. 1835 et par les autres pièces du procès, que le même jour il fut trouvé et saisi chez le sieur Robiquet, horloger et bijoutier à Coutances, deux chaînes en or dites *jaserons*, de douze pieds de longueur chacune, dont une de jaserons pleins, revêtue en sept endroits différents d'une marque qui ne fut pas reconnue être celle de la garantie, et l'autre de jaserons creux ne portant aucune espèce de marque ; que sommé de dire si ces deux chaînes, qui furent depuis reconnues présenter un déficit, la première de neuf millièmes, et la deuxième de trente-trois millièmes sur le plus bas titre, lui appartenaient ou provenaient de sa fabrication, Robiquet aurait répondu les avoir reçues, dans la matinée du même jour, de la maison Lucy et Jaudain, fabricants à Paris, dont il représenta la facture, qui fut paraphée par le commissaire de police et les employés de la Régie, et jointe aux pièces du procès ;

« Et attendu que dans l'état des faits ainsi constatés les sieurs Lucy et Jaudain devaient être déclarés coupables des contraventions et punis des peines énoncées aux art. 77, 79, 80 et 107 de la loi du 19 brumaire an 6, pour avoir eu en leur possession, vendu et mis dans le commerce des chaînes en or non revêtues des marques de la garantie ; qu'en ne le faisant pas, qu'en déchargeant au contraire Lucy et Jaudain des condamnations prononcées contre eux, le 8 avril 1836, par le tribunal correctionnel de la Seine, et en les renvoyant des fins de la plainte, par le motif que les chaînes d'or n'avaient pas été trouvées dans la possession de Lucy et de Jaudain, et qu'aucun procès-verbal ne constatait contre eux les contraventions défendues et réprimées par les art. 77 et 109 de la loi du 19 brumaire an 6, tandis que, même en méconnaissant l'existence du procès-verbal du 12 nov. 1835, la preuve des contraventions reprochées à Lucy et à Jaudain pouvait résulter, soit de l'aveu des prévenus, soit de tous autres renseignements, conformément à l'art. 154, Instr. crim., la chambre des appels de police correctionnelle de la Cour royale de Paris a méconnu la foi due au procès-verbal, mal interprété et par conséquent violé les art. 77, 79, 80 et 107 de la loi du 19 brumaire an 6 ; — Casse. » (*Cass.*, *30 déc. 1836* ; *Conf.*, *Bruxelles, 7 juill. 1825.*)

Quant à Robiquet, il ne pouvait pas plus être poursuivi dans les circonstances de la cause que ne le pourrait être un bijoutier auquel auraient été confiés des bijoux par un orfèvre, à titre de dépôt.

V. Les excuses des marchands n'ont pas été plus favorablement accueillies que celles des fabricants, comme on peut s'en convaincre en jetant un coup d'œil sur les espèces suivantes :

Un orfèvre demandait son acquittement sous prétexte que n'étant pas fabricant, mais simple marchand, il avait acheté les ouvrages saisis, de bonne foi et dans la persuasion qu'ils étaient marqués ; la peine lui a été appliquée néanmoins, attendu que l'art. 77 de la loi de brumaire, qui prescrit de soumettre les ouvrages d'or et d'argent à la marque de garantie, s'applique, d'après son texte, tant aux marchands qu'aux fabricants de ces ouvrages, et qu'aucune disposition de loi en cette matière, n'admet pour excuse la prétendue bonne foi du contrevenant. (*Cass.*, *21 avril 1827, Phili-bert Prost.*)

Même insuccès de la part d'un horloger trouvé possesseur de boîtes de montres en or achevées et non revêtues des poinçons de la garantie, et dont la défense consistait à dire qu'il ne possédait ces boîtes que depuis moins de vingt-quatre heures, et qu'au moment de la visite des employés elles n'étaient point étalées comme les autres, mais enfer-mées dans le tiroir de son établi ; ce moyen de défense a été rejeté, attendu que l'art. 107 ne fait dépendre son effet ni de la circonstance que les ouvrages seraient en évidence, ni du plus ou moins de temps que les marchands et fabri-cants les auraient eus chez eux, et qu'il résulte de sa combi-naison avec l'art. 77 que les ouvrages sujets à la marque de garantie, doivent être portés au bureau dès qu'ils sont assez avancés pour qu'en les finissant, ils n'éprouvent aucune altération. (*Cass.*, *18 mai 1815, Baron.*)

Rien ne démontre mieux combien est inflexible la juris-prudence dans l'application de l'art. 107, que les deux ar-rêts des 2 août 1821 et 2 juillet 1818.

Dans le premier, Sarrazin, marchand chez lequel on avait opéré la saisie d'ouvrages d'or et d'argent non revêtus du poinçon de garantie ni de celui du fabricant, affirmait que immédiatement après la réception de ces bijoux, il s'était présenté au bureau de garantie pour annoncer son intention de les faire marquer, et que depuis il n'avait plus trouvé le bureau de garantie ouvert pour exécuter son intention. Cette défense n'a pu trouver grâce devant la Cour. Les prétendues démarches de Sarrazin étaient de leur nature tout-à-fait infructueuses et frustratoires, a-t-elle dit, puisque l'essayeur ne pouvait, aux termes de l'art. 48 de la loi de l'an 6, recevoir à l'essai et à la marque lesdites montres, qui ne portaient pas l'empreinte du poinçon du fabricant.

Dans le second, Souque, marchand ambulant, trouvé nanti de montres en or non revêtues des marques de garantie, avait été acquitté par la Cour royale de Douai, attendu qu'il s'était rendu au bureau des douanes de Landrecies pour y obtenir une expédition à l'effet de se rendre, sans doute, au premier bureau de garantie pour y faire apposer la marque voulue par la loi aux montres qui en étaient dépourvues. La Cour suprême a cassé cet arrêt, la présomption de prétendue bonne foi de la part du prévenu n'étant pas admise par la loi.

VI. Quelque enracinée que paraisse cette jurisprudence, elle est tellement rigoureuse que nous ne saurions être malvenu à présenter quelques observations dans l'intérêt des marchands. La disposition de l'art. 107 de la loi de brumaire serait vraiment injuste si elle s'appliquait à tous les cas, et notamment à des ouvrages empreints de l'ancienne marque, que le marchand n'aurait pas eu le temps de faire marquer de nouveaux poinçons dans l'intervalle de son acquisition à la saisie opérée chez lui par les employés de la Régie. La difficulté, je le sais bien, est dans le mode de preuve à admettre. On ne saurait croire sur parole les parties intéressées. Mais puisque la loi, dans sa sagesse, art. 74, 75 et 76, a exigé la tenue d'un registre côté et paraphé, sur lequel les fabricants et marchands d'or et d'argent doivent inscrire la nature, le nombre, le poids et le titre des matières et des ouvrages qu'ils vendraient ou achèteraient, etc., avec obligation de le représenter à l'autorité publique à toute réquisition, pourquoi ce registre ne ferait-il pas foi en leur faveur des mentions qui y auraient été consignées antérieurement à la saisie? Le marchand orfèvre justifie-t-il par des registres, dument en règle, que peu avant la saisie et sans qu'il ait eu le loisir de se présenter encore au bureau de garantie, il avait acheté les ouvrages simplement revêtus de l'ancienne marque, on l'acquitte; la peine prononcée par l'art. 107 lui sera au contraire infligée si, au moment de la saisie, il ne peut représenter à l'autorité qu'un registre mal tenu, ou dont il ne résulte pas qu'il ait acheté les ouvrages dépourvus de marques depuis un temps trop court pour avoir pu y faire apposer les poinçons actuellement en usage. (**V.** *Cass.*, *8 frimaire an 14, Jeanneau.*)

VII. En cas de saisie d'ouvrages d'or ou d'argent achevés et non marqués, de quelle peine est passible le marchand ou fabricant? — Cette question a été soulevée à propos de la loi du 5 ventôse an 12, relative au recouvrement des contributions indirectes, dont l'art. 76 prononçait pour le cas de fraude à la marque d'or et d'argent, la saisie et la confiscation des objets de fraude, et contre les contrevenants une amende égale au quadruple des droits fraudés. La Cour de cassation, appelée à la résoudre, a jugé, s'il en faut croire M. Sirey, par arrêt du 3 janvier 1806, que, « les orfèvres qui n'ont pas soumis au poinçon prescrit par la loi du 19 brumaire an 6, les articles de leur commerce n'encourent point, à raison de ce fait, l'amende du quadruple des droits et la confiscation; » d'où il suit qu'ils ne sont passibles que de l'amende et des autres peines portées par l'art. 80 de la loi de brumaire. (**V.** t. 6, part. 2, p. 520.) Cette appréciation de l'arrêt du 3 janvier ne nous paraît rien moins qu'exacte. Après plusieurs lectures, nous sommes resté convaincu qu'il ne disait pas ce que ce jurisconsulte lui faisait dire. La Cour a jugé, en effet, que l'amende encourue en pareille circonstance par l'orfèvre contrevenant, au lieu d'être celle du quadruple des droits fixés par l'art. 76 de la loi du 5 ventôse an 12, était celle établie par l'art. 80 de la loi de brumaire an 6, et sur ce point sa décision est hors de toute discussion, puisque le décret du 28 floréal an 13 a expressément déclaré l'art. 76 de la loi de ventôse inapplicable aux délits et contraventions concernant la garantie des matières et des ouvrages d'or et d'argent, à l'égard desquels la loi de brumaire doit seule être exécutée ; mais elle n'a point décidé que les ouvrages saisis ne seraient pas confisqués. Tout ce qui résulte de son arrêt, c'est que la confiscation de ces ouvrages, au lieu d'être prononcée aux termes de l'art. 76 de la loi de ventôse an 12, le sera en conformité de l'art. 107 de la loi de brumaire.

XIII. Lorsque, par suite des abus ou de la contrefaçon des poinçons de l'État, le gouvernement se trouve dans la nécessité d'ordonner une recense générale, il fixe, pour forcer les orfèvres et marchands à s'y conformer, un délai à l'expiration duquel les ouvrages d'or et d'argent marqués des anciens poinçons, qui seraient trouvés dans le commerce sans être empreints du poinçon de recense, seront réputés non *marqués*. Telle était la disposition du décret du 7 juillet 1809 ; telle était celle de l'ordonnance du 5 mai 1819 ; telle est encore celle de l'ordonnance du 7 avril 1838, art. 6. Cette prescription a sa sanction dans l'art. 107, dont l'application n'aurait pu être contestée sous l'ordonnance de 1838, non plus que sous l'empire des actes des gouvernements antérieurs. En effet, les art. 7, 8 et 15 de la loi de brumaire établissent la nécessité du poinçon de recense, en laissant à l'administration la faculté de faire des réglements à cet égard. L'art. 77 en ordonne l'application, lorsqu'il veut, d'une manière générale, que les ouvrages d'orfévrerie soient portés au bureau de garantie, pour y être revêtus des poinçons prescrits à la *section 2, titre 1*er de ladite loi. La destination même du poinçon de recense montre combien en est indispensable l'application, car si, dès l'ouverture de la recense, les anciens poinçons, frappés de suspicion, sont censés n'avoir jamais existé légalement; si les ouvrages qui en sont empreints sont réputés n'avoir jamais été marqués, il faut bien remplacer par des marques nouvelles, les marques préexistantes, dont tout l'effet a été anéanti.

Aussi de nombreux arrêts ont-ils décidé que les ouvrages marqués des anciens poinçons, et non de celui de recense, constituent en contravention le marchand chez lequel ils ont été saisis. (V. *Cass., 21 avril 1827, Philibert Prost; 4 oct. 1821, Giot; 23 nov. 1821, Lévêque; 25 oct. 1822, Bovard; 17 sept. 1841, Palu; 23 nov. 1810, Hublch-mann.*)

Les arguments que nous avons fait valoir à l'appui de notre opinion, sont corroborés par les motifs de ce dernier arrêt, ainsi conçus :

« Attendu que l'art. 107, qui soumet à la saisie et à la confiscation tous ouvrages d'or et d'argent trouvés non marqués chez les fabricants et marchands est également applicable aux ouvrages qui, quoique marqués des anciens poinçons, ne sont pas revêtus de la nouvelle marque de recense dont l'apposition a été ordonnée, puisqu'alors ces ouvrages ne présentant qu'une marque qui a cessé d'être légale, doivent être considérés comme n'en ayant aucune ; que ce principe dérive encore des dispositions mêmes des art. 82 et 84 de ladite loi, d'après lesquels les ouvrages soit neufs, soit dits *de hasard*, marqués des anciens poinçons, qui n'ont pas été portés dans les délais fixés au bureau de garantie pour y recevoir la nouvelle empreinte ordonnée, doivent être soumis à l'essai et titrés, s'il y a lieu, en sorte que, dans ce cas et sous le rapport de la garantie, la loi n'attache plus aucun effet aux anciennes marques. »

IX. L'art. 6 de l'ordonnance du 7 avril 1838, qui prescrit l'apposition d'un poinçon de recense sur toutes les matières d'or et d'argent existant dans le commerce, est applicable à l'orfèvre chez lequel on trouve des ouvrages d'or et d'argent portant d'anciens poinçons, et non le poinçon de recense, bien que ces ouvrages aient été saisis dans les tiroirs du comptoir ou bien encore dans une boîte à mitraille, sans être toutefois ni rompus ni brisés. La raison de douter venait de ce que les bijoux non revêtus du poinçon de recense avaient été trouvés dans des tiroirs d'un magasin ; qu'ils n'étaient par conséquent ni *étalés* ni *exposés*, ni en un mot dans le *commerce :* or l'ordonnance ne parle que des ouvrages d'or et d'argent *existant dans le commerce.*

La Cour de cassation, après avoir visé les art. 7, 8, 15 et 107 de la loi de brumaire an 6, a décidé que cette loi parlant uniquement des objets trouvés chez un marchand et fabricant, n'exige pas que les ouvrages d'or et d'argent dont elle s'occupe soient précisément étalés et exposés en vente; ces objets sont évidemment dans le commerce, par cela seul qu'ils se trouvent dans le magasin d'une personne assujettie, sans qu'il y ait de distinction à faire entre les parties plus au moins apparentes d'un magasin. (*Cass.*, *17 sept. 1841, aff. Palu.*)

Relativement aux ouvrages non marqués et trouvés dans une boîte à mitraille, la Cour a donné pour motif que ces ouvrages, si on les veut mettre hors du commerce, ne peuvent être dispensés de la marque que sous la condition de les rompre et briser dans l'instant, de manière qu'ils soient hors d'état de servir à aucun usage (1). (*C.*, *21 avril 1827, Philibert Prost.*)

X. Ne sont point non plus dispensés de la recense les ouvrages que conservent les marchands pour leur usage personnel; autrement il faudrait renoncer à toute confiance, puisque ce serait pour les fabricants et marchands un moyen toujours facile de se soustraire à leurs obligations et d'échapper à la répression ménagée par l'art. 107. (V. *Cass.*, *21 avril 1827, Philibert Prost.*

XI. L'ordonnance du 5 mai 1819, encore en vigueur sur ce point, réputait en outre non marqués, les ouvrages d'or et d'argent qui ne porteraient pas sur le revers, au côté opposé à la marque des poinçons de titre, de garantie et de recense, l'empreinte du poinçon bigorne ou de contre-mar-

---

(1) Il y a plus, quand ils sont retrouvés entiers, le tribunal ne peut se dispenser d'ordonner qu'ils soient brisés et rompus, sous prétexte que, d'après un rapport d'experts, ils doivent être considérés comme rompus, si l'on se trouve dans l'hypothèse de l'art. 17 de l'ordonnance de 1749, c'est-à-dire s'ils sont destinés à être fondus. (10 *juin* 1850, *Seillard.*)

que, de même que ceux qui n'offriraient que l'empreinte du poinçon bigorne ou de contre-marque, et sur lesquels ne se trouverait pas l'empreinte des poinçons supérieurs au côté opposé à celui marqué dudit poinçon bigorne, art. 6.

XII. Une autre ordonnance, en date du 19 sept. 1821, voulait que les boîtes de montres d'or et d'argent neuves et autres ouvrages neufs contenant ou destinés à contenir des mouvements de montres, marqués des poinçons en usage antérieurement à l'ordonnance du 5 mai 1819, et non revêtus des poinçons de recense et de contre-marque prescrits par ladite ordonnance, soient considérés et traités comme ouvrages finis et non marqués, même dans le cas où ils seraient présentés aux bureaux de garantie (art. 1er).

XIII. Cette ordonnance, qui accordait un nouveau délai d'un mois pour l'apposition des poinçons de recense sur les boîtes de montres d'or et d'argent, a soulevé, dans son application, quelques difficultés.

Un bijoutier, avant sa promulgation, avait été l'objet d'une saisie portant sur des boîtes de montres et une boîte à musique. Ces ouvrages étaient déposés au greffe, de telle sorte qu'il était matériellement empêché de profiter du bénéfice qu'elle lui octroyait. Le mois expiré, il demanda à être restitué, contre l'expiration du délai, et à être mis en possession de ses bijoux pour les faire recenser. — La Cour royale de Paris ne prononça, en effet, aucune peine contre lui, et elle lui fit restituer lesdites montres et boîtes, sur le motif que ces objets avaient été saisis avant l'ordonnance du 19 septembre 1821, et que le prévenu n'avait pas été à même de jouir du délai qu'elle avait accordé, puisque lesdits objets avaient été constamment retenus au greffe, où ils étaient encore. La Cour de cassation pensa, **au** contraire, en ce qui touche les montres, que le prévenu ne pouvait réclamer le bénéfice de l'ordonnance, qu'autant que, durant le nouveau délai qu'elle accordait, il eût demandé qu'elles fussent momentanément distraites du greffe, et présentées au bureau de garantie, pour y recevoir l'empreinte des poinçons de recense : or il n'avait fait aucune diligence à cet égard ; et, en ce qui concerne la boîte à musique, que l'ordonnance étant relative uniquement aux boîtes de montres, elle ne pouvait être étendue à une simple boîte à musique, qui n'est pas un ouvrage de cette nature. (*Cass., 25 octobre 1822, Bovard.*)

XIV. Le tribunal qui prononce une condamnation contre un prévenu, pour avoir exposé en vente des marchandises d'or et d'argent, qui n'étaient revêtues d'aucun poinçon, ne peut pas se dispenser d'ordonner la confiscation des objets en contravention. (*Cass., 18 messidor an 7, Vignerol.*)

XV. La confiscation de la boîte d'or ou d'argent d'une montre trouvée en contravention, chez un horloger, entraîne-t-elle la confiscation du mouvement de cette montre ?

La Cour de cassation s'est décidé pour la négative, par les motifs suivants :

« **Vu** l'art. 1er de l'ordonnance du 19 septembre 1821, relative à l'horlogerie, qui répute ouvrages finis et non marqués les boîtes de montres d'or et d'argent neuves et non revêtues des poinçons de recense et de contre-marque, qu'elles contiennent des mouvements ou qu'elles soient seulement destinées à en contenir ; que la disposition de cet article fait ainsi cesser l'indivisibilité légale du mouvement de la montre et de sa boîte, d'où il suit que la saisie des montres, faite dans les cas prévus par les art. 107 et 109 de la loi de brumaire, n'emporte que la confiscation des boîtes et non celle des mouvements; que la Cour royale de Paris, en ordonnant, dans l'espèce, que les mouvements des montres saisies chez le sieur Quartier lui soient restitués n'a donc pas violé les articles précités.»(*Cass.*, *21 février 1822, Quartier.*)

A l'appui de cet arrêt, on peut ajouter, dans le même ordre d'idées, que l'ordonnance ne parle que de la boîte et nullement de la montre. Or, ce sont les mouvements qui constituent principalement la montre; souvent ils sont d'un prix infiniment plus considérable que la boîte, et celle-ci ne peut être considérée que comme un simple accessoire. Mais fût-elle même plus précieuse, qu'elle ne pourrait, en l'absence des mouvements, s'appeler une montre. La montre est si bien distincte de la boîte, que le travail du mouvement constitue une profession, et celui de la boîte une autre profession, exercées par des ouvriers différents; et que ces deux ouvrages se vendent séparément dans le commerce. La disposition pénale qui atteint l'un ne peut donc, dans le silence de la loi, s'étendre à l'autre.

Malgré ces raisons puissantes, sur lesquelles est basé l'arrêt de la Cour suprême, Merlin a pensé cependant qu'il était sujet à critique. Suivant lui, l'ordonnance du 19 septembre 1821 n'a pas eu pour but, et n'a pu avoir pour objet, de déroger à l'indivisibilité établie par la loi du 19 brumaire an 6, entre la montre et le mouvement. Son objet direct et principal, en ordonnant qu'après le mois qui en suivra la publication, l'on considérera et traitera comme **ouvrages** *finis* et *non marqués* les boîtes neuves des montres d'or ou d'argent non revêtues du poinçon de recense est de déclarer qu'il n'y a pas de distinction à faire à cet égard entre les boîtes contenant déjà les mouvements de montre et les boîtes auxquelles ces mouvements ne sont pas encore adaptés; d'où il faut conclure que l'horloger chez lequel seraient trouvées, après le délai d'un mois, des montres neuves non revêtues du poinçon de recense, ne sera pas excusé de ne les avoir pas présentées plus tôt au bureau de garantie, par la circonstance qu'elles ne contenaient pas encore les mouvements qui doivent y être adaptés, et sous le prétexte que, par suite, elles ne peuvent être considérées comme ouvrages finis. Au surplus, il ne peut être constitutionnellement dérogé à une loi par une simple ordonnance. (**V.** *Répert.*, *v° Marque et contrôle*, § *3*, *n° 11.* — **V.** aussi *Cass.*, *15 frimaire an 14*, *aff. Schmidt.*)

XVI. Une question non moins importante est celle de savoir si la confiscation d'un ouvrage d'or et d'argent, garni de diamants ou d'autres pierreries entraîne la confiscation de ces pierres, de ces diamants. La négative, aujourd'hui constante, est fondée sur l'art. 27 de la déclaration du 26 janvier 1749 (1), qui excepte de la confiscation les pierres précieuses enchâssées dans des ouvrages d'or ou d'argent non revêtus de la marque prescrite. L'administration des contributions indirectes ayant prétendu que cette disposition avait été abrogée par la loi de brumaire, Merlin, qui portait

____

(1) Cet article porte : Lorsqu'il écherra d'ordonner une confiscation pour contravention à nos ordonnances au sujet de pierres montées en or et en argent, ladite confiscation n'aura lieu que pour la matière d'or ou d'argent seulement, et non pour lesdites pierres montées.

la parole à la Cour de cassation, après avoir posé en principe que les dispositions de loi antérieures qui ne sont pas contraires aux lois postérieures, sont censées se retrouver dans celles-ci et doivent y être sous-entendues, et établi que l'art. 27 de la déclaration n'est pas inconciliable avec l'art. 107 de la loi de brumaire, puisque ce dernier n'est guère que la reproduction d'une disposition de la même déclaration de 1749 (art. 1er et 13), continuait en ces termes : « Il est d'ailleurs facile de sentir pourquoi la déclaration de 1749 avait ordonné pour les pierreries montées en or ou en argent une distraction qu'elle n'ordonne pas, et, qu'à son exemple, la loi du 19 brumaire an 6 n'ordonne pas non plus pour les ouvrages en cuivre, en fer ou en bois garnis d'argent ou d'or. C'est que dans les ouvrages en cuivre, en fer ou en bois garnis d'argent ou d'or, l'argent et l'or forment par leur valeur la partie principale, et que naturellement la confiscation de la partie principale entraîne la confiscation de la partie accessoire, comme dans les affaires de droits réunis, la confiscation du vin entraîne la confiscation de la futaille ou de la bouteille qui le renferme ; au lieu que dans les ouvrages d'or et d'argent garnis de diamants ou d'autres pierres précieuses, la partie principale se compose des diamants et des pierres, et que la confiscation de la partie accessoire ne doit pas entraîner la confiscation de la partie principale. Assurément le législateur ne viole pas la règle qui lui commande de proportionner les peines aux délits, lorsqu'à raison d'une contravention à la loi sur la marque, il ordonne que la confiscation d'une boîte de montre valant cent francs entraînera celle d'un mouvement qui en vaut vingt, mais il violerait

scandaleusement cette règle sacrée, s'il décidait que la confiscation d'une parcelle d'or ou d'argent valant à peine trois
francs, entraînerait la confiscation de pierreries valant cent,
deux cents, cinq cent mille francs, et même un million. »

Ces principes furent reproduits par l'arrêt de la Cour
suprême : « Considérant, y est-il dit, que toute loi doit
recevoir son exécution, tant qu'une loi postérieure ne l'a
pas abrogée par une disposition soit expresse, soit inconciliable avec elle; que l'art. 27 de la déclaration du 26 janvier 1749 veut formellement que la confiscation des ouvrages
d'or et d'argent, pour défaut de marque de garantie, ne
puisse être étendue aux diamants et pierres qui seront montés
sur ces matières; qu'aucune loi postérieure ne porte une
dérogation expresse audit article; que l'art. 107 de la loi
de brumaire qui a servi de fondement à la Cour royale de
Lyon pour réformer le jugement de première instance, ne
contient pas non plus de dispositions inconciliables avec
l'art. 27 de la déclaration de 1749, puisque l'exception
portée par cet article se concilie nécessairement avec les
dispositions prohibitives et pénales des art. 1 et 13, même
déclaration, qui d'ailleurs sont aussi générales que celles
dudit art. 107; qu'il suit de là qu'en prononçant la confiscation des diamants et pierreries qui étaient montés sur
les ouvrages d'or et d'argent saisis chez Croco, pour défaut
de marque de garantie, la Cour royale de Lyon a faussement
appliqué ledit art. 107 de la loi de brumaire, et violé
l'art. 27 de la déclaration. (*C.*, *15 fév. 1817, Croco; 2 juill.
1812, Ballet; Merlin, Rép., v° Marque et contrôle, n° 12.*)

XVII. Au surplus la confiscation n'a lieu qu'autant que
les objets non marqués appartiennent à des marchands d'or:

car les ouvrages non poinçonnés ne peuvent être confisqués au préjudice de celui qui n'est ni fabricant ni marchand. C'est ce qui résulte également d'un arrêt de la Cour régulatrice, dont nous allons reproduire le texte même,

La dame Didier avait confié une montre avec sa chaîne à un horloger : celui-ci, qui était contrôleur de marque d'or, s'aperçut que la boucle et le porte mousqueton, qui étaient neufs, n'avaient été ni contrôlés ni marqués. On sut bientôt que ces objets avaient été fournis par un sieur Buisson, orfèvre, à Saint-Étienne.

Il fut traduit au tribunal de police correctionnelle, et condamné en 200 fr. d'amende.

Appel du procureur général près la Cour de justice criminelle de la Loire, attendu que le tribunal de police correctionnelle n'avait pas prononcé la confiscation des objets saisis.

La Cour de justice criminelle, attendu que la loi du 19 brumaire ne prononce la confiscation que **des** objets saisis chez les marchands ou fabricants, et que la dame Didier était en possession de ces objets, a confirmé purement et simplement le jugement du tribunal de police correctionnelle.

Sur le pourvoi, la Cour, adoptant les motifs des premiers juges, rejette. (*Cass., 1ᵉʳ frimaire an 14, aff. Buisson.*)

XVIII. L'art. 107 portant dans son dernier paragraphe : « Les propriétaires des objets saisis encourront la confiscation de ces objets, et en outre *les autres peines portées par la loi ;* » nous saisirons cette occasion d'énumérer les peines qui sont applicables en matière de garantie. Ce sont celles édictées par les art. 19, 46, 47, 56, 57, 60, 61, 65, 67, 80,

81, 88, 89, 94, 99, 100, 107, 108, 109, 110, 121, 122, 129 de la loi de brumaire, 140, 141, 423 du Code pénal, 14, 16, 17 de la déclaration du 26 janvier 1749, enfin par l'édit de décembre 1721.

108. Seront saisis également et confisqués tous les ouvrages d'or et d'argent sur lesquels les marques des poinçons se trouvent entées, soudées et contre-tirées en quelque manière que ce soit, et le possesseur avec connaissance sera condamné à six années de fers.

I. Difficultés dans l'application de l'art. 108.
II. La confiscation n'est que la réparation d'un préjudice causé ; elle peut être prononcée en cas d'acquittement du possesseur saisi.
III. L'application de l'art. 108 exige beaucoup de circonspection.

I. L'espèce de faux que prévoit cet article s'est produite souvent et sous des formes variées. Quelquefois elle tombe sans conteste sous le coup de la loi pénale : telle est, par exemple, la fraude long-temps opérée sur le jaseron, et qui consistait à enlever le maillon marqué et à effectuer son enture sur une chaîne plus lourde ou à bas titre (1). Mais, quelquefois aussi, il est difficile de la faire rentrer dans les termes de la loi de brumaire. Ainsi, dès l'époque de la

(1) Cette fraude est devenue impossible depuis l'invention du poinçon de remarque, qui, différant par la forme et le type de la garantie, ne pourra plus se transporter sur aucune autre sorte d'ouvrages.

promulgation de cette loi, des bijoutiers présentaient au bureau de garantie de petites épingles ou de petits anneaux qui, se trouvant au titre légal, étaient poinçonnés sans difficulté. Puis, ces objets une fois marqués, ils les employaient à la confection de *cliquets* pour des boucles d'oreilles creuses, auxquelles ils ne les fixaient que par des goupilles. On ne pouvait pas dire, rigoureusement parlant, que les marques, dans l'espèce, fussent entées, soudées ou contre-tirées : cependant, comme habituellement les parties étrangères non essayées, substituées ou ajoutées aux objets marqués après essai, étaient à bas titre, cette fraude causait un préjudice au fisc en même temps qu'aux particuliers, et l'administration la réputait passible des peines édictées par l'art. 108.

II. L'application de l'art. 108 a soulevé la question de savoir si la confiscation, ordonnée par cet article, est une peine ou la simple réparation du dommage causé à la Régie? Si c'est une peine, elle ne pourra être prononcée, en cas d'acquittement au profit du propriétaire des objets sur lesquels les marques des poinçons ont été entées, soudées ou contre tirées; si c'est la réparation d'un préjudice, la Cour d'assises peut, malgré l'acquittement, la prononcer, et doit, dans tous les cas, statuer sur les conclusions de la Régie à cet égard. Cette dernière opinion est celle de la Cour de cassation, qui a eu l'occasion de l'émettre dans les circonstances suivantes :

Le sieur Boisbergue était accusé d'avoir, en mai 1832, été possesseur avec connaissance, d'ouvrages d'or, sur lesquels les marques des poinçons de garantie se trouvaient entées et soudées. Le jury rendit une déclaration de non culpabilité, et le président prononça l'acquittement. La Régie, partie civile, conclut néanmoins à la confiscation des objets saisis ; mais la Cour s'abstint d'y statuer sur le motif que cette confiscation serait une peine dont l'application est impossible après la déclaration négative du jury. (*Art. 358 et 366, C. Instr. crim.*)

Pourvoi. — « La Cour, attendu que les conclusions prises par la Régie, tant dans son intérêt que dans celui du trésor, et en suite des dispositions de l'art. 108 de la loi de brumaire an 6, tendant à faire prononcer la confiscation des objets saisis, devaient être considérées comme une véritable demande en dommages-intérêts, sur laquelle la Cour d'assises de la Seine devait prononcer, sauf par elle, si elle le jugeait nécessaire, à ordonner toutes vérifications préalables ; qu'en ne le faisant pas et en se croyant liée à cet égard par la déclaration du jury et l'ordonnance d'acquittement rendue en faveur de Boisbergue, elle a violé les art. 358 et 366, C. Instr. crim., et méconnu les règles de sa propre compétence, casse. » (*29 novembre 1834, Boisbergue.*)

III. Au reste, on ne saurait apporter dans l'application de notre article trop de circonspection. L'administration de la Monnaie l'a souvent reconnu elle-même, notamment dans une lettre du 5 frimaire an 13, où après avoir déclaré que les pièces soumises à son appréciation étaient empreintes des poinçons de garantie, mais que ces empreintes étaient entées en ce qu'elles étaient soudées sur un corps plein, elle ajoutait : « C'est un délit prévu et puni par l'art. 108 de la loi, mais il n'y a lieu aux peines afflictives que contre celui qui en est l'auteur, quel est-il ? On ne considérera comme tel ni le marchand qui achète de bonne foi, ni le marchand ambulant qui ne fabrique pas ; et le fabricant, en supposant qu'on le découvrît, a tant de moyens pour échapper à la conviction, que jamais ces affaires, qu'on a tentées quelquefois, n'ont réussi ; il n'y a pas d'amende prononcée contre le possesseur de bonne foi qui n'a pas connaissance que la marque est entée, et quel tribunal oserait prononcer que tel possesseur a cette connaissance. (V. *Manuel des employés de la garantie*, p. 66, 1813.)

109. Les ouvrages marqués de faux poinçons seront confisqués dans tous les cas ; et ceux qui les garderaient, ou les exposeraient en vente avec connaissance, seront condamnés la première fois, à une amende de deux cents francs ; la deuxième, à une amende de quatre cents francs, avec affiche de la condamnation dans tout le département aux frais du délinquant ; et la troisième fois, à une amende de mille francs, avec interdiction de tout commerce d'or et d'argent.

I. Pourquoi la possession d'ouvrages marqués de faux poinçons est moins rigoureusement punie que la possession d'ouvrages empreints des marques entées, etc.

II. La confiscation des objets saisis doit être prononcée toutes les fois qu'ils sont reconnus empreints de fausses marques ; l'amende au contraire, ne peut être prononcée s'il est constant que le marchand était dans l'ignorance du faux.

III. Les tribunaux saisis de plusieurs chefs de prévention, peuvent s'abstenir de prononcer la confiscation en réservant l'action du ministère public.

IV. Le tribunal compétent est celui du lieu où la contravention
a été constatée.

I. La loi de brumaire an 6, distinguant entre la possession d'ouvrages marqués d'empreintes entées, soudées ou
contretirées et la possession d'ouvrages marqués de faux
poinçons, a puni de peines moins sévères cette dernière,
parce qu'elle lui a paru moins dangereuse sans doute dans
ses résultats. Il est en effet plus facile aux consommateurs
de reconnaître une marque fausse, imitée, qu'une marque
vraie, entée, soudée ou contretirée ; la surveillance des
préposés de la garantie se trouvera aussi plus rarement en
défaut à l'égard de la première. Quoi qu'il en soit, dans
l'une et l'autre hypothèse, la confiscation est ordonnée,
parce que les marques ne constatent ni le titre de la matière ni l'acquittement du droit de garantie, et que les bijoux sur lesquels elles sont empreintes ont été les instruments du crime.

II. La généralité des termes employés par notre article
ne permet point d'exception à la confiscation ; toutes les
fois que des ouvrages d'or et d'argent marqués de faux
poinçons sont trouvés chez un marchand, ils doivent être
confisqués; mais pour l'application de l'amende, le tribunal
doit apprécier si la fausseté des marques apposées sur les
bijoux était connue du bijoutier, et si de l'instruction, non
contredite d'ailleurs par le procès-verbal de saisie, il résulte que le bijoutier était dans l'ignorance du faux, le tribunal ne peut le condamner à cette peine. (V. *Cass.*, 5
nov. 1825, Rattier.)

Cette double décision est corroborée par l'arrêt du 1er juillet 1820, rendu dans les circonstances les plus favorables

pour le fabricant. — Plusieurs couverts d'argent, marqués de faux poinçons, avaient été saisis chez le sieur Spréafico, orfèvre à Paris, et déposés ensuite au greffe de la Cour d'assises.

Il fut reconu que Spréafico avait été trompé par un de ses ouvriers qui, au lieu de porter les ouvrages de la fabrique au bureau de garantie, ainsi qu'il en avait l'ordre, les avait portés chez un particulier qui y fit apposer de fausses marques, en s'appropriant le droit de garantie. — « La Cour, vu l'art. 109, considérant que la disposition de cet article est générale et absolue; que la confiscation qui y est ordonnée s'étend donc à tous les ouvrages d'or et d'argent marqués de faux poinçons qui seraient trouvés chez les marchands et fabricants de ces sortes d'ouvrages; que la seconde disposition du même article ayant ajouté à la confiscation de ces ouvrages la peine d'une amende contre ceux qui les garderaient ou les exposeraient en vente avec connaissance de la fausseté des marques, il s'ensuit nécessairement que la bonne foi ne saurait donner lieu à l'exemption de la confiscation, ce qui confirme la généralité de l'application de la première disposition dudit article; — considérant, dans l'espèce, que plusieurs couverts d'argent, marqués de faux poinçons, saisis chez Spréafico avaient été déposés au greffe de la Cour d'assises du département de la Seine, comme pièces pouvant servir à conviction contre les accusés d'être les auteurs ou complices de fausses marques; que ces ouvrages étaient donc sujets à confiscation, et ne pouvaient conséquemment être rendus à leurs propriétaires, ou leurs ayant-cause, quel que pût être d'ailleurs le résultat du procès-criminel poursuivi contre lesdits auteurs et complices; que néanmoins le président de la Cour d'assises du département de la Seine a, sur la réclamation des créanciers de la faillite de Spréafico, ordonné la remise de la majeure partie desdits couverts d'argent; en quoi il a violé l'article 109, etc.

III. Les tribunaux ne sont point dans l'obligation de prononcer la confiscation des objets d'or et d'argent revêtus d'un faux poinçou, lorsqu'ils réservent à la fois, et l'action du ministère public quant à la poursuite de cette fausse marque, et les exceptions qu'invoquent les saisis pour repousser cette action, puisqu'alors il n'y a point chose jugée définitivement en ce qui concerne la fausse marque. (*Cass.*, *19 mai 1838, Marbouty; Journ. du Palais, 1840*, t. 1, p. 220.)

IV. La connaissance de la contravention prévue et punie par notre article, appartient au tribunal de police correctionnelle du lieu où les objets frappés de confiscation ont été trouvés et la contravention constatée, puisque c'est au greffe de ce tribunal que ces mêmes objets ont dû être déposés. (*Cass.*, *14 février 1840; Journ. du Palais*, t. 2, p. 604, *aff. Bernier.*)

110. Tous citoyens autres que les préposés à l'application des poinçons légaux qui en emploieraient de véritables, seront condamnés à un an de détention,

I. L'art. 110 a été abrogé par l'art. 141 du C. P.
II. Conditions nécessaires pour l'application de ce dernier article.
III. *Quid* si l'accusé avait essayé seulement de se servir des poinçons?

IV. La Cour d'assises n'est pas tenue d'appliquer le *maximum* de la peine prononcée par l'art. 141.

V. En cas d'application de l'art. 141, C. P., les condamnés ne doivent pas être soumis à l'exposition publique.

I. Après avoir prévu dans son art. 19, aujourd'hui modifié par l'art. 140 du C. P., la contrefaçon des poinçons de l'État, la loi de brumaire avait dû s'occuper de l'usage abusif des vrais poinçons. Mais sur ce point encore la peine prononcée par elle a été aggravée par le Code pénal. L'article 141 de ce Code, seul applicable dans l'hypothèse prévue par notre art. 110, est ainsi conçu : «Sera puni de la réclusion quiconque s'étant indument procuré les vrais timbres, marteaux ou poinçons ayant l'une des destinations exprimées en l'art. 140, en aura fait une application ou un usage préjudiciable aux droits ou intérêts de l'État. »

II. Des termes de cet article il résulte que trois conditions sont nécessaires pour son application ; il faut, 1° que l'agent se soit procuré indument les vrais poinçons, 2° qu'il en ait fait un usage illicite, 3° que cet usage soit préjudiciable, non à de simples particuliers, mais aux droits ou intérêts de l'État.

III. L'accusé qui après s'être procuré les poinçons essaierait d'en faire l'application, serait coupable de tentative. S'il n'en avait fait aucun usage, il y aurait simplement vol, de même que si l'usage qu'il en aurait fait ne préjudiciait qu'aux simples particuliers et non à l'État.

IV. La peine édictée par l'art. 141, Code pénal, n'est pas nécessairement toujours portée au *maximum*, comme celle que prononce l'art. 140. Les tribunaux ont toute latitude à cet égard, et ne subissent d'autre nécessité que celle de se renfermer dans le *minimum* et le *maximum* établis par l'art. 21, Code pénal.

V. M. Carnot pense que les individus déclarés coupables du crime prévu par l'art. 141 ne doivent pas être soumis à l'exposition publique. La raison en est que l'art. 165, quoique commun à toute la section où l'art. 141 se trouve placé, n'assujettit à l'exposition que *tout faussaire* condamné soit aux travaux forcés, soit à la réclusion : or l'individu coupable d'abus d'un poinçon vrai n'est pas un faussaire ; il a détourné le timbre et en a fait un usage illicite, mais il n'a pas commis un faux. Il semble donc que l'application de l'art. 165 doive être écartée.— MM. Chauveau et Hélie, tome 3, p. 249, partagent cette opinion.

TITRE XI.

SECTION PREMIÈRE.

De l'affinage.

111. La ferme de l'affinage national, qui comprend l'affinage de Paris et celui de Lyon, est et demeure supprimée.

L'affinage a pour but de ramener à l'état de pureté l'or et l'argent qui se trouvent alliés soit entre eux, soit avec d'autres métaux plus facilement oxidables et de moindre valeur. L'art d'affiner les métaux a toujours été considéré comme une dépendance immédiate des monnaies. Avant la révolution, les droits d'affinage étaient affermés comme les droits de garantie sur les ouvrages d'or et d'argent.

112. La profession d'affiner et de départir les matières d'or et d'argent est libre dans toute l'étendue de la République.

Jusqu'au décret du 21 mai 1791, qui supprima toutes les charges, le nombre d'affineurs fut limité dans chaque ville où l'affinage était permis. Chacun, à partir de ce jour, put embrasser cette profession ; mais la loi de brumaire dut imposer à ceux qui voulaient l'exercer, des conditions propres à prévenir des abus ou des erreurs capables de nuire au public, et à assurer la garantie du titre des métaux soumis à l'affinage.

113. Quiconque voudra départir et affiner l'or et l'argent pour le commerce, est tenu d'en faire la déclaration tant à sa municipalité qu'à l'administration du département, et à celle des monnaies ; il sera tenu registre desdites déclarations, et délivré copie au besoin.

114. L'affineur ne pourra recevoir que des matières qui auront été essayées et titrés par un essayeur public autre que celui qui devra juger des lingots affinés.

115. L'affineur délivrera au porteur de ces

matières une reconnaissance qui en désignera la nature, le poids, le titre tel qu'il aura été indiqué par l'essayeur, et le numéro.

116. Les affineurs tiendront un registre coté et paraphé par l'administration de département, sur lequel ils inscriront jour par jour, et par ordre de numéros, la nature, le poids et le titre des matières qui leur seront apportées à affiner et de même pour les matières qu'ils rendront après l'affinage.

117. Ils seront tenus d'insculper leurs noms en toutes lettres sur les lingots affinés provenant de leurs travaux; et avant de les rendre aux propriétaires, ils porteront lesdits lingots affinés au bureau de garantie, pour y être essayés, marqués, et y acquitter le droit prescrit par la loi.

118. Les lingots affinés apportés au bureau de garantie ne seront passés en délivrance, que dans le cas où ils ne contiendraient pas plus de cinq millièmes d'alliages, si c'est de l'or, et vingt millièmes, si c'est de l'argent.

119. Lorsque les lingots seront reconnus bons à passer en délivrance, le receveur, après avoir perçu les droits, et le contrôleur, tireront le poinçon de garantie de la caisse où il doit être renfermé, et ce poinçon sera appliqué par le contrôleur, en multipliant les empreintes de manière que l'une des grandes surfaces de chaque lingot en soit entièrement couverte.

120. L'affineur acquittera les frais d'essai et le droit au bureau de garantie et en prendra récépissé, pour pouvoir s'en faire rembourser par les propriétaires des lingots.

121. L'affineur qui contreviendrait aux dispositions des art. 113, 114, 115 et 116, encourra les mêmes peines portées en l'art. 80 contre les marchands orfèvres.

L'accomplissement des formalités voulues par ces articles n'est plus exigé que pour les lingots dits de tirage.

L'obligation de se faire connaître aux administrations publiques, de tenir des registres, d'insculper les noms en toutes lettres sur les lingots affinés, avec des numéros d'ordre et des chiffres indicatifs du titre auquel ils sont trouvés, suffit, dit M. Favard (*Répert., v° Matières d'or*), à la garantie publique, et assure le recours contre l'affineur responsable; ces formalités ont lieu pour tous les lingots affinés. Mais les autres formalités, telles que l'essai au bureau de garantie, les marques de l'essayeur et l'acquittement du droit de garantie fixé par l'art. 29 de la loi du 19 brumaire, ne se remplissent plus que pour les lingots d'argent, dits de *tirage*, destinés à passer aux argues royales, pour être convertis en fils propres à la confection des galons, broderies et tissus d'or et d'argent. C'est ce qui résulte d'ailleurs d'une lettre de l'administration des Monnaies, en date du 28 décembre 1822, portant : « Les affineurs libres du commerce, ayant rempli les formalités et satisfait aux obligations qui leur sont imposées, doivent porter au bureau de garantie de leur arrondissement les lingots affinés provenant de leurs travaux, pour y être essayés, marqués, et y acquitter les droits prescrits par la loi; mais ce n'est pas lorsqu'ils sortent naturellement fins de la fonte des matières fines, c'est lorsqu'ils sont réellement affinés par des procédés de l'art et des opérations composées et calculées d'un affinage spécial, et lorsqu'ils peuvent passer en délivrance à la Monnaie; ils ne sont dans ce cas que lorsqu'ils ne contiennent pas plus de cinq millièmes d'alliage si c'est de l'or, et de vingt millièmes si c'est de l'argent. Les matières ayant subi l'opération d'un affinage régulier, et se trouvant converties en masses ou lingots qui contiendraient une plus grande quantité d'alliage, ou qui ne se trouveraient pas propres et destinés au tirage de l'argue, ne doivent pas être considérés comme lingots affinés sujets au droit de garantie; ils ne peuvent être envisagés que comme *lingots de commerce*, qui doivent être essayés sans autres frais que ceux fixés par le prix d'essai. C'est ce que la Cour de cassation a jugé formellement en faveur des sieurs Meyer, négociants à Bordeaux, chez lesquels on avait saisi des lingots fins et non marqués des poinçons de garantie, qui avaient été vendus par un affineur ou marchand de matières d'or et d'argent de Paris, et qu'ils destinaient au directeur de la Monnaie de Bordeaux. »

Nous pensons que l'essai au bureau de garantie, les marques de l'essayeur, l'acquittement du droit de garantie, ne doivent plus être exigés pour les lingots de commerce, lors même qu'ils sont au titre des lingots affinés, les dispositions de la loi, en ce qui les concerne, étant tombées en désuétude.

122. Les lingots et matières d'or et d'argent affinés qui seraient trouvés dans le commerce sans être revêtus du poinçon du bureau de garantie seront confisqués, et l'affineur qui les aurait délivrés sera condamné à cinq cents francs d'amende.

123. Le contrôleur du bureau de garantie est autorisé à prélever des prises d'essai sur les matières fines apportées au bureau : ces prises d'essai seront mises en réserve sous une enveloppe portant le numéro du lingot d'où elles proviennent, et scellées du cachet de l'affineur et de celui de l'essayeur. Le contrôleur aura la garde du paquet contenant ces prises d'essai.

124. Si dans le courant d'un mois il ne s'élève aucune réclamation sur la validité du titre indiqué par l'essayeur du bureau de garantie, le contrôleur remettra le paquet cacheté, contenant les prises d'essai, à l'affineur qui lui en donnera décharge ; dans le cas contraire, le paquet sera adressé à l'administration des Monnaies, qui fera vérifier l'essai sans délai.

125. Si cette vérification fait connaître une erreur sur le titre indiqué, l'essayeur qui aura commis cette erreur sera tenu de payer à la personne lésée la totalité de la différence de valeur qui en sera résultée.

L'essayeur d'un bureau de garantie qui aura été pris trois fois en faute de cette manière sera destitué.

SECTION II.

De l'affinage national.

126. L'affinage national est conservé à Paris pour le service des monnaies ; le public a la faculté d'y faire affiner ou départir des matières d'or et d'argent contenant or.

Le Directoire exécutif pourra établir d'autres affinages nationaux, si les besoins de la fabrication des monnaies l'exigent, et sur la demande de l'administration chargée de ce service.

127. L'affineur national sera nommé par

l'administration des Monnaies, sous l'approbation du ministre des finances.

128. Les matières apportées à l'affinage national seront inscrites sur un registre coté et paraphé par le commissaire du Directoire exécutif près l'administration des monnaies.

129. L'affineur national se conformera, relativement à l'affinage des matières qui lui seraient apportées par des particuliers, à tout ce qui est prescrit, dans la section précédente, aux affineurs libres pour le commerce : les peines portées contre ceux-ci, en cas de contravention, seront applicables à l'affineur national.

130. L'affineur national sera tenu d'avoir un fonds en matière d'or et d'argent capable d'assurer le service national.

131. Il ne pourra garder les lingots à affiner plus de cinq jours, non compris les jours d'entrée et sortie de ces lingots.

132. L'affineur national fournira un cautionnement en immeubles de la valeur de cent mille francs, pour répondre des matières d'or et d'argent qui lui seront livrées.

133. Lesdites matières affinées par l'affineur national seront portées à la chambre de délivrance des Monnaies, et remises au caissier, où elles seront empreintes du poinçon national dans toute l'étendue de l'une des grandes surfaces du lingot.

134. Les lingots affinés appartenant à la République porteront le nom de l'affineur national, et le titre en sera déterminé suivant la forme prescrite par l'art. 51 de la loi sur l'organisation des Monnaies.

135. L'affineur national est autorisé à porter en compte, pour frais d'affinage ou départ des matières nationales, savoir :

Pour les lingots d'or (et sont réputés tels ceux qui contiennent plus que la moitié de leur poids en or), vingt-quatre francs cinquante-trois centimes par kilogramme d'or fin passé en délivrance ;

Pour les matières d'argent doré contenant or, dix francs vingt-deux centimes par kilogramme de matière brute, c'est-à-dire telle qu'elle était avant l'affinage ;

Et pour les lingots d'argent, trois francs vingt-sept centimes par kilogramme d'argent pur ;

Lesdits frais seront acquittés par le caissier de la monnaie.

De l'argue.

136. Il y a, dans l'enceinte de l'hôtel des Monnaies de Paris, une argue destinée à dégrossir et tirer les lingots d'argent et de doré. Lorsque les besoins de la fabrication l'exigeront, le Directoire exécutif pourra établir des argues dans d'autres lieux, sur la demande motivée de l'administration de département, et sur l'avis de celle des Monnaies.

I. Définition de l'argue.
II. Rétablissement des argues de Trévoux et de Lyon.—Suppression de l'argue de Paris.
III. Défense aux particuliers de posséder des outils ou instruments propres aux argues royales.
IV. Excuses non admises.

I. L'argue est une machine dont on se sert pour dégrossir et amincir les lingots d'argent et d'argent ou de cuivre doré en les faisant passer à travers de grosses filières, dont les pertuis ou trous ronds vont toujours en diminuant de grosseur.

II. Notre article, en conservant formellement l'argue de Paris, avait réformé implicitement celles de Lyon et de Trévoux, qui existaient antérieurement à loi de brumaire. Mais cette suppression ayant excité de la part des tireurs d'or de ces deux villes, des réclamations qui furent appuyées par les autorités départementales de leur situation, le gouvernement se décida à les rétablir, comme notre article lui en laissait la faculté. (V. *Arrêté des 15 pluviôse et 25 ventôse an 6.*)

Aujourd'hui, tandis que ces deux argues subsistent, l'argue de Paris a été supprimée par une décision du ministre des finances postérieure à la révolution de 1830, de sorte que les art. 136 et suivants, applicables à Lyon et à Trévoux, ne le sont plus à Paris.

III. Sous l'empire de ces articles, le droit de dégrossir et d'étirer les lingots étant un monopole, il a fallu protéger l'exercice de ce monopole contre les attaques des particuliers. C'est pourquoi il a été jugé qu'aucun particulier ne peut avoir dans sa possession des outils ou instruments propres au service de l'argue royale, sous peine de confiscation et d'une amende de 3,000 fr. (*Édit de déc. 1721.*)

IV. Le renvoi du prévenu ne peut d'ailleurs être fondé, suivant la Cour de cassation, sur ce que le lingot saisi chez lui pourrait, dans l'état où il a été trouvé, subir des opérations étrangères à l'argue, et que les instruments prohibés trouvés également chez le prévenu pouvaient également servir pour les bâtons de cuivre. Il suffit que la prohibition de la loi soit générale et absolue, pour qu'on ne puisse admettre de pareils prétextes, au moyen desquels la prévoyance de la loi pourrait être constamment éludée (1). (*C., 12 juillet 1817, Martin.*)

(1) L'administration ne saurait aujourd'hui se prévaloir de cet arrêt, puisque l'ordonnance du 5 mai 1824 permet au fabricant de doré, d'avoir des filières de calibre semblables à celles en usage

137. Les tireurs d'or et d'argent sont tenus de porter leurs lingots aux argues nationales, pour y être dégrossis, marqués et tirés.

I. Sanction de l'art. 137.
II. Obligations imposées aux tireurs d'or.

I. Cette disposition n'ayant pas de sanction dans la loi de brumaire, on a dû lui en chercher une dans les anciennes ordonnances, et la Cour de cassation a jugé que les tireurs d'or et d'argent ne peuvent, sous peine de 3,000 fr. d'amende, faire forger, dégrossir et tirer leurs lingots dans d'autres lieux qu'à l'argue royale. (*Arrêt du conseil, 24 avril 1725, art. 2. — V. Cass., 12 juillet 1817, Martin; V. aussi ordonnance du 5 mai 1824.*)

II. Les tireurs d'or soumis aux dispositions générales des art. 73, 74, 75, 76, 77, 78, 79 et 80 de la loi de brumaire, sont astreints, en outre, à des obligations spéciales que leur imposent d'anciens réglements, qui n'ont pas été abrogés, ou des ordonnances royales. (**V.** *Arrêt du conseil, 23 novembre 1680, et 10 novembre 1691, c. b. n. 423, C. P., etc.*)

138. Ils paieront, pour prix de ce travail, savoir : Pour les lingots de doré et lorsque les propriétaires auront leurs filières, cinquante centimes par hectogramme (trois onces, deux gros,

dans les argues royales, à la charge par eux d'en faire la déclaration préalable à la préfecture du département, à l'administration des Monnaies et à celle des contributions indirectes

douze grains), et lorsqu'ils n'auront pas de filières, soixante quinze centimes ; pour les lingots
d'argent, douze centimes par hectogramme, lorsque les propriétaires auront des filières, et quand
ils n'en auront pas, vingt-cinq centimes.

Lorsque les tireurs de cuivre, au lieu d'avoir des argues
particulières, portent leurs matières à l'argue royale, ils
paient pour les bâtons de cuivre doré 12 cent. par hectogramme, pour les bâtons de cuivre argenté 8 cent. par
hectogramme. Ils sont tenus, en outre, de fournir les filières
nécessaires à ce tirage, l'argue royale n'étant pas obligée
d'en fournir à ceux qui en manquent, ainsi que pour les
tirages des lingots d'argent fin et d'argent doré. (V. *Arrêté
du 7 floréal an 8, art. 2 et 3.*)

139. L'administration des Monnaies est chargée de l'établissement et entretien du service de
l'argue, sans cependant pouvoir ajouter de nouveaux préposés à ceux qu'elle a déjà sous son
autorité ; elle passera en dépenses les frais de
l'argue, et en fera verser les produits dans la
caisse du caissier de la Monnaie ; et chaque année, elle rendra sur le tout un compte séparé au
ministre des finances, qui le mettra sous les yeux
du Directoire exécutif, pour être transmis au
Corps législatif.

Aux termes d'une ordonnance du 26 décembre 1827, les

argues royales sont exclusivement attribuées à l'administration des contributions indirectes. En vertu d'une décision du
ministre des finances, le versement des produits de l'argue
s'effectue à Lyon dans la caisse du receveur général du
département, et à Trévoux, dans celle du receveur particulier de l'arrondissement. Le compte des droits d'argue est
soumis à la Cour des comptes.

APPENDICE.

—

Les instruments dont se servent les orfèvres, tels que presses, moutons, laminoirs, balanciers et coupoirs, étant de nature à servir à la fabrication de la fausse monnaie, ils ne pourront les avoir chez eux qu'avec l'autorisation du gouvernement. La même autorisation est nécessaire pour la confection de ces divers instruments. C'est ce qui résulte d'un arrêté du 3 germinal an 9, ainsi conçu :

« Art. 1er. — Les dispositions des lettres-patentes du 28 juillet 1783, qui obligent les entrepreneurs de manufactures, orfèvres, horlogers, graveurs, fourbisseurs et autres artistes et ouvriers, qui font usage de presses, moutons, laminoirs, balanciers et coupoirs, à en obtenir la permission, seront exécutées selon leur forme et teneur (1).

« Art. 2. — Cette permission sera délivrée, savoir : dans la ville de Paris, par le préfet de police ; dans les villes de

(1) L'art. 9 des lettres-patentes voulait qu'il fût procédé *extraordinairement* à l'égard de tous ceux qui auraient chez eux ou emploieraient à l'avenir lesdites machines, sans en avoir obtenu la permission. Aujourd'hui on pourrait tout au plus appliquer les peines de simple police.

Bordeaux, Lyon et Marseille, par les commissaires généraux de police, et dans toutes les autres communes de la république par les maires de l'arrondissement.

« Art. 3. — Ceux qui voudront obtenir lesdites permissions seront tenus de faire élection de domicile, de joindre à leur demande des plans figurés et l'état des dimensions de chacune desdites machines dont il se proposeront de faire usage. Ils y joindront pareillement des certificats des officiers municipaux des lieux dans lesquels sont situés leurs ateliers ou manufactures, lesquels certificats attesteront l'existence de leurs établissements, et le besoin qu'ils pourraient avoir de faire usage desdites machines.

Les lettres-patentes de 1783 que cet arrêt a pour objet de remettre en vigueur, portaient, art. 4 : « Ceux qui auront obtenu la permission d'avoir chez eux une ou plusieurs de ces machines, seront tenus de les placer dans les endroits de leurs ateliers les plus apparents, et sur la rue autant que faire se pourra ; nous leur défendons d'en faire usage avant cinq heures du matin et après neuf heures du soir, et leur enjoignons de les tenir enfermées dans des endroits fermant à clefs pendant tout le temps où ils ne s'en serviront pas. »

. Art. 5. — Ceux qui, ayant obtenu lesdites permissions, négligeraient de se conformer à ce qui leur est prescrit par l'article précédent, en seront déchus, et ne pourront plus à l'avenir en obtenir de pareilles ; voulons que dans le cas où ils serait prouvé qu'ils eussent employé celles de ces machines dont ils auraient été autorisés à faire usage, à tout autre travail qu'à celui qu'ils auraient annoncé par leur requète, il leur soit fait défenses de s'en servir, et

qu'ils soient contraints de les déposer au greffe du siége
des monnaies le plus voisin. »

Loi du 5 germinal an 12, relative aux jetons, médailles et pièces de plaisir.

« Art. 1er. — Il est expressément défendu à toutes personnes quelles que soient les professions qu'elles exercent,
de frapper ou faire frapper des médailles, jetons ou pièces
de plaisir, d'or, d'argent et d'autres métaux, ailleurs que
dans l'atelier destiné à cet effet, dans la galerie du Louvre,
à Paris, à moins d'être munies d'une autorisation spéciale
du gouvernement.

« Néanmoins tout dessinateur ou graveur, ou autre individu, pourra dessiner ou graver, faire dessiner ou graver
des médailles, et elles seront frappées avec le coin qu'ils
remettront à la Monnaie des médailles.

« Les frais de fabrication seront réglés par le ministre
de l'intérieur.

« Il sera déposé deux exemplaires de chaque médaille
en bronze à la Monnaie du Louvre, et deux à la Bibliothèque
nationale.

« Conformément à l'arrêté du conseil du 15 janvier 1685,
chacun des contrevenants aux dispositions contenues dans
les articles précédents sera condamné à une amende de
mille francs, et à une somme double en cas de récidive. »

Des poids et des balances.

Si les commerçants en général sont tenus d'avoir des balances justes, des poids en bon état, étalonnés et conformes au système métrique, les orfèvres doivent plus rigoureusement que tous autres se conformer à cette obligation, à cause de l'importance des matières qui font l'objet de leur commerce. C'est pourquoi nous croyons utile de leur rappeler les dispositions des art. 479, 480, 481, 482, 423 et 424 du C. P. à cet égard.

479. « Seront punis d'une amende de onze à quinze francs inclusivement : ceux qui auront de faux poids ou de fausses mesures dans *leurs magasins* (1), boutiques, ateliers ou maisons de commerce, ou dans les halles, foires ou marchés, sans préjudice des peines qui seront prononcées par les tribunaux de police correctionnelle contre ceux qui auraient fait usage de ces faux poids ou de ces fausses mesures ; ceux qui emploieront des poids ou des mesures différents de ceux qui sont établis par les lois en vigueur. »

480. « Pourra de plus, selon les circonstances, être prononcée la peine d'emprisonnement pendant cinq jours au plus ;... 2° contre les possesseurs de faux poids et de fausses mesures ; contre ceux qui emploient des poids ou des mesures différents de ceux que la loi en vigueur a établis. »

481. « Les poids et mesures saisis sont confisqués. »

---

(1) Lors même qu'ils ne font pas usage de ces faux poids. La Cour de cassation répute faux les poids dépourvus du poinçon de vérification. 3 mars 1837.

482. « En cas de récidive, la peine d'emprisonnement pendant cinq jours sera toujours prononcée. »

423 « Quiconque par usage de faux poids ou de fausses mesures aura trompé sur la quantité des choses vendues sera puni de l'emprisonnement pendant trois mois au moins, un an plus, et d'une amende qui ne pourra excéder le quart des restitutions et dommages-intérêts, ni être au dessous de cinquante francs. »

« Les objets du délit ou leur valeur, s'ils appartiennent encore au vendeur, seront confisqués; les faux poids et les fausses mesures seront aussi confisqués et de plus seront brisés. »

424. Si le vendeur et l'acheteur se sont servis dans leurs marchés d'autres poids ou d'autres mesures que ceux qui ont été établis par les lois de l'État, l'acheteur sera privé de toute action contre le vendeur qui l'aura trompé par l'usage de poids ou de mesures prohibés, sans préjudice de l'action publique pour la punition tant de cette fraude que de l'emploi même des poids et des mesures prohibés. La peine en cas de fraude sera déterminée par le livre 4 du présent Code contenant les peines de simple police. »

MODIFICATIONS A LA LOI DE BRUMAIRE AN 6

DEMANDÉES PAR LES ORFÈVRES.

Les modifications à introduire dans la loi de brumaire, suivant le vœu des bijoutiers, ont été formulées et résumées dans le projet suivant, qui nous a été communiqué par M. Paillottet.

PROJET.

ARTICLE PREMIER. —La tolérance des titres tant à l'égard de l'or qu'à l'égard de l'argent est de *cinq* millièmes pour les ouvrages dits de *grosse garantie;* de *dix* millièmes pour les ouvrages de petite garantie qui ne comportent pas de soudure ; et de *vingt* millièmes pour les ouvrages composés de différentes parties réunies par la soudure.

ART. 2. — Les ouvrages destinés à l'exportation pourront être fabriqués aux titres usités dans les pays étrangers.

Un réglement d'administration publique rendu dans les

six mois à partir de la promulgation de la loi, déterminera les conditions auxquelles cette fabrication sera permise.

Les fabricants et marchands convaincus d'avoir répandu en France les ouvrages fabriqués aux titres autorisés uniquement pour l'exportation, seront punis d'une amende de 200 à 1000 fr., avec interdiction de fabriquer désormais à ces titres en cas de récidive. Les ouvrages saisis seront en outre confisqués.

ART. 3.—Le droit d'essai est supprimé.

Le droit actuel de garantie sera réduit d'un sixième dans six mois, et deux autres réductions égales à la première auront successivement lieu, après l'expiration d'un second et troisième semestre.

S'il est constaté, deux ans après la dernière réduction, que le produit des droits excède de plus d'un quart les frais du service de la garantie, il sera proposé des réductions nouvelles.

ART. 4. — Seront dispensés du droit tous les ouvrages qui, à cause de leur forme ou de leur légèreté, ne pourraient recevoir sans détérioration l'empreinte du poinçon.

ART. 5. — La commission des Monnaies, lorsqu'elle exercera sur les bureaux de garantie la surveillance qui lui est confiée par l'art. 37 de la loi du 19 brumaire an 6, devra s'adjoindre un marchand et un fabricant choisis par le ministre des finances, parmi douze candidats élus chaque année dans une assemblée des marchands et fabricants bijoutiers.

ART. 6. — Sont soumis comme les fabricants et mar-

chands d'ouvrages d'or et d'argent, à l'obligation de déclarer
leurs demeure et profession, tous ceux qui contribuent dans
leur domicile par une main-d'œuvre quelconque à la fabrication des dits ouvrages. Ils sont tenus, en outre, sous peine
de saisie au préjudice de qui de droit, de déclarer lorsqu'ils
en sont requis le nom du propriétaire des ouvrages qui leur
sont confiés.

Art. 7. — Les marchands et fabricants ne sont pas tenus
d'inscrire sur leur registre obligatoire les ouvrages qu'ils
vendent. Ils ne sont tenus d'y inscrire ceux qu'ils achètent
que si les vendeurs n'exercent pas eux-mêmes le commerce
des matières d'or et d'argent.

Art. 8. — Les contraventions aux art. 72 à 77 de la loi
de brumaire, ainsi qu'aux art. 6 et 7 de la présente, seront
punis d'une amende de 50 à 100 fr.

Art. 9. — Ne sont pas réputés fourrés de matière
étrangère les ouvrages d'or et d'argent dans la confection
desquels entre nécessairement l'emploi d'une matière vile,
lors même que cette matière est placée dans l'intérieur des
ouvrages.

L'excès de soudure ou de toute autre matière sans valeur
employée comme agent de fabrication, s'il est constaté par
l'essayeur, entraîne seulement la rupture des ouvrages.

Ceux qui auront fourré de matières viles des ouvrages
d'or et d'argent seront punis d'une amende égale à cinquante
fois la différence entre la valeur réelle de ces ouvrages, et
la valeur que leur eût donnée une loyale confection.

Art. 10. — Tout ouvrage d'or achevé et non marqué

trouvé chez un fabricant sera saisi et donnera lieu à l'application des peines portées dans l'art. 8, s'il est établi que le fabricant ou marchand avait l'intention de soustraire cet ouvrage à la marque.

S'il n'y a fraude, les ouvrages saisis seront rendus au propriétaire, après avoir été soit revêtus des marques, soit brisés, en cas d'insuffisance du titre.

ART. 11.—Seront saisis tous les ouvrages d'or et d'argent achevés ou en cours de fabrication, qui seront trouvés marqués de faux poinçons, ou sur lesquels les marques des poinçons de l'État seront entées, soudées ou contretirées en quelque manière que ce soit.

Le détenteur avec connaissance de cause sera condamné à un emprisonnement de deux ans à cinq ans, à une amende de 1,000 fr. à 3,000 ; et la confiscation des ouvrages sera prononcée.

Les mêmes ouvrages, après avoir été brisés seront rendus au détenteur sans connaissance de cause.

ART. 12. — Les employés des contributions indirectes saisiront les faux poinçons partout où ils les trouveront.

Les fabricants de faux poinçons, les détenteurs avec connaissance de cause et ceux qui les appliqueront, ainsi que tous individus autres que les préposés à l'application des poinçons légaux, qui en emploieraient même de véritables, seront condamnés à un emprisonnement de deux à cinq ans et à une amende de 5 à 10,000 fr. Les ouvrages marqués illégalement ou marqués de faux poinçons seront confisqués, sauf le cas où le détenteur est sans connaissance de cause. Seront punis des mêmes peines, indépendamment de la destitution, les employés des bureaux qui calqueraient les poinçons, ou qui feraient un usage illicite des poinçons qui leurs seront confiés.

ART. 13.—Sont abrogées les dispositions des art. 5, 10, 19, 42, 44, 46, 49, 50, 62, 64, 65, 78, 79, 80, 87, 88, 107, 108, 109, 110, 136, 137, 138 et 139 de la loi de brumaire an 6.

Sont également abrogées les dispositions des art. 14, 16 et 17 de la déclaration du 26 janvier 1749.

TABLE DES MATIÈRES.

Administration municipale. — V. Déclaration, Inculpation.

Affiche du jugement. — Elle ne peut être prononcée qu'en cas de récidive, p. 187. — V. Récidive.

Affinage. — Son objet, p. 293. — Conditions auxquelles la profession d'affiner peut être exercée, p. 294.

Affineurs. — Devoirs des affineurs, p. 294 et suiv. — Leurs obligations consistent à se faire connaître aux administrations publiques, à tenir des registres, à insculper leurs noms sur les lingots affinés avec des numéros d'ordre et des chiffres indicatifs du titre auquel ils sont trouvés. L'accomplissement de ces deux formalités n'est plus exigé que pour les lingots dits de tirage, et non pour les lingots de commerce, p. 296 et suivantes.

Affinage national, p. 299 et suivantes.

Agents de police subalternes. — Ils ne peuvent assister les employés de la Régie ou de la garantie dans leurs visites, p. 231.

Agents chimiques necessaires aux essais. — Ils doivent être tirés de l'hôtel des Monnaies de Paris, pourquoi? p. 103.

Alliage. — Nécessité de l'alliage. L'expression de la proportion d'alliage destinée à entrer dans l'or ou l'argent, c'est le titre, p. 33.

Amende. — La contravention pour donner lieu à l'amende doit être constatée par un procès-verbal régulier, p. 241. — L'amende est une peine et dès lors elle ne peut être prononcée en cas de décès du déliquant avant le jugement définitif, p. 191. — Les amendes portées par la loi de brumaire ne peuvent être modérées à raison des circonstances atténuantes. p. 190; mais en cas de poursuites pour plusieurs délits compris dans une même instance, l'amende la plus forte doit seule être prononcée, p. 191.

Appel. — Formes de l'appel, p. 251. — L'administration des contributions indirectes peut interjeter appel d'un jugement qui la deboute de sa demande, *eod. loc.*

Apprentis ou élèves. — V. p. 198.

Argue. — Définition, p. 302; — Rétablissement des argues de Trévoux et de Lyon; — Suppression de l'argue de Paris; défense aux particuliers de posséder des outils ou instruments propres aux argues royales; excuses non admises, *eod. loc.*

Assistance des officiers de police aux visites. — V. Visites.

Autorisation d'avoir des instruments, tels que laminoirs, découpoirs, balanciers, et qui la donne; comment s'en fait la demande? p. 307 et suiv.

Aveu. — Lors même que le prévenu avoue que les bijoux saisis pour défaut de marque étaient achevés, le tribunal peut faire procéder à une vérification, p. 244.

Balances. — Les orfèvres ne se serviront que de balances justes et de poids étalonnés, p. 310; — Peines applicables en cas de contravention, p. 310 et 311.

Balancier. — Les orfèvres doivent obtenir une autorisation d'avoir chez eux des balanciers, etc. — V. Autorisation.

Biffement. — V. Rupture, Poinçons.

Bigorne. — Sorte d'enclume sur laquelle est empreinte une série de signes représentant des familles d'insectes; ces signes se gravent sur la pièce, juste au dessous de l'empreinte du poinçon, au même moment et par contre-coup, p. 18 et 47. — V. Poinçons, marque et contrôle.

Bordereaux. — Obligation pour les marchands et fabricants de remettre aux acheteurs des bordereaux; motifs.

Comité de garantie.—Il y aurait avantage et point d'inconvénients à former aujourd'hui un comité de garantie composé de fabricants et de marchands, concurremment avec des agents de l'administration, p. 27.

Commissaires de police.—V. Visites, procès-verbaux.

Commissaires-priseurs.—Lorsqu'ils veulent procéder à la vente d'objets d'or et d'argent après décès, ils sont tenus d'avertir la Régie, mais non de veiller au poinçonnage desdits objets, p. 176.

Compétence. — Tribunaux compétents pour connaître des contraventions, p. 251. — Le tribunal compétent est celui du lieu où la contravention a été constatée, p. 252, 291.

Confiscation. — La confiscation n'est que la réparation d'un préjudice causé; d'où la conséquence qu'elle peut être prononcée même en cas d'acquittement du prévenu, p. 286. — Confiscation d'outils propres à l'argue, p. 302; — D'ouvrages achevés et non marqués, p. 273, 279; — D'ouvrages entés, etc., p. 285; — Empreints de faux poinçons, 288, 289. —La confiscation de la boîte d'or ou d'argent d'une montre n'entraîne pas la confiscation du mouvement, p. 279; —Pas plus que la confiscation de la monture d'or ou d'argent n'entraîne celle des pierres ou diamants dont elle est garnie, p. 281.— La confiscation ne peut avoir lieu quand les objets saisis sont la propriété de particuliers non marchands, p. 283. — Le tribunal a la faculté de prononcer la confiscation malgré la nullité du procès-verbal qui seul constate la contravention, p. 240. — Le décès du prévenu n'éteint pas l'action publique en ce qui touche la confiscation, p. 193. — V. Poinçons, Marque et contrôle.

de cette dernière exception en faveur des voyageurs français, p. 70. — Les ouvrages déposés au Mont-de-Piété sont sujets aux droits de garantie s'ils ne les ont acquittés avant le dépôt, p. 79. — Évaluation du droit de garantie quand les ouvrages ne contiennent aucun corps étranger, p. 65. — Évaluation quand il s'agit de montures garnies de diamants ou autres corps étrangers, p. 109. — Décime de guerre, p. 66.

Eau-forte. —V. Essais à la coupelle, p. 105. Hôtel de la Monnaie de Paris, p. 103.

Émail. — Le contre-émail est prohibé par l'administration, p. 139.

Emprisonnement. — Il ne peut être prononcé qu'autant qu'un procès-verbal régulier constatant la contravention est rapporté, p. 241.

Enture. — V. Poinçons.

Escroquerie. — V. Titre.

Essais. — Leur objet, 17 ;—Sur quelles matières se fait l'essai 103 ;—Sur quelle partie de l'ouvrage se fait la prise d'essai, p. 103 et 104. — En cas de saisie d'objets composés de parties que réunit la soudure, l'essai doit être pratiqué sur le bijou tout entier sans qu'on en sépare les différentes parties, p. 40. — Observations sur les essais; ils sont de trois sortes, p. 104.—Essai à la coupelle, *eod. loc.* — Quels ouvrages y sont soumis, p. 106. — Essai au touchau ; dans quel cas on y procède, p. 106 et suivantes. — Essai par la voie humide, p. 107. — L'une ou l'autre de ces trois méthodes peut être pratiquée par les essayeurs. — Danger qu'il y a à leur laisser cette faculté, *eod.*—En cas de contestation le propriétaire peut exiger un second essai, p. 111,

Exposition. — Elle ne doit pas être prononcée en cas d'application de l'art. 141 du Code pénal, p. 292.

Fabricants d'ouvrages d'or et d'argent. — Sont compris sous ce nom tous ceux qui confectionnent et font confectionner des bijoux ou autres ouvrages d'or ou d'argent, et qui en trafiquent ; quels sont ceux que la loi répute fabricants, p. 149. — V. Obligations des fabricants.

Fer. — V. Fourrure.

Feuilles. — Les feuilles d'or et d'argent destinées au plaqué et au doublé, doivent être marquées comme chacun des ouvrages qui en sont formés.

Foires et marchés. — La surveillance des ouvrages d'or et d'argent sur les foires et marchés appartient à la municipalité en concours avec les employés de la Régie, p. 209. — Ces derniers doivent se faire assister par un officier de police, *eod. loc.*

Fontes. — Pourquoi les fabricants doivent présenter au bureau de garantie dans des sacs séparés les ouvrages provenant de différentes fontes, p. 101.

Fourbisseurs. — Pour savoir s'ils sont soumis aux obligations des fabricants ou à celles des marchands, V. p. 161.

Fourrure ou *fourré.* — La fourrure consiste dans l'introduction du fer, du cuivre ou de toute autre matière étrangère, dans les ouvrages d'or, d'argent, de vermeil, p. 125. — Ce qu'il faut entendre par matière étrangère, p. 127. — La soudure n'est pas une matière étrangère ; difficultés à l'occasion de l'emploi de cette substance, p. 127. — L'excès de soudure ne peut être assimilé à la fourrure, toutes les fois au moins qu'il n'est pas le résultat de la fraude, p. 130. — C'est au tribunal, juge du fait, à décider s'il y a fraude dans l'espèce qui lui est soumise, p. **138**. — L'usage de la gomme ou de l'étain pour donner de la solidité aux ouvrages ne constitue pas non plus le délit de fourré, p. 139. — Lorsque la confection d'un bijou n'est possible qu'au moyen d'introduire à l'intérieur de la feuille d'or des morceaux de cuivre ou de fer, la présence de parcelles de ces métaux vils dans le bijou ne constitue pas un délit, p. 140. — Les ouvrages fourrés ne peuvent être saisis après l'essai et une fois marqués, p. 140. — Le fait d'avoir introduit dans un bijou creux des matières étrangères postérieurement au poinçonnage est puni par l'art. 423, C. P., combiné avec l'art. 61 de brumaire, p. 144. — Indemnité due au fabricant, p. 144.

Frais. — La nullité du procès-verbal constatant la contravention n'empêche pas le tribunal de condamner le prévenu aux frais des poursuites, p. 241. — Le décès du prévenu n'éteint pas l'action publique en ce qui touche les frais, p. 194.

Garantie. — Le service de la garantie est confié aux administrations des Monnaies et des contributions indirectes, p. 92 et 93. — Appréciation de l'organisation du service de la garantie, p. 95.

Gomme laque, p. 139. — V. Fourrure, Soudure.

Graveur-ciseleur. — Il n'est pas rangé parmi les fabricants et n'est pas assujetti à leurs obligations, p. 161, 168.

Greffes. — Les ouvrages déposés dans les greffes de tribunaux à l'occasion de procès civils ou criminels doivent payer les droits de garantie lorsqu'ils ne les ont pas acquittés avant le dépôt, p. 79. — Les receveurs des domaines, dans le cas où ils sont chargés de vendre des matières d'or et d'argent, doivent, au préalable, les faire essayer et payer les droits de garantie, p. 80. — Les ouvrages saisis sur contravention doivent être déposés au greffe, p. 253. — L'inaccomplissement de cette formalité annulerait les poursuites, p. 254.

Hasard (ouvrages de). — Ils doivent, s'ils sont marqués d'anciens poinçons, être soumis aux poinçons de recense, soit qu'on les destine à la vente ou à son usage personnel, p. 179. — Ceux qui ne sont pas en état d'être vendus ou que les bijoutiers ne voudraient pas prendre pour leur compte, doivent être rompus et brisés dans l'instant, p. 180. — Pour le poinçon de hasard et le droit, V. p. 45 et 46, Recense, Marque et contrôle.

Heures. — C'est dans les vingt-quatre heures, à partir de l'achat et de l'inscription sur le registre, que les ouvrages de hasard doivent être présentés au bureau de garantie, p. 179.

Homogénéité des matières, p. 39 et 40.

Horlogerie. — Les produits de l'horlogerie française sont aujourd'hui poinçonnés comme gros ouvrages d'or et d'argent, p. 47. — Les ouvrages d'horlogerie de provenance étrangère sont soumis à un poinçon spécial, *eod. loc.* — Ils ne peuvent être dirigés sous le plomb des douanes que sur cinq bureaux de garantie, p. 69.

Horlogers. — On peut les diviser en trois catégories : ceux qui fabriquent les boîtes de montres et autres ouvrages d'or concernant leur profession ; ceux qui mettent en œuvre ces ouvrages qu'ils achètent tout confectionnés ; enfin, ceux qui se contentent de raccommoder lesdits ouvrages. Les premiers sont astreints aux mêmes obligations que les fabricants d'or et d'argent. V. Obligations, etc. — Les seconds sont assimilés aux marchands. V. Obligations des marchands. — Quant aux derniers, ou simples raccommodeurs, ils ne sont tenus qu'à enregistrer les objets qu'on leur confie, et dans le cas seulement où ils ne sont pas dument marqués, p. 167. — Formes de l'inscription, p. 165 et 169. — Ils ne doivent pas oublier que toutes pièces neuves ajoutées à des ouvrages vieux nécessitent la présentation de ces ouvrages au bureau de garantie, p. 175. V. au surplus, Registres. — L'horloger chez lequel il est trouvé des montres non marquées ne peut s'excuser sur ce que ces montres étaient chez lui depuis moins de vingt-quatre heures, et n'étaient pas d'ailleurs étalées en vente, p. 271. — Les montres terminées avant d'être marquées et dépolies pour faire croire à leur inachèvement, sont confiscables suivant la Cour de cassation, p. 262, 272. — Les boîtes de montres neuves marquées de poinçons antérieurement à une recense, sont réputées non marquées si à l'expiration du délai fixé elles ne sont revêtues des poinçons de nouvelle forme, p. 278. — Ce que devrait faire l'horloger dans le cas où pendant le délai de recense gratuite, ou la prolongation de ce délai, ses montres se trouveraient déposées au greffe après saisie, *eod. loc.* — V. Recense.

Hôtel des Monnaies de Paris, p. 103. — V. Agents chimiques, Essayeurs.

Importation. — Tous les bijoux venant de l'étranger doivent être envoyés par les employés des douanes au bureau de garantie le plus voisin, pour y être essayés, etc. p. 66. — Le bureau de garantie n'a point à vérifier le degré de fin de ces ouvrages, pourquoi? p. 67. — Le poinçon étranger est aujourd'hui appliqué dans tous les bureaux de garantie, p. 69.—Il ne peut cependant être appliqué sur l'horlogerie étrangère que dans cinq bureaux, p. 69. — Exception à la règle que les ouvrages étrangers doivent à leur entrée en France être soumis aux droits de garantie : 1º au profit des ambassadeurs, etc.; 2º au profit des voyageurs, p. 69 et 70. — Ce que peut faire le voyageur non admis à jouir de l'exemption, p. 71. — Les ouvrages passés en franchise doivent pour être mis dans le commerce être marqués et payer les droits, p. 71. — Sanction des art. 23 et 24, *eod.*

Indemnité. — Le propriétaire d'un ouvrage coupé à tort à l'essai a droit à une indemnité, p. 125, 144. — Lorsque le tribunal deboute la Régie de sa demande et annule la saisie, il peut la condamner à des dommages-intérêts, soit à raison de la saisie, soit à raison de pertes ou détériorations, p. 252.

Insculpation. — Ses motifs. — A Paris elle se fait à la préfecture de police et au bureau de garantie, p. 163. V. Poinçons. — L'orfèvre qui avoue n'avoir pas fait insculper son poinçon à la préfecture ne peut échapper à la peine sous prétexte de bonne foi, p. 163.

Interdiction du commerce d'or et d'argent. — Elle ne peut avoir lieu qu'en cas de seconde rédicive, p. 187. — V. Rédicive.

Joaillerie.—Les ouvrages garnis de perles, diamants ou autres corps étrangers sont néanmoins sujets aux droits de garantie; comment ces droits s'évaluent, p. 109. — Quand ces ouvrages sont-ils réputés, achevés, p. 259.—La confiscation d'un ouvrage d'or et d'argent garni de diamants ou

être portés au bureau de garantie, il faut faire une distinction, p. 178. — Ils ne peuvent à aucun instant en avoir chez eux d'achevés et non marqués, p. 260. — L'art. 17 de la déclaration de 1749, qui ordonne aux orfèvres de porter au bureau de garantie les ouvrages d'occasion qu'ils achètent, dans les vingt-quatre heures, n'a pas été abrogé, p. 180. — Avant que l'ordonnance de 1821 eût remis en vigueur cette déclaration, la Cour de cassation en faisait comme aujourd'hui l'application, p. 181. — **En cas d'infraction** à cette disposition, l'état de maladie du délinquant n'est pas une excuse. *eod. loc.* — Les ouvrages destinés à l'usage personnel des fabricants ou marchands doivent être également soumis au contrôle, p. 175. — Dans quels cas les ouvrages présentés au bureau de garantie peuvent être saisis, p. 181. — En cas de saisie d'ouvrages d'or et d'argent achevés et non marqués, il y a lieu d'appliquer les art. 80 et 107, p. 181, 186 et 273. — Aucune excuse ne peut prévenir ni atténuer les peines portées par ces articles, qu'elle vienne des fabricants ou des marchands, p. 265, 270. — Critique de la jurisprudence relative aux marchands, p. 272. V. **Excuses.** — Les ouvrages qui ne porteraient pas au revers la marque des poinçons de titre et de recense sont également réputés non marqués, p. 277, — De même que les ouvrages trouvés chez les marchands revêtus des anciens poinçons, après l'expiration du délai de recense, p. 277, 278, 279. — V. **Recense.** — En cas de condamnation, la confiscation doit toujours être prononcée, à moins que l'objet saisi ne soit la propriété d'un particulier non marchand, p. 279, 283. — La confiscation de la boîte d'une montre ou d'un ouvrage d'or ou d'argent garni de diamants ou de pierreries, n'entraîne pas la confiscation des mouvements ou des diamants, p. 281.

Matière étrangère. — V. Fourrure, Soudure.

Médailles. — Autorisation pour les frapper, **p. 309.**

Ministère public. — V. Action publique.

Monts-de-Piété. — Les ouvrages déposés aux Monts-de-Piété sont sujets aux droits de garantie s'ils ne les ont acquittés avant le dépôt, p. 79. — Les droits de garantie ne sont exigés par l'administration pour ces ouvrages qu'au moment de la vente, *eod. loc.* — Les ouvrages du Mont-de Piété sont essayés au touchau, p. 107. — Les ouvrages à bas titre vendus par le Mont-de-Piété sont assimilés aux ouvrages provenant de l'étranger ; inconvénients, p. 54. — L'adjudicataire qui se croit lésé par cette assimilation peut exiger qu'il soit procédé à un second essai qui se fait à la coupelle, p. 112.

Monteurs de boîtes. — V. Horlogers.

Notaires. — Lorsqu'ils procèdent à des ventes de meubles ils ne sont pas tenus de faire au préalable marquer des poinçons actuellement en usage, les objets d'or et d'argent, p. 176.

Obligations. — Objet des obligations imposées aux orfèvres, p. 148. — Il y en a qui sont communes aux fabricants et aux non fabricants ; il y en a d'autres qui sont particulières aux premiers.

Obligations communes aux fabricants et aux marchands non fabricants. — Ils sont tenus : 1° de faire leur déclaration à la municipalité (à Paris à la Préfecture de police), p. 161, 163 ; 2° de porter au bureau de garantie sur-le-champ les ouvrages neufs ou d'occasion qu'ils auraient achetés sans marque ou revêtus de poinçons actuellement hors de service, p. 174, 175, 260; 3° de tenir des registres et d'inscrire leurs achats et ventes, p. 165; 4° de représenter leurs registres à toute réquisition, p. 174; 5° de n'acheter que de personnes connues ou ayant des répondants connus, p. 173; 6° de mettre dans leurs boutiques un tableau énonciatif, p. 182; 7° de remettre des bordereaux aux acheteurs, p. 183. — V. Déclaration, Marque et contrôle, Registres, Achats et ventes, Tableau, Bordereau.

Obligations particulières aux fabricants. — 8° De faire insculper leur poinçon de maître, p. 162; 9° d'observer les titres, p. 111, 114, 116; 10° de ne porter leurs ouvrages au bureau de garantie que revêtus du poinçon de maître, mais non terminés, p, 101; 11° de né présenter dans un même sac que des ouvrages d'une même fonte, *eod. loc.* — V. Titre, Poinçon, Insculpation.

Obligations spéciales aux marchands ambulants. — Ils doivent dès leur arrivée en foire ou dans la commune, se présenter à l'administration municipale ou à son agent, p. 207. — Motif, p. 208. — Ils sont en contravention pour avoir négligé de remplir cette formalité dès leur arrivée, lors même qu'ils n'ont ni étalé ni vendu, *eod.* —C'est à eux à prouver qu'ils ont rempli cette obligation, *eod.* — Ils sont tenus aussi de montrer les bordereaux d'achat; mais cette obligation n'a point de sanction pénale, p. 210. — Peines qu'ils encourent pour les autres contraventions, *eod.*

Obligations des fabricants de doublé et de plaqué. — V. Plaqué.

Officiers municipaux. — V. Visites, Procès-verbaux, Marchands ambulants.

Poinçon bigorne ou de contre-marque. — Motif de son établissement, p. 47.

Poinçon de hasard. — A été supprimé, p. 46.

Poinçon dit étranger, p. 54 et 55. — V. Monts-de-Piété. — Il s'applique dans tous les bureaux de garantie, p. 69. — Il ne peut cependant être apposé sur l'horlogerie étrangère que dans cinq bureaux, p. 60. — V. Importation.

Poinçon des fabricants de doublé, p. 55. —V. Plaqué et doublé.

Poinçons de recense. — Tableau des poinçons adoptés lors de la dernière recense, p. 56. — V. Recense, Rupture.

Poinçon destiné à marquer les lingots. — Il n'est plus en usage, p. 56.

Poinçon de remarque, p. 47.

Poinçon de l'horlogerie importée, eod.

Poinçon d'exportation, eod. —Où se fabriquent les poinçons, p. 56. — A qui la garde en est confiée, p. 59. — A qui il appartient de les appliquer, 147.

Poinçons entés, soudés et contretirés, p. 285. —Difficultés dans l'application de l'art. 108, p. 285. — Confiscation même en cas d'acquittement du possesseur saisi, p. 286. — Les poursuites en cette matière ne doivent être faites qu'avec circonspection, p. 287.

Poinçons faux. — Pourquoi la possession d'ouvrages marqués de poinçons faux est moins rigoureusement punie que celle des objets portant des empreintes entées, soudées et contretirées, p. 289. — L'amende, à la différence de la confiscation, ne peut être prononcée si le marchand n'était pas possesseur en connaissance de cause, eod. — Les tribunaux saisis de plusieurs chefs de prévention peuvent s'abstenir de prononcer la confiscation en réservant l'action du ministère public, *eod.* — Le tribunal compétent pour statuer sur la possession des ouvrages empreints de fausses marques, est celui du lieu où la contravention a été constatée, p. 291. —La fabrication et l'usage de poinçons faux sont aujourd'hui punis par l'art. 140 du Code pénal, p. 60. —Pour l'application de cet article, la contrefaçon et l'usage doivent être réunis, p. 61. — Ce qu'on entend par faux poinçon, *eod.* — L'usage du faux poinçon doit avoir eu lieu en connaissance de cause, *eod.* — Les peines de l'art. 140 peuvent être modifiées en vertu de l'art 463, C. P.; —L'amende et l'exposition peuvent être prononcées en outre du maximum de travaux forcés, p. 62. — L'abus des poinçons légaux peut donner lieu aux peines portées par l'art. 141 du Code pénal, p. 291, 292. — Conditions nécessaires pour l'application de cet article, p. 292. — Le *maximum* de la peine n'est pas nécessairement appliqué dans tous les cas; les condamnés ne doivent pas subir l'exposition, p. 293.

Préfecture de police. — V. Insculpation, Déclaration, Autorisation.

Prescription en matière de garantie, p. 194.

Prime d'un dixième accordée aux employés, p. 255.

Prix de l'essai. — V. Essai.

Procès-verbaux. — Les procès-verbaux en matière de garantie peuvent être dressés par deux employés, l'un du grade de contrôleur, l'autre de receveur, p. 226; — Peu importe qu'ils appartiennent l'un au bureau de garantie, l'autre à la Régie, p. 225. — Les employés des douanes n'ont pas qualité pour dresser des procès-verbaux en cette matière, p. 230; — Non plus que les maires, les adjoints et les commissaires de police, sauf pour ceux-ci le cas où les contraventions émanent de marchands ambulants ou de commis-voyageurs, p. 228. — Pour les formalités, V. Visites et recherches, p. 223, 228, 230, 231, 232, 234, 235. — En présence de qui peut être dressé ce procès-verbal, p. 237. — Ce qu'il doit contenir pour être valable, *eod*. — Les formalités prescrites pour la rédaction des procès-verbaux en cette matière doivent être remplies, à peine de nullité, *eod*. — Ainsi le procès-verbal est nul pour n'avoir pas été fait sans déplacer, p. 238 ; — Mais les procès-verbaux seraient valables si l'inobservation des formes provenait d'une force majeure ou du fait de la partie, p. 239. — Au surplus ces procès-verbaux ne sont point soumis à d'autres conditions que celles imposées par la loi de brumaire an 6 ; conséquence, *eod*. — La nullité du procès-verbal n'empêche pas le tribunal de prononcer la confiscation des objets saisis en contravention, p. 240 ; — Non plus que de condamner le prévenu aux frais des poursuites, p. 241 ; — Mais elle empêche le juge de prononcer l'amende ou l'emprisonnement, *eod*. — Les procès-verbaux dressés par les préposés à la surveillance de la garantie des matières et ouvrages d'or et d'argent, font foi jusqu'à inscription de faux, p. 242. — Conséquences de cette proposition, *eod*. — Mais ils ne font foi qu'en ce qui concerne les énonciations de faits matériels de contravention, et nullement des faits ou qualifications dont l'appréciation dépend des règles de l'art. p. 243. — Suite, p. 244. — A plus forte raison ne formeraient-ils pas une preuve irrécusable des faits et délits étrangers à la garantie, de la rébellion par exemple, *eod*. — Une instruction peut être faite malgré l'existence du procès-verbal si la Régie y consent, p. 245.—La nécessité pour les employés de remettre leur procès-verbal dans les dix jours de sa date au procureur du roi n'est pas imposée à peine de nullité suivant la Cour de cassation ; critique de cette opinion, p. 245. — Le ministère public ne peut poursuivre en matière de garantie que sur procès-verbal, p. 247, 249.

Raccommodeurs. — V. Horlogers, Registres.

Rébellion. — La résistance aux préposés accompagnés d'un officier de police peut constituer la rébellion, p. 235 ; —Mais on ne saurait assimiler à la rébellion le simple refus de'la part de l'exercé de représenter toutes les marchandises qu'il a en sa possession, p. 234. — V. Visites, Procès-verbaux.

Recense. — Système de la recense, p. 51. — Tous les ouvrages existant dans le commerce sous l'empreinte des anciens poinçons doivent être marqués de nouveau, p. 52; —Le délai de recense expiré, ces ouvrages sont considérés comme non marqués ; conséquence, *eod.* — Recense à domicile; qui a droit à la recense; plaintes des marchands à l'occasion de la recense, *eod.* — La recense entraîne la nécessité de rompre les poinçons mis hors de service, p. 62.

Receveur des domaines, p. 80.

Receveur de la garantie. — Membre du bureau: son traitement, p. 97 ; — Ses fonctions, p. 99 et 109.

Recherches. — V. Visites.

Récidive. — L'affiche du jugement et l'interdiction du commerce d'or et d'argent ne peuvent être prononcées, la première qu'en cas de récidive, la deuxième qu'en cas de seconde récidive, p. 187; — Ce qu'il faut entendre par

Remarque (Poinçons de). — V. Poinçons.

Rengrennement. — V. Insculpation, Rupture.

Répondants. — V. Achats et ventes.

Rupture ou biffement des poinçons. — Le poinçon de maître doit être biffé ou rompu lorsque l'orfèvre décède ou cesse le commerce, p. 205, 206 — Les poinçons de l'État doivent également être rompus dès qu'une récense les a mis hors de service, p. 62.

Sacs. — V. Fontes.

Saisies. — V. Visites, Procès-verbaux.

Sel marin. — Il s'emploie pour l'essai par la voie humide, p. 107.

Serment. — V. p. 147, 228.

Sertisseur. — Le sertisseur n'est pas fabricant, p. 161, 168.

Soudure. — En quoi consiste la soudure, p. 128. — Cette substance n'est pas la matière étrangère dont l'introduction dans les ouvrages d'or, d'argent, de vermeil, constitue le fourré, p. 127. — Les ouvrages creux qui ne contiennent pas un excès de soudure doivent être marqués, p. 129. — L'excès de soudure ne peut être assimilé à la fourrure, toutes les fois au moins qu'il n'est pas le résultat de la fraude, p. 130. — C'est au tribunal, juge du fait, à décider si l'excès de soudure est le résultat de la fraude, p. 138. — Les objets surchargés de soudure doivent être brisés par l'essayeur, p. 135. — En cas de saisie d'objets soudés on doit pour en vérifier le titre, opérer sur le bijou entier tout fondu, p. 40. — La tolérance établie par l'art. 5 est insuffisante pour les bijoux soudés, p. 38. — Nécessité de l'étendre reconnue pa l'administration elle-même, qui l'a portée à 20 millièmes, p. 38 et 129.

Surveillance. — La surveillance du titre des matières et des redevables est confiée à l'administration des Monnaies en concours avec la Régie des contributions indirectes, p. 148, 92 et suiv. — V. Procès-verbaux, Visites.

Tableau. — Obligation pour les fabricants et marchands d'ouvrages d'or et d'argent de mettre dans leur magasin ou boutique un tableau énonciatif des articles de la loi de brumaire, p. 182. — La contravention à cette prescription ne peut être excusée, p. 183. — V. Obligations.

Tabletiers. — Lorsqu'ils emploient l'or et l'argent ils peuvent être soumis aux obligations, soit des fabricants, soit des marchands, p. 149, 161. — V. Obligations.

Tireurs d'or. — Obligations qui leur sont imposées; sanction de l'art. 137, p. 304.

Titre. — Le titre ou degré de fin des ouvrages d'or et d'argent a varié suivant les époques, p. 16. — Fixation des titres; uniformité des titres, p. 33 et 34. — Comment s'expriment les titres, p. 34. — Il y a trois titres pour l'or et deux pour l'argent, p. 35. — Nécessité d'abaisser aujourd'hui le titre de l'or, au moins pour l'exportation, p. 36. — Les orfèvres peuvent fabriquer à celui des titres qu'ils choisissent, mais les matières doivent être homogènes, p. 39. — L'homogénéité doit exister même dans les matières soudées, p. 40 — Tolérances. V. ce mot. — L'ouvrage qui lors de l'essai est trouvé au dessous de l'un des premiers titres est marqué au titre légal inférieur, sinon brisé, sauf au propriétaire à exiger un second essai, p. 111; — Peines contre les orfèvres, bijoutiers, joailliers, fourbisseurs, horlogers, couteliers et généralement tous ceux qui emploient l'or et l'argent dans leur commerce, pour le cas où ils manquent

Par qui elles peuvent être faites ; concours des employés du bureau de garantie et des contributions indirectes, p. 225. — Ces derniers doivent s'astreindre aux formalités de la loi de brumaire, *eod.* — Il est indifférent que les employés qui dressent procès-verbal appartiennent l'un à la garantie, l'autre aux contributions indirectes, p. 223. — Mais les poursuites seraient nulles si les employés qui y procèdent n'étaient revêtus l'un du grade de receveur, l'autre du grade de contrôleur, p. 226. — Ce grade est également exigé dans le cas où le nombre des employés de la garantie a été augmenté, conformément à l'art. 36 de la loi de brumaire, p. 228. — Il n'est acquis aux employés que du jour de la prestation de serment, *eod.* —Les maires, les adjoints et les commissaires de police ne sont compétents pour constater les infractions à la garantie qu'autant qu'il s'agit de contraventions commises par les marchands ambulants ou les commis-voyageurs, *eod.* — Formalités à remplir par les employés de la Régie lorsqu'ils se proposent de faire des visites chez les particuliers non marchands, p. 231. —Nécessité de l'ordre par écrit émané d'un employé du grade de contrôleur au moins, *eod.* —Cet ordre peut être donné indifféremment par un contrôleur de ville ou un contrôleur ambulant, *eod.* —Les employés de la garantie ou de la Régie ne peuvent se faire accompagner par des agents de police subalternes, à défaut d'officier municipal ou de commissaire de police, *eod.* — Il n'est pas nécessaire que l'assistance de l'officier ait été requise par écrit, p. 232. — L'officier requis doit être présent pendant toute la durée de la visite, p. 232. — La nullité résultant de l'absence d'un ordre par écrit d'un employé supérieur ou de l'absence d'un officier municipal n'est pas couverte par le défaut d'opposition de la part du particulier exercé, p. 233.—Les employés du bureau de garantie ne sont pas assujettis dans leurs visites aux mesures indiquées par l'art. 76 de la constitution de l'an 8, p. 256. — Le refus fait par un assujetti de présenter de ses mains ses marchandises à la vérification des employés n'est pas punissable, p. 234. — Mais la résistance aux préposés pourrait au contraire être punie comme une rébellion, p. 235.

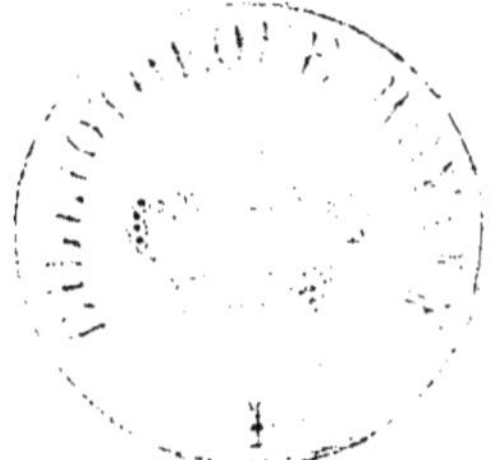

FIN.

Impr. et lith. de Maulde et Renou, rue Bailleul, 9-11.